捍卫你的劳动权益

——劳动争议法律问题解答

徐康平　程　乐　李国玺　编　著

學苑出版社

前　言

劳动和社会保障等相关法律法规是保障劳动者的生存之法，有利于保障劳动者劳动权利的实现，避免劳动者的合法劳动权益受到用人单位的不当侵害，同时，遵守劳动法律法规也是用人单位投资兴业、经营管理的重要义务。近年来，随着工业化、城镇化和经济结构调整进程加快，企业制度改革不断深化，企业形式和劳动关系日趋多样化，劳动用工领域出现了一些新情况、新问题，用人单位侵害劳动者合法权益的现象日益突出，在一定程度上影响了劳动关系的和谐稳定。《中华人民共和国劳动法》、《中华人民共和国劳动合同法》、《中华人民共和国劳动争议仲裁法》、《中华人民共和国社会保险法》等一系列关于劳动保障和企业管理的法律法规的相继出台，对全面保护劳动者的合法权益起到了非常重要的作用。它们作为以调整劳动关系为其任务的法律，事关每个劳动者的切身利益。

作为劳动者的你，是否能够回答以下问题：用人单位能否单方面降薪？如果用人单位单方面解除劳动合同，作为劳动者能否要求经济补偿金？裁员是用人单位想裁就裁的吗？企业的规章制度是不是需要无条件服从？……如果你对这些问题存在困惑，那么本书可以帮助你回答并解决在工作中遇到的上述各种问题，同时帮助你学习相关法律法规，使你更有针对性地依法维护自己的劳动权益。

本书紧紧围绕《中华人民共和国劳动法》、《中华人民共和国劳动合同法》等相关劳动法律法规的规定，结合相关劳动规章制度，从劳动合同和集体合同的签订、变更、解除，劳务派遣，非全日制用工，工资，劳动者的工作时间和休息休假，以及女职工和未成年人的权益保护、劳动保险、劳动安全卫生、劳动争议的解决等多个方面，并结合具体案例，为您讲述在工作中如何维护自己的劳动权益，让您能够更好地认识到自己的劳动权利并切实地维护好自己的劳动权益。

由于本书编写时间比较仓促，加之作者水平有限，出现疏漏和错误在所难免，敬请读者批评指正。

作　者

2011 年 7 月

目 录

劳动合同与集体合同

劳务派遣

非全日制用工

工　资

工作时间和休假

社会保险

女职工和未成年工保护

劳动安全卫生

企业劳动管理

劳动争议仲裁调解

劳动争议诉讼

劳动合同与集体合同

1. 用人单位与劳动者签订劳动合同，能否要求抵押身份证或者收取押金？

案情简介

2009年10月15日，小王和某保安公司签订了一份书面劳动合同。合同约定，小王从事保安服务工作；合同期限1年；月工资900元；小王需交保安公司劳动合同保险金600元、工本费30元等。合同签订后，公司收取了小王劳动合同保险金及工本费630元。合同到期后，双方续签了劳动合同，期限至2011年10月15日止。2010年12月5日，双方因岗位调整未达成一致意见，小王欲解除合同，因此要求公司返还保险金及工本费630元。

专家提示

本案涉及的是用人单位在与劳动者签订劳动合同时，能否收取押金的法律问题。

根据现行法律规定，用人单位招用劳动者，不得扣押劳动者的居民身份证和其他证件，不得要求劳动者提供担保或者以其他名义向劳动者收取财物。比如，一些单位在招聘员工时，要求应聘者交纳面试、笔试费用；一些用人单位为防止员工跳槽，在与劳动者签订合同时要求交纳合同保证金、工具押金、服装押金等各种押金或者扣押身份证；一些工程单位要求员工交纳责任风险押金，并承诺如果企业不亏损就退还押金等等；这些做法都是违反相关法律规定的。实践中，还有些用人单位为了规避法律的规定，采用了一些变相的方法或手段来实现其收取抵押金的目的，如电脑费、住宿费、培训费、集资费等。订立劳动合同，应当遵循合法、公平、平等自愿、协商一致、诚实信用的原则，但企业上述这些做法却使劳动者处于不平等地位，这种劳动合同条款是无效的。无论是在建立劳动关系之前，还是在建立劳动关系之后，只要用人单位招用劳动者，即不得以各种名义要求劳动者缴纳财物或者以其他形式提供担保。劳动者有权拒绝用人单位以各种形式和名义向自己收取定金、保证金或抵押金。本案中，小王和保安公司签订的劳动合同中关于保安公司收取小王劳动合同保险金及工本费的约定，违反了我国劳动合同法的相关规定，该约定无效。双方签订的劳动合同中的部分无效，但不影响其他部分的效力，其他部分在不违反法律强制性规定的情况下仍然有效。本案中的保安公司应当返还收取小王的劳动合同保险金及工本费630元。

法律依据

《中华人民共和国劳动法》第十七条规定："订立和变更劳动合同，应当遵循平等自愿、协商一致的原则，不得违反法律、行政法规的规定。

劳动合同依法订立即具有法律约束力，当事人必须履行劳动合同规定的义务。"

《中华人民共和国劳动合同法》第九条规定："用人单位招用劳动者，不得扣押劳动者的居民身份证和其他证件，不得要求劳动者提供担保或者以其他名义向劳动者收取财物。"

《中华人民共和国劳动合同法》第八十四条规定:“用人单位违反本法规定,扣押劳动者居民身份证等证件的,由劳动行政部门责令限期退还劳动者本人,并依照有关法律规定给予处罚。

用人单位违反本法规定,以担保或者其他名义向劳动者收取财物的,由劳动行政部门责令限期退还劳动者本人,并以每人五百元以上二千元以下的标准处以罚款;给劳动者造成损害的,应当承担赔偿责任。

劳动者依法解除或者终止劳动合同,用人单位扣押劳动者档案或者其他物品的,依照前款规定处罚。”

2. 用人单位如果不与劳动者签订书面劳动合同，劳动者享有什么权利？

案情简介

2009 年 1 月，小孙被招工进入某服装厂工作，双方口头约定小孙工资为每月 1300 元，并对工作内容等其他事项也进行了简单的口头约定。转眼小孙在服装厂工作就快一年了，但服装厂一直以种种借口不与他签订书面劳动合同，也未给小孙缴纳社会保险费。2010 年 10 月 15 日，服装厂口头通知小孙解除劳动关系。小孙于是向劳动争议仲裁委员会申请仲裁。

专家提示

本案涉及事实劳动关系应受到法律保护及未订立书面劳动合同的法律后果等问题。

劳动关系，是指用人单位招用劳动者，劳动者在用人单位的管理下提供有报酬的劳动而产生的权利义务关系。劳动者必须加入某一用人单位，成为该单位的一员，接受该单位的管理，遵守该单位的内部劳动规则；用人单位必须按照劳动者的劳动数量或质量给付报酬，提供劳动条件。根据劳动法及劳动合同法的规定，劳动合同是劳动者与用人单位确立劳动关系、明确双方权利和义务的协议。建立劳动关系，用人单位应当与劳动者订立劳动合同，并应当订立书面劳动合同，否则要承担相应的法律责任。同时，根据劳动合同法的规定，用人单位自用工之日起即与劳动者建立劳动关系。本案中，小孙与服装厂虽然没有签订书面劳动合同，但是双方就工资报酬、工作内容等有了口头的约定，小孙也按照约定为服装厂提供了劳动，形成了事实劳动关系。服装厂录用小孙后，没有与小孙签订书面劳动合同，违反了相关的法律规定，应当承担相应的责任。未订立书面劳动合同的，根据用人单位自用工之日起的时间长短不同，有以下几种情形：

1. 用人单位自用工之日起在一个月时间内未与劳动者订立书面劳动合同的，按照事实劳动关系处理，按照同工同酬的标准支付劳动者工资，而不能按照试用期工资标准来支付工资。如果自用工之日起一个月内，用人单位书面通知劳动者订立劳动合同，劳动者不与用人单位订立书面劳动合同的，用人单位应当书面通知劳动者终止劳动关系，无需向劳动者支付经济补偿，但是应当依法向劳动者支付其实际工作时间的劳动报酬。在这个月内，如果约定的劳动报酬不明确的，劳动者的劳动报酬应当按照企业或者行业的集体合同所规定的标准执行；没有集体合同或者集体合同未对该事项进行规定的，用人单位应当对劳动者实行同工同酬。

2. 用人单位自用工之日起超过一个月不满一年未与劳动者订立书面劳动合同的，用人单位应当自用工之日起满一个月的次日起，至补订书面劳动合同的前一日止，向劳动者每月支付二倍的工资；并且应当同劳动者签订书面的劳动合同。劳动者不与用人单位订立书面劳动合同的，用人单位应当书面通知劳动者终止劳动关系，并依照劳动合同法第四十七条的规定支付经济补偿。

3. 用人单位自用工之日起满一年不与劳动者订立书面劳动合同的，自用工之日起满一个月的次日至满一年的前一日应当依照劳动合同法第八十二条的规定向劳动者每月支付两倍的工资，并视为用人单位自用工之日起满一年的当日与劳动者已订立无固定期限劳动合同。

法律依据

《中华人民共和国劳动合同法》第七条规定:“用人单位自用工之日起即与劳动者建立劳动关系。用人单位应当建立职工名册备查。”

《中华人民共和国劳动合同法》第十条规定:“ 建立劳动关系,应当订立书面劳动合同。

已建立劳动关系,未同时订立书面劳动合同的,应当自用工之日起一个月内订立书面劳动合同。

用人单位与劳动者在用工前订立劳动合同的,劳动关系自用工之日起建立。”

《中华人民共和国劳动合同法》第十一条规定:“用人单位未在用工的同时订立书面劳动合同,与劳动者约定的劳动报酬不明确的,新招用的劳动者的劳动报酬按照集体合同规定的标准执行;没有集体合同或者集体合同未规定的,实行同工同酬。”

《中华人民共和国劳动合同法》第八十二条规定:“用人单位自用工之日起超过一个月不满一年未与劳动者订立书面劳动合同的,应当向劳动者每月支付二倍的工资。

用人单位违反本法规定不与劳动者订立无固定期限劳动合同的,自应当订立无固定期限劳动合同之日起向劳动者每月支付二倍的工资。”

《中华人民共和国劳动合同法》第四十七条规定:“经济补偿按劳动者在本单位工作的年限,每满一年支付一个月工资的标准向劳动者支付。六个月以上不满一年的,按一年计算;不满六个月的,向劳动者支付半个月工资的经济补偿。

劳动者月工资高于用人单位所在直辖市、设区的市级人民政府公布的本地区上年度职工月平均工资三倍的，向其支付经济补偿的标准按职工月平均工资三倍的数额支付，向其支付经济补偿的年限最高不超过十二年。

本条所称月工资是指劳动者在劳动合同解除或者终止前十二个月的平均工资。”

《中华人民共和国劳动合同法实施条例》第五条规定：“自用工之日起一个月内，经用人单位书面通知后，劳动者不与用人单位订立书面劳动合同的，用人单位应当书面通知劳动者终止劳动关系，无需向劳动者支付经济补偿，但是应当依法向劳动者支付其实际工作时间的劳动报酬。”

《中华人民共和国劳动合同法实施条例》第六条规定：“用人单位自用工之日起超过一个月不满一年未与劳动者订立书面劳动合同的，应当依照劳动合同法第八十二条的规定向劳动者每月支付两倍的工资，并与劳动者补订书面劳动合同；劳动者不与用人单位订立书面劳动合同的，用人单位应当书面通知劳动者终止劳动关系，并依照劳动合同法第四十七条的规定支付经济补偿。

前款规定的用人单位向劳动者每月支付两倍工资的起算时间为用工之日起满一个月的次日，截止时间为补订书面劳动合同的前一日。”

《中华人民共和国劳动合同法实施条例》第七条规定：“用人单位自用工之日起满一年未与劳动者订立书面劳动合同的，自用工之日起满一个月的次日至满一年的前一日应当依照劳动合同法第八十二条的规定向劳动者每月支付两倍的工资，并视为自用工之日起满一年的当日已经与劳动者订立无固定期限劳动合同，应当立即与劳动者补订书面劳动合同。”

3. 试用期的期间如何确定？试用期能否延长？

案情简介

2010 年 6 月 10 日，小张大学毕业。毕业后小张应聘到某软件公司工作，并与公司签订了为期两年的劳动合同。老板说试用期为 3 个月，试用期期间工资每月 2500 元；试用期满后工资每月 3000 元。3 个月期满后，老板又说要想留下来就必须再加 3 个月的试用期。小张左右为难，不知该退该留。经过一番内心挣扎，小张决定留下来。6 个月试用期过后，小张终于转为正式员工。到了 2011 年 3 月，小张经过了解认为公司违法约定试用期，便向仲裁委员会提起仲裁，要求公司支付超过约定试用期的工资差额并支付赔偿金。仲裁委员会支持了小张的请求。

专家提示

本案涉及试用期的期间确定及能否再次约定的问题。

试用期，是指用人单位和劳动者为互相了解、选择而约定的不超过 6 个月的考察期，是劳动合同的约定条款。根据劳动法的规定，劳动合同可以约定试用期。试用期最长不得超过 6 个月。劳动者在试用期内被证明不符合录用条件的，用人单位可以解除劳动合同。劳动合同法进一步规定，劳动合同期限三个月以上不满一年的，试用期不得超过一个月；劳动合同期限一年以上不满三年的，试用期不得超过二个月；三年以上固定期限和无固定期限的劳动合同，试用期不得超过六个月。但是同一用人单位与同一劳动者只能约定一次试用期。用人单位违法与劳动者约定试用期的，其应该按照试用期满后的正式职工待遇支付劳动者超出法定试用期期间的劳动报酬。

需要强调的是，违法约定的试用期已经履行的，用人单位不仅应当补足相应的工资，而且用人单位应当支付赔偿金。赔偿金是因为一方违反了合同约定给另一方造成了实际损失，应给予一定数额的经济补偿。支付赔偿金具有惩罚的性质，不能代替正常的劳动报酬。也就是说，如果劳动者实际履行的试用期超过法律规定的最高时限的期间，在超过的期限内，用人单位除了要向劳动者支付劳动合同约定的试用期满后的月工资，还要按照约定工资的标准向劳动者支付赔偿金，实际上就是用人单位要向劳动者支付两倍的月工资，这是对用人单位的惩罚性措施。

本案中，公司与小张在两年期的劳动合同中约定了期限为 3 个月的试用期违法，小张的试用期不应该超过 2 个月；在试用期满后要求延长试用期的做法，也违反了只能约定一次试用期的法律规定。小张的试用期应为 2 个月，但实际履行了 6 个月，超过了 4 个月，公司应当对这 4 个月承担相应的赔偿责任。在已履行的 6 个月的试用期内，除已经按照每月 2500 元标准支付的工资外，公司应该按照 3000 元的工资标准补足小张超过法定试用期的 4 个月工资差额 2000 元，并按照每月 3000 元的标准向小张支付自 2010 年 8 月 10 日至 2010 年 12 月 10 日超过法定试用期的 4 个月的赔偿金 12000 元。

此外，以完成一定工作任务为期限的劳动合同或者劳动合同所约定的期限不满 3 个月的，不得约定试用期；而且当劳动合同仅约定试用期，没有约定劳动合同期限的，试用期不成立，该期限为劳动合同的期限。在现实生活中，还有一种用工形式叫做非全日制用工，指的是以小时计酬为主，劳动者在同一用人单位一般平均每日工作时间不超过 4 小时，每周工作时间累计不超过 24 小时的用工形式。这种用工形式不得约定试用期。

法律依据

《中华人民共和国劳动法》第二十一条规定:“劳动合同可以约定试用期。试用期最长不得超过六个月。”

《中华人民共和国劳动合同法》第十九条规定:“劳动合同期限三个月以上不满一年的,试用期不得超过一个月;劳动合同期限一年以上不满三年的,试用期不得超过二个月;三年以上固定期限和无固定期限的劳动合同,试用期不得超过六个月。

同一用人单位与同一劳动者只能约定一次试用期。

以完成一定工作任务为期限的劳动合同或者劳动合同期限不满三个月的,不得约定试用期。

试用期包含在劳动合同期限内。劳动合同仅约定试用期的,试用期不成立,该期限为劳动合同期限。”

《中华人民共和国劳动合同法》第七十条规定:“非全日制用工双方当事人不得约定试用期。”

《中华人民共和国劳动合同法》第八十三条规定:“用人单位违反本法规定与劳动者约定试用期的,由劳动行政部门责令改正;违法约定的试用期已经履行的,由用人单位以劳动者试用期满月工资为标准,按已经履行的超过法定试用期的期间向劳动者支付赔偿金。”

4. 试用期间劳动者的工资如何确定？

案情简介

2009 年 3 月，小刘被招聘到某设备公司，双方签订了劳动合同，并同时签订了试用期员工工资、奖金协议，约定："小刘应聘做润滑油的销售工作，劳动合同期限为 4 年，试用期为 3 个月，试用期满后工资为每月 1500 元，试用期的工资为每月 800 元，奖金在公司所规定的任务完成的情况下每桶提取 20 元。如未完成每月结款 20 桶润滑油的销售任务，公司有权给予处罚或者不发试用期工资"。小刘从劳动合同及协议签订之日起就开始上班，后因任职期间未能全面完成公司所规定的任务而未获得工资收入。2009 年 5 月，小刘提出辞职，并就两个月工作期间的工资向仲裁委员会申请仲裁。

专家提示

本案涉及试用期间劳动者的工资如何确定的问题。

根据劳动合同法及其实施条例的规定，在试用期间，用人单位支付给劳动者的工资报酬不能低于转正后的工资标准的 80% 或者是本单位相同岗位最低档工资的 80%，并且不得低于用人单位所在地的最低工资标准。因此，本案中的小刘提供了劳动，虽然未完成公司所规定的任务，也应当依法获得相应的劳动报酬，即以劳动合同所约定的工资 1500 元乘以 80%，为 1200 元，而不能以约定的每月 800 元来确定试用期的工资。如果这个数不低于本单位相同岗位最低档工资的 80%，也不低于用人单位所在地的最低工资标准，则 2400 元为小刘应当获得的这两个月试用期工资。同时，要注意的是，最低工资标准是因地域的不同、时间阶段的变化而发生变化的，不能以全国统一、任何时候都一样的眼光来确定最低工资标准，所以要因地制宜、因时而定，这样才能更合理地维护好劳动者的合法权益。

法律依据

《中华人民共和国劳动合同法》第二十条规定："劳动者在试用期的工资不得低于本单位相同岗位最低档工资或者劳动合同约定工资的百分之八十，并不得低于用人单位所在地的最低工资标准。"

《中华人民共和国劳动合同法实施条例》第十五条规定："劳动者在试用期的工资不得低于本单位相同岗位最低档工资的 80%或者不得低于劳动合同约定工资的 80%，并不得低于用人单位所在地的最低工资标准。"

5. 在何种情况下，用人单位才可以在试用期内单方解除与劳动者之间的劳动合同？

案情简介

2009 年 1 月 12 日，张某被录用为一家商场的财务会计人员，双方签订了书面劳动合同，合同期为三年，试用期从 2009 年 1 月 12 日开始至同年的 3 月 11 日，共计两个月，试用期工资为每月 2000 元，劳动合同上同时写明了张某应当符合商场在招聘时所提出的录用条件，能够单独承担制作财务会计报表等工作。合同签订后，张某按照商场的安排完成其应当承担的任务。但是，张某单独制作的财务会计报表并不符合财务会计制度的要求，不能胜任会计工作，于是在 2009 年 2 月份，商场通知张某解除双方之间的劳动合同，并说明解除理由为张某不符合录用条件，不能单独制作财务会计报表等。张某不服，向当地劳动仲裁委员会申请仲裁。

专家提示

本案涉及试用期不符合录用条件的劳动合同解除问题。

试用期是用人单位对新招用的劳动者的思想品德、受教育程度、实际工作能力、身体条件进行进一步考察的时间期限，在试用期内，如果发现劳动者不符合录用条件的，用人单位可以解除劳动合同，以保证职工队伍的素质和单位工作的顺利开展。但是为了遏制用人单位恶意使用试用期，劳动合同法对用人单位单方解除劳动合同的权利做出了严格的限定，只有在“在试用期间被证明不符合录用条件的"、"严重违反用人单位的规章制度的"等法律明确规定的情况下，用人单位才有权通知劳动者解除双方之间所订立的劳动合同，并且，用人单位在解除劳动时，应当说明解除劳动合同的理由。本案中，张某在应聘时称能够单独制作财务会计报表，但实际上，张某并不能制作符合财务会计制度的财务会计报表，其不符合商场的录用条件，故商场有权利解除双方之间的劳动合同。此外，本案中商场对劳动合同的解除权只能在试用期内行使，超过试用期则不能以劳动者不符合录用条件为由解除双方之间的劳动合同。但是，作为劳动者，如果张某在试用期内想解除与商场之间的劳动合同，则只要依法提前三日通知商场就可以了，而且不要求必须采取书面方式通知。

法律依据

《中华人民共和国劳动法》第二十五条规定："劳动者有下列情形之一的，用人单位可以解除劳动合同：

（一）在试用期间被证明不符合录用条件的；……"

《中华人民共和国劳动合同法》第二十一条规定："在试用期中，除劳动者有本法第三十九条和第四十条第一项、第二项规定的情形外，用人单位不得解除劳动合同。用人单位在试用期解除劳动合同的，应当向劳动者说明理由。"

《中华人民共和国劳动合同法》第三十七条规定："劳动者提前三十日以书面形式通知用人单位，可以解除劳动合同。劳动者在试用期内提前三日通知用人单位，可以解除劳动合同。"

《中华人民共和国劳动合同法》第三十九条规定:“劳动者有下列情形之一的,用人单位可以解除劳动合同:

(一)在试用期间被证明不符合录用条件的;

(二)严重违反用人单位的规章制度的;

(三)严重失职,营私舞弊,给用人单位造成重大损害的;

(四)劳动者同时与其他用人单位建立劳动关系,对完成本单位的工作任务造成严重影响,或者经用人单位提出,拒不改正的;

(五)因本法第二十六条第一款第一项规定的情形致使劳动合同无效的;

(六)被依法追究刑事责任的。”

《中华人民共和国劳动合同法》第四十条规定:“有下列情形之一的,用人单位提前三十日以书面形式通知劳动者本人或者额外支付劳动者一个月工资后,可以解除劳动合同:

(一)劳动者患病或者非因工负伤,在规定的医疗期满后不能从事原工作,也不能从事由用人单位另行安排的工作的;

(二)劳动者不能胜任工作,经过培训或者调整工作岗位,仍不能胜任工作的;……”

6. 连续两次订立固定期限劳动合同，劳动合同到期后，双方未续签书面劳动合同，劳动者仍在原单位工作的，能否要求支付二倍工资？

案情简介

2009 年 1 月 23 日，石某到某饭店担任服务员工作。同日，石某与饭店签订了半年期固定期限劳动合同。2009 年 7 月 23 日，石某与饭店又签订了合同期限自 2009 年 7 月 23 日至 2010 年 7 月 22 日止的一年期劳动合同。该劳动合同到期后，双方未再续签书面劳动合同。石某每月工资 1756 元，每月 25 日发放上月工资。饭店已向石某发放 2010 年 7 月 23 日至 2010 年 10 月 25 日的工资 5532.68 元。2010 年 10 月 25 日，石某以饭店拖欠加班工资为由口头向饭店提出辞职。2010 年 12 月 12 日，石某向仲裁委申请仲裁，要求饭店支付 2010 年 7 月 23 日至 2010 年 10 月 25 日未签订书面劳动合同的双倍工资。但是饭店认为，饭店已经跟石某签订了两次固定期限的劳动合同。劳动合同到期后，石某仍在饭店工作，应当视为石某与饭店签订了无固定期限劳动合同，不用再另行签订书面劳动合同，故不存在未签订书面劳动合同的双倍工资问题。

专家提示

本案涉及连续两次签订固定期限的劳动合同后，劳动者仍在用人单位工作，能否认为劳动者与用人单位签订了无固定期限劳动合同而拒绝支付二倍工资的问题。

固定期限劳动合同，是指用人单位与劳动者约定合同终止时间的劳动合同。无固定期限劳动合同，是指用人单位与劳动者约定无确定终止时间的劳动合同。根据劳动合同法等相关规定，劳动合同期满后，劳动者仍在用人单位工作，用人单位未与劳动者订立书面劳动合同的，用人单位应当自劳动合同期满的次日向劳动者每月支付两倍的工资。连续订立二次固定期限劳动合同，且劳动者没有劳动合同法第三十九条和第四十条第一项、第二项规定的情形，续订劳动合同的，应当订立无固定期限劳动合同。用人单位违反劳动合同法的规定不与劳动者订立无固定期限劳动合同的，自应当订立无固定期限劳动合同之日起向劳动者每月支付二倍的工资。本案中，石某和饭店的劳动合同于 2010 年 7 月 22 日期满后，双方未再签订书面劳动合同。饭店认为双方连续两次订立固定期限劳动合同，合同到期后未订立书面合同视为双方订立无固定期限劳动合同，无需订立书面劳动合同，更无需支付双倍工资。但是，根据相关法律规定，虽然饭店认为与石某之间订立了无固定期限的劳动合同，也仍需要签订书面的劳动合同；没有签订书面劳动合同的，饭店仍应当按照法律规定给付石某未订立书面劳动合同期间的双倍工资。因此，饭店应向石某支付 2010 年 8 月 23 日至 2010 年 10 月 25 日未签劳动合同双倍工资差额 3776.68 元。

法律依据

《中华人民共和国劳动合同法》第十四条规定："无固定期限劳动合同，是指用人单位与劳动者约定无确定终止时间的劳动合同。

用人单位与劳动者协商一致，可以订立无固定期限劳动合同。有下列情形之一，劳动者提出或者同意续订、订立劳动合同的，除劳动者提出订立固定期限劳动合同外，应当订立无固定期限劳动合同：

（一）劳动者在该用人单位连续工作满十年的；

（二）用人单位初次实行劳动合同制度或者国有企业改制重新订立劳动合同时，劳动者在该用人单位连续工作满十年且距法定退休年龄不足十年的；

（三）连续订立二次固定期限劳动合同，且劳动者没有本法第三十九条和第四十条第一项、第二项规定的情形，续订劳动合同的。

用人单位自用工之日起满一年不与劳动者订立书面劳动合同的，视为用人单位与劳动者已订立无固定期限劳动合同。"

《中华人民共和国劳动合同法》第八十二条规定："用人单位自用工之日起超过一个月不满一年未与劳动者订立书面劳动合同的，应当向劳动者每月支付二倍的工资。

用人单位违反本法规定不与劳动者订立无固定期限劳动合同的，自应当订立无固定期限劳动合同之日起向劳动者每月支付二倍的工资。"

7. 劳动合同应包含哪些内容?

案情简介

2009 年 3 月 17 日,黄某应聘到某广告公司从事文案工作,入职时,双方签订了一份《工作管理协议》,在工作管理协议中,双方约定了工作期限、工作内容、薪酬、劳动纪律、双方责任义务、解除协议的规定、保密义务等内容,工作管理协议第一条写明,“甲方因工作需要,现聘用乙方为甲方的员工,协议期限:协议有效期自 2009 年 3 月 25 日至 2010 年 3 月 24 日止”。2009 年 10 月 12 日,黄某因认为广告公司拒绝与其订立书面劳动合同以及没有给加班费而申请离职,于当日填写了员工辞职申请审批表并签字,离职原因一项上选择了“进修深造”。2009 年 10 月 15 日,黄某与广告公司签署了《解除劳动合同协议书》。该协议书中写明:“1. 甲、乙双方同意解除劳动合同,解除劳动合同的日期为 2009 年 10 月 13 日;2. 甲方应支付乙方工资及经济补偿金、加班费用,共计人民币 14289.85 元;3. 乙方自签订本协议书之日起,视为甲方应支付乙方的所有劳动报酬及相关福利保险金已经支付完毕,并无任何劳动争议……”后来,黄某认为公司没有与其签订书面劳动合同向当地劳动仲裁委员会申请仲裁。那么黄某与广告公司签订的《工作管理协议》能否认为是签订了劳动合同?

专家提示

本案涉及劳动合同应当包括哪些内容的问题。

劳动合同是劳动者与用人单位之间确立劳动关系、明确双方权利和义务的协议。根据劳动合同法的规定，建立劳动关系，应当订立书面劳动合同。劳动合同应当具备用人单位的基本信息、劳动者的基本信息、劳动合同期限、工作内容和工作地点、工作时间和休息休假、劳动报酬、社会保险、劳动保护、劳动条件和职业危害防护和法律、法规规定应当纳入劳动合同的其他事项等内容。如果用人单位提供的合同文本未载明上述内容，劳动行政部门可责令其改正；给劳动者造成损害的情况下，用人单位还要承担赔偿责任。但在本案中，广告公司对双方存在劳动关系表示认可，且从双方签订的《工作管理协议》来看，其内容包括了劳动者及用人单位基本信息、劳动期限、工作岗位、劳动报酬、劳动纪律、双方责任义务、解除协议的规定、保密义务等事项，具备了劳动合同应具备的基本事项，符合劳动合同的法律形式，因此，双方签订的《工作管理协议》可以视同双方的书面劳动合同。也就是说，如果劳动者与用人单位在协商一致的基础上签订了具备劳动合同内容的书面协议，即使不是以劳动合同名义签订的，该书面协议也应该视为劳动合同，不能因此认为双方之间未签订书面劳动合同。所以，本案中，仲裁委员会驳回了黄某的仲裁请求。

法律依据

《中华人民共和国劳动法》第十六条规定：“劳动合同是劳动者与用人单位确立劳动关系、明确双方权利和义务的协议。

建立劳动关系应当订立劳动合同。”

《中华人民共和国劳动法》第十九条规定：“劳动合同应当以书面形式订立，并具备以下条款：

（一）劳动合同期限；

（二）工作内容；
（三）劳动保护和劳动条件；
（四）劳动报酬；
（五）劳动纪律；
（六）劳动合同终止的条件；
（七）违反劳动合同的责任。

劳动合同除前款规定的必备条款外，当事人可以协商约定其他内容。”

《中华人民共和国劳动合同法》第十六条规定：“劳动合同由用人单位与劳动者协商一致，并经用人单位与劳动者在劳动合同文本上签字或者盖章生效。

劳动合同文本由用人单位和劳动者各执一份。”

《中华人民共和国劳动合同法》第十七条规定：“劳动合同应当具备以下条款：

（一）用人单位的名称、住所和法定代表人或者主要负责人；

（二）劳动者的姓名、住址和居民身份证或者其他有效身份证件号码；

（三）劳动合同期限；
（四）工作内容和工作地点；
（五）工作时间和休息休假；
（六）劳动报酬；
（七）社会保险；
（八）劳动保护、劳动条件和职业危害防护；
（九）法律、法规规定应当纳入劳动合同的其他事项。

劳动合同除前款规定的必备条款外，用人单位与劳动者可以约定试用期、培训、保守秘密、补充保险和福利待遇等其他事项。”

《中华人民共和国劳动合同法》第八十一条规定：“用人单位提供的劳动合同文本未载明本法规定的劳动合同必备条款或者用人单位未将劳动合同文本交付劳动者的，由劳动行政部门责令改正；给劳动者造成损害的，应当承担赔偿责任。”

8. 在劳动合同履行期间，用人单位能否以组织机构调整、岗位取消为由自行解除劳动合同？

案情简介

韩某于2009年10月20日入职某保险公司，双方签订了无固定期限劳动合同，约定工作岗位为培训顾问助理，工作部门是人力资源部，每月工资为7000元。2010年12月，由于该保险公司组织机构调整，设于人力资源部的培训顾问岗位被取消，韩某培训顾问助理的岗位随之取消。2011年1月19日，保险公司以组织机构调整，岗位取消为由，向韩某出具了《岗位调整确认函》。主要内容为，因公司组织机构调整、岗位取消，依据劳动合同法规定，自2011年1月19日起韩某的岗位由人力资源部调至北京分公司兼业代理营销部，任职客户经理岗。保险公司为韩某安排的新岗位聘用期限三年，基本月薪2000元。韩某不同意该确认函，因此没有签字。同日，保险公司向韩某发出《解除劳动合同通知书》，通知韩某于2011年1月19日解除劳动合同，支付韩某相当于1.5个月工资的经济补偿及一个月代通知金，工资福利截至2011年1月19日，2011年1月21日前办理完工作交接和离职手续。随后，保险公司以银行转账方式向韩某支付了1个月的离职代通知金和相当于1.5个月工资的解除劳动合同补偿金。韩某以保险公司违法解除合同为由向当地劳动争议仲裁委员会申请仲裁，要求保险公司支付违法解除劳动合同的经济赔偿金。

专家提示

本案涉及在劳动合同履行期间，用人单位能否以组织机构调整、岗位取消为由解除劳动合同的问题。

劳动者的合法权益受法律保护，用人单位与劳动者协商一致，可以变更劳动合同的内容或者解除劳动合同。用人单位如果想单方解除劳动合同，则需符合法律所规定的条件。根据相关法律规定，在用人单位结构发生调整时，应与劳动者就岗位变化进行协商，而不能未经劳动者同意就自行解除劳动合同。本案中，保险公司以公司组织机构调整、岗位取消为由，在与韩某未能就安排其到下属公司的新岗位的聘用期限、薪酬达成一致的情况下，仅因 2011 年 1 月 19 日韩某拒绝在《岗位调整确认函》上签字，就通知韩某解除劳动合同，明显不妥。保险公司在没有与韩某就变更岗位问题进行进一步协商的情况下，就向韩某发出解除劳动合同的通知属于违法解除劳动合同。因此，保险公司作出的于 2011 年 1 月 19 日解除与韩某的劳动合同的决定，违反了相关法律规定。保险公司应当支付韩某从 2011 年 1 月 20 日到与韩某正式解除劳动合同之日的工资。用人单位违反法律规定解除或者终止劳动合同，劳动者要求继续履行劳动合同的，用人单位应当继续履行；劳动者不要求继续履行劳动合同或者劳动合同已经不能继续履行的，用人单位应当依法支付赔偿金。在本案中，韩某并不要求保险公司继续履行劳动合同，韩某的工作岗位也被取消，双方无法继续履行劳动合同，所以保险公司应按照经济补偿标准的二倍向韩某支付违法解除劳动合同的赔偿金。而对于保险公司已向韩某支付的经济补偿及离职代通知金部分，则应从赔偿金中扣除。

法律依据

《中华人民共和国劳动法》第二十六条规定:"有下列情形之一的,用人单位可以解除劳动合同,但是应当提前三十日以书面形式通知劳动者本人:……(三)劳动合同订立时所依据的客观情况发生重大变化,致使原劳动合同无法履行,经当事人协商不能就变更劳动合同达成协议的。"

《中华人民共和国劳动合同法》第四十条规定:"有下列情形之一的,用人单位提前三十日以书面形式通知劳动者本人或者额外支付劳动者一个月工资后,可以解除劳动合同:……(三)劳动合同订立时所依据的客观情况发生重大变化,致使劳动合同无法履行,经用人单位与劳动者协商,未能就变更劳动合同内容达成协议的。……"

《中华人民共和国劳动合同法》第四十七条规定:"经济补偿按劳动者在本单位工作的年限,每满一年支付一个月工资的标准向劳动者支付。六个月以上不满一年的,按一年计算;不满六个月的,向劳动者支付半个月工资的经济补偿。

劳动者月工资高于用人单位所在直辖市、设区的市级人民政府公布的本地区上年度职工月平均工资三倍的,向其支付经济补偿的标准按职工月平均工资三倍的数额支付,向其支付经济补偿的年限最高不超过十二年。

本条所称月工资是指劳动者在劳动合同解除或者终止前十二个月的平均工资。"

《中华人民共和国劳动合同法》第四十八条规定:"用人单位违反本法规定解除或者终止劳动合同,劳动者要求继续履行劳动合同的,用人单位应当继续履行;劳动者不要求继续履行劳动合同或者劳动合同已经不能继续履行的，用人单位应当依照本法第八十七条规定支付赔偿金。”

《中华人民共和国劳动合同法》第八十七条规定：“用人单位违反本法规定解除或者终止劳动合同的，应当依照本法第四十七条规定的经济补偿标准的二倍向劳动者支付赔偿金。”

《中华人民共和国劳动合同法实施条例》第十九条规定：“有下列情形之一的，依照劳动合同法规定的条件、程序，用人单位可以与劳动者解除固定期限劳动合同、无固定期限劳动合同或者以完成一定工作任务为期限的劳动合同：……（十）劳动合同订立时所依据的客观情况发生重大变化，致使劳动合同无法履行，经用人单位与劳动者协商，未能就变更劳动合同内容达成协议的；……”

《中华人民共和国劳动合同法实施条例》第二十五条规定：“用人单位违反劳动合同法的规定解除或者终止劳动合同，依照劳动合同法第八十七条的规定支付了赔偿金的，不再支付经济补偿。赔偿金的计算年限自用工之日起计算。”

9. 劳动者在劳动合同届满前要求解除劳动合同，是否应支付违约金？

案情简介

2009 年 1 月 19 日，小海与某公司签订了为期三年的劳动合同，合同期限为 2009 年 1 月 19 日起至 2012 年 1 月 18 日止，试用期满后，基本工资每月为 7500 元，季度绩效奖励为 2500 元。该合同的第 8 条第 6 款约定，小海违约解除劳动合同的，应当承担违约金 3 万元。小海于 2011 年 3 月 22 日通过电子邮件向公司提出辞职。公司主张小海提前解除双方劳动合同，构成违约，因此向当地劳动仲裁委员会申请仲裁，要求小海支付违约金 3 万元。

专家提示

本案涉及在劳动合同届满之前，劳动者单方解除劳动合同，用人单位能否要求劳动者支付违约金的问题。

违约金，是指当事人在订立合同时约定的，一方不履行合同或者履行合同不符合约定，依据协议向另一方支付的一定数额的金钱。根据我国劳动合同法的规定，除劳动者存在违反服务期约定、竞业禁止限制约定的情形外，用人单位不得与劳动者约定由劳动者承担违约金。用人单位与劳动者约定劳动者违反劳动合同期限的违约金责任，这种约定是与劳动自由权和自主择业权相冲突的，往往是用人单位利用劳动者急于获得工作岗位的心理而与劳动者签订的不平等条款，因而是无效的。

本案中，公司与小海所签订劳动合同中关于“劳动者违约提前解除劳动合同等，应支付违约金 3 万元”的约定，因为公司并没有对小海进行专业培训，也不存在竞业禁止的违反，故该约定只是对提前解除劳动合同应给付违约金的约定，不符合法律所规定的条件，所以劳动仲裁委员会对公司要求小海支付提前解除劳动合同违约金 3 万元的请求，不会予以支持。

法律依据

《中华人民共和国劳动合同法》第二十二条规定：“用人单位为劳动者提供专项培训费用，对其进行专业技术培训的，可以与该劳动者订立协议，约定服务期。

劳动者违反服务期约定的，应当按照约定向用人单位支付违约金。违约金的数额不得超过用人单位提供的培训费用。用人单位要求劳动者支付的违约金不得超过服务期尚未履行部分所应分摊的培训费用。

用人单位与劳动者约定服务期的，不影响按照正常的工资调整机制提高劳动者在服务期期间的劳动报酬。”

《中华人民共和国劳动合同法》第二十五条规定：“除本法第二十二条和第二十三条规定的情形外，用人单位不得与劳动者约定由劳动者承担违约金。”

10. 劳动合同届满前，用人单位能否以违反竞业禁止为由要求劳动者承担违约金？

案情简介

某甲教育公司成立于2003年5月25日，经营范围为：研究、开发教育软件；教育技术咨询、技术服务；销售自行开发的产品。李先生于2009年6月3日入职甲教育公司，双方签订了期限为2009年6月3日至2012年6月3日的劳动合同，并同时签订保密协议及竞业限制合同，其中保密协议就李先生在职期间及离职后保守该教育公司技术秘密和其他商业秘密的有关事项进行了约定：如李先生违反合同条款，违约金数额以10万元人民币计算。竞业限制合同就李先生的竞业限制相关事项进行约定，其中一条载明李先生在职期间不得自行组织公司与该教育公司竞争，如违反合同条款，违约金数额以20万元人民币计算；无论违约金给付与否，该公司有权立即解除与李先生的聘用关系；李先生的违约行为给该公司造成损失的，其应当赔偿该公司的损失，违约金不能代替赔偿损失，但是可以从损失额中抵扣。李先生于2009年9月16日担任甲教育公司某市分公司副总经理。2010年3月17日，该市乙教育投资有限公司成立，李先生为出资人之一并担任公司监事，该公司的经营范围为：教育投资，有关教育信息的咨询服务；销售；教育软件(法律法规及国务院决定禁止或应经许可的除外)。甲教育公司知晓后，向当地仲裁委员会申请仲裁，要求李先生支付违约金20万元。

专家提示

本案涉及在合同履行期内，用人单位能否以违反竞业限制为由要求劳动者承担违约责任问题。

竞业限制也称竞业禁止，是指劳动关系存续期间或解除后，高端劳动者在一定时间内不得从事与原单位有竞争关系的工作。主要是通过在劳动关系存续期间及劳动关系解除后的一段期间内限制员工的自由择业，来避免员工离职所带来的商业秘密的流失。至于竞业禁止的违约金，指的是对负有保密义务的劳动者，用人单位可以在劳动合同或者保密协议中与劳动者约定竞业限制条款，并约定在解除或者终止劳动合同后，在竞业限制期限内按月给予劳动者经济补偿。劳动者违反竞业限制约定的，应当按照约定向用人单位支付违约金。这种竞业限制要基于当事人双方的约定而产生，是一种合同关系，在劳动合同存续期间及约定的解除劳动合同后的竞业限制期间，劳动者违反保密协议或者竞业限制协议的，都应当支付相应的违约金。

一个单位的商业秘密和与知识产权相关的保密事项，可以为单位带来巨大的经济收益，关系到单位的竞争力，对单位的发展尤为重要。因此，对于负有保密义务的劳动者来说，如果和原任职单位签订有竞业限制条款，在违反竞业限制约定的情况下，应当按照约定向用人单位支付违约金。当然，其前提是用人单位在竞业限制期限内按月给予劳动者经济补偿；如果用人单位不给予经济补偿，则应当认为竞业限制条款失去法律效力。一般来讲，在劳动合同存续期内，用人单位往往在签订竞业限制协议书时就说明了日常工资中已经包括了竞业限制的经济补偿。在劳动关系解除后的竞业限制期内，如果用人单位不按约定支付补偿费，就等于自愿放弃了可得利益，劳动者也就可以不再受竞业限制的约束，自主择业，将自己的技能和知识用于新的用人单位。此外，需要指出的是，竞业限制必须控制在必要的限度内，在离职后，劳动者不能从事原岗位业务的时段最长不得超过两年，且限制对象应当是在用人单位因职务关系或工作关系接触或可能接触商业秘密的高层劳动者，包括高级管理人员、高级技术人员。

本案中，李先生与甲教育公司签订有《劳动合同书》、《保密协议与竞业限制合同》，上述协议是双方真实意思表示，且不违反法律法规的强制性规定，该协议合法有效，双方均应受上述协议的约束。李先生在甲教育公司某市分公司任副总经理一职期间作为出资人成立了乙公司，并担任该公司监事，且该公司与甲教育公司经营范围存在部分相同及相似，已形成竞争关系。依据劳动合同法的规定，劳动者违反竞业限制约定的，应当按照约定向用人单位支付违约金。李先生作为甲教育公司某市分公司总经理，出资成立与公司具备竞争关系的乙公司且在该公司担任监事，违反了李先生与甲教育公司签订的竞业限制合同相关约定，其应向甲教育公司支付违约金 20 万元。

法律依据

《中华人民共和国劳动法》第二十二条规定："劳动合同当事人可以在劳动合同中约定保守用人单位商业秘密的有关事项。"

《中华人民共和国劳动合同法》第二十三条规定："用人单位与劳动者可以在劳动合同中约定保守用人单位的商业秘密和与知识产权相关的保密事项。

对负有保密义务的劳动者，用人单位可以在劳动合同或者保密协议中与劳动者约定竞业限制条款，并约定在解除或者终止劳动合同后，在竞业限制期限内按月给予劳动者经济补偿。劳动者违反竞业限制约定的，应当按照约定向用人单位支付违约金。"

《中华人民共和国劳动合同法》第二十四条规定："竞业限制的人员限于用人单位的高级管理人员、高级技术人员和其他负有保密义务的人员。竞业限制的范围、地域、期限由用人单位与劳动者约定，竞业限制的约定不得违反法律、法规的规定。

在解除或者终止劳动合同后，前款规定的人员到与本单位生产或者经营同类产品、从事同类业务的有竞争关系的其他用人单位，或者自己开业生产或者经营同类产品、从事同类业务的竞业限制期限，不得超过二年。"

《中华人民共和国劳动合同法》第九十条规定："劳动者违反本法规定解除劳动合同，或者违反劳动合同中约定的保密义务或者竞业限制，给用人单位造成损失的，应当承担赔偿责任。"

11. 在何种情况下，劳动者需返还培训费？返还的培训费应如何计算？

案情简介

辛小姐于2009年6月1日应聘到某管理顾问有限公司工作，当日双方签订《劳动合同书》，合同期限自2009年6月1日至2012年6月1日，同时双方还签订《员工（出国）培训合同》，约定由该管理顾问有限公司出资外派辛小姐进行专业培训，时间自2009年7月15日至2009年9月15日，培训费用80000元（为预算，培训费用的计算以实际发生额为准）。同时约定根据参加费用数额而确定相应的工作期限为3年，辛小姐擅自解除劳动合同应支付相应违约金。之后辛小姐被派往位于美国的该公司总部进行培训。劳动合同履行过程中，由于辛小姐认为自己的工作理念与公司不合，于是于2010年10月向管理顾问有限公司递交了辞职申请，公司一直极力挽留辛小姐，没有成功。于是，公司向当地仲裁委员会申请仲裁，要求辛小姐按照双方签订的员工出国培训合同的约定，返还公司给辛小姐的培训花费。

专家提示

本案涉及劳动者要求解除合同时，用人单位能否要求劳动者返还培训费的问题。

根据劳动合同法的规定，用人单位为劳动者提供专项培训费用，对其进行专业技术培训的，可以与该劳动者订立协议，约定服务期。服务期是指双方约定的，劳动者因享受用人单位出资培训而承诺必须为用人单位工作的期间。服务期主要针对高端劳动者而言，不是每个劳动者都需要约定服务期。服务期协议主要有两方面内容：一是服务的期间，即培训后服务不得少于几年；二是违约责任，即培训后服务的时间未达到约定的年限的，应如何赔偿。法律规定了劳动者的服务期及相应的违约金，是因为用人单位对劳动者的投入导致劳动者因此而获得利益，使劳动者学到了本事，在就业市场上获得了更重要的谈判筹码，同时，用人单位支付费用使劳动者接受培训的目的，在于期望劳动者学成归来后能够更好地为用人单位服务，通过约定服务期，可以大体上平衡用人单位和劳动者双方的利益，故而劳动者违反服务期约定的，应当按照约定向用人单位支付违约金，但是违约金的数额不得超过用人单位提供的培训费用。

用人单位出资（指有支付货币凭证的情况）对劳动者进行各类技术培训，劳动者提出与单位解除劳动关系的，如果在试用期内，则用人单位不得要求劳动者支付该项培训费用。如果试用期满，在合同期内，则用人单位可以要求劳动者支付违约金，违约金的数额不能超过该项培训费用，如果培训结束后立即跳槽走人，违约金就是全部培训费；如果培训后又服务了一段时间，违约金就不再是全额培训费，而是服务期未完成部分的比例额。劳动者违约后退还的费用只能比培训额少，不能比培训费多。具体支付方法一般是：约定服务期的，按服务期等分出资金额，以劳动者已履行的服务期限递减支付；没约定服务期的，按劳动合同期等分出资金额，以劳动者已履行的合同期限递减支付；没有约定合同期的，按5年服务期等分出资金额，以劳动者已履行的服务期限递减支付；双方对递减计算方式已有约定的，从其约定。如果服务期或者合同期满，劳动者要求终止合同，则用人单位不得要求劳动者支付该项培训费用。

在本案中，辛小姐与某管理顾问有限公司签订了《员工（出国)培训合同》,并约定了“根据参加费用数额而确定相应的工作期限为3年,辛小姐擅自解除劳动合同的应支付相应违约金”,应当认为辛小姐与某管理顾问有限公司约定了3年的服务期。当辛小姐在接受专业培训后且服务期未满的情况下,提出解除劳动合同,辛小姐应当返还服务期未完成部分的培训费的比例额,同时培训费总额应当根据该管理顾问公司实际支出的情况来进行核实。

法律依据

《中华人民共和国劳动合同法》第二十二条规定:“用人单位为劳动者提供专项培训费用,对其进行专业技术培训的,可以与该劳动者订立协议,约定服务期。

劳动者违反服务期约定的,应当按照约定向用人单位支付违约金。违约金的数额不得超过用人单位提供的培训费用。用人单位要求劳动者支付的违约金不得超过服务期尚未履行部分所应分摊的培训费用。

用人单位与劳动者约定服务期的,不影响按照正常的工资调整机制提高劳动者在服务期期间的劳动报酬。”

《中华人民共和国劳动合同法实施条例》第十六条规定:“劳动合同法第二十二条第二款规定的培训费用,包括用人单位为了对劳动者进行专业技术培训而支付的有凭证的培训费用、培训期间的差旅费用以及因培训产生的用于该劳动者的其他直接费用。”

《中华人民共和国劳动合同法实施条例》第二十六条规定:“用人单位与劳动者约定了服务期,劳动者依照劳动合同法第三十八条的规定解除劳动合同的,不属于违反服务期的约定,用人单位不得要求劳动者支付违约金。

有下列情形之一,用人单位与劳动者解除约定服务期的劳动合同的,劳动者应当按照劳动合同的约定向用人单位支付违约金:

(一)劳动者严重违反用人单位的规章制度的;

(二)劳动者严重失职,营私舞弊,给用人单位造成重大损害的;

(三)劳动者同时与其他用人单位建立劳动关系,对完成本单位的工作任务造成严重影响,或者经用人单位提出,拒不改正的;

(四)劳动者以欺诈、胁迫的手段或者乘人之危,使用人单位在违背真实意思的情况下订立或者变更劳动合同的;

(五)劳动者被依法追究刑事责任的。”

12. 劳动者在用人单位连续工作十年以上的，能否要求用人单位订立无固定期限劳动合同？

案情简介

周先生于1999年7月11日与某服务中心建立劳动关系。2006年12月30日，周先生与该服务中心签订了一份固定期限劳动合同，期限为2007年1月1日至2010年12月31日。后来该服务中心经过两次更名改为某公司。2010年11月22日，该公司向周先生发出终止劳动合同通知，提出于2010年12月31日与周先生终止劳动合同。周先生认为其已在公司连续工作满十年，根据相关法律规定公司应与其签订无固定期限劳动合同。2011年1月中旬，周先生申请劳动仲裁，要求公司与其签订无固定期限劳动合同。该公司认为，对周先生于1999年7月11日入职其公司表示认可，但认为双方在2006年12月30日续订劳动合同时，周先生的工作年限并未达到十年，并且《中华人民共和国劳动合同法》自2008年1月1日开始实施，周先生不符合签订无固定期限劳动合同的条件，故不同意周先生签订无固定期限劳动合同的要求。

专家提示

本案涉及订立无固定期限劳动合同的条件问题。

无固定期限的劳动合同是指不约定终止日期的劳动合同。按照平等自愿、协商一致的原则，用人单位和劳动者只要达到一致，都可以签订无固定期限的劳动合同。这是为了使劳动者在劳动关系中既有选择自由，又有归属感、稳定感。根据劳动法及劳动合同法的规定，劳动者在同一用人单位连续工作满十年，如果劳动者提出订立无固定期限的劳动合同，用人单位应当与劳动者订立无固定期限的劳动合同。对于工作年限应当自用人单位用工之日起计算，包括劳动合同法施行前的工作年限。只要连续工作满十年，与签订劳动合同的次数和劳动合同的期限都没有关系，劳动者都可以提出订立无固定期限的劳动合同。无固定期限的劳动合同不得将法定解除条件约定为终止条件，以规避解除劳动合同时用人单位应承担支付劳动者经济补偿的义务。

本案中，周先生于 1999 年 7 月 11 日入职该公司，在双方最后签订的劳动合同终止之前，周先生在公司连续工作已达到 10 年，符合签订无固定期限劳动合同的条件。公司名称的变化不影响双方之间实质上劳动关系的存在，公司的主张没有法律依据，因此周先生要求与公司签订无固定期限劳动合同的请求是符合相关法律规定的。劳动合同法自 2008 年 1 月 1 日开始施行，该法施行前已经依法订立且在劳动合同法施行之日存续的劳动合同，继续履行，该劳动合同的解除和终止应符合劳动合同法的相关规定，所以双方履行的劳动合同到期后，公司提出终止劳动合同并拒绝与周先生签订无固定期限劳动合同是违反相关法律规定的。在周先生要求订立无固定期限劳动合同的情况下，公司应当与周先生订立无固定期限的劳动合同。关于无固定期限劳动合同的内容，双方应当按照合法、公平、平等自愿、协商一致、诚实信用的原则协商确定；对协商不一致的内容，劳动报酬方面可以通过协商、适用集体合同规定或者同工同酬予以解决；劳动条件方面，也可以通过协商或者适用集体合同规定及国家有关规定予以解决。

法律依据

《中华人民共和国劳动法》第二十条规定:“……劳动者在同一用人单位连续工作满十年以上,当事人双方同意延续劳动合同的,如果劳动者提出订立无固定期限的劳动合同,应当订立无固定期限的劳动合同。

《中华人民共和国劳动合同法》第十四条规定:“无固定期限劳动合同,是指用人单位与劳动者约定无确定终止时间的劳动合同。

用人单位与劳动者协商一致,可以订立无固定期限劳动合同。有下列情形之一,劳动者提出或者同意续订、订立劳动合同的,除劳动者提出订立固定期限劳动合同外,应当订立无固定期限劳动合同:

(一)劳动者在该用人单位连续工作满十年的;

(二)用人单位初次实行劳动合同制度或者国有企业改制重新订立劳动合同时,劳动者在该用人单位连续工作满十年且距法定退休年龄不足十年的;……”

《中华人民共和国劳动合同法实施条例》第九条规定:“劳动合同法第十四条第二款规定的连续工作满10年的起始时间,应当自用人单位用工之日起计算,包括劳动合同法施行前的工作年限。”

《中华人民共和国劳动合同法实施条例》第十一条规定:“除劳动者与用人单位协商一致的情形外,劳动者依照劳动合同法第十四条第二款的规定,提出订立无固定期限劳动合同的,用人单位应当与其订立无固定期限劳动合同。对劳动合同的内容,双方应当按照合法、公平、平等自愿、协商一致、诚实信用的原则协商确定;对协商不一致的内容,依照劳动合同法第十八条的规定执行。”

13. 事业单位与劳动者建立劳动关系，是否适用劳动法进行调整？

案情简介

小西是某事业单位的临时员工，双方签订期限为2009年1月1日至2010年12月31日的《××市事业单位聘用合同书》。2010年12月合同到期前，该事业单位通知小西不再与其续签合同。小西以该单位未支付加班工资和解除劳动合同经济补偿金为由，向当地劳动仲裁委员会申请仲裁。仲裁庭适用《中华人民共和国劳动合同法》第四十四条、第四十六条的规定，裁决事业单位一次性向小西支付终止劳动合同的经济补偿金2000元。该事业单位认为，因该单位是社会福利性事业单位，人员有编制，按照《国务院办公厅转发人事部关于在事业单位试行人员聘用制度意见的通知》等规定，该单位与小西之间为人事聘用合同关系，而非劳动关系，双方签订的是事业单位聘用合同书，而非劳动合同，应该属于《中华人民共和国劳动合同法》第九十六条规定的情形，不适用该法的调整。而且该单位作为社会福利性事业单位，国家不允许从事经营活动，没有额外的资金来承担支付经济补偿金的责任，因此，认为不应该向小西支付经济补偿金。小西与该事业单位之间是否形成劳动关系？能否适用劳动合同法调整呢？

专家提示

本案涉及劳动合同法适用范围的问题。

根据劳动合同法的规定，中华人民共和国境内的企业、个体经济组织、民办非企业单位等组织与劳动者建立劳动关系，订立、履行、变更、解除或者终止劳动合同，适用劳动合同法调整。国家机关、事业单位、社会团体和与其建立劳动关系的劳动者，订立、履行、变更、解除或者终止劳动合同，依照劳动合同法执行。也就是说，国家机关、事业单位、社会团体和与其建立劳动关系的劳动者之间的劳动关系也依照劳动合同法执行，具体包括：国家机关、事业单位、社会团体与实行劳动合同制度的工勤人员建立的劳动关系；实行企业化管理的事业组织的人员与该事业组织通过签订劳动合同形成的劳动关系等等。在事业单位、国家机关中，聘用的从事服务性工作的劳动者，如炊事员、打字员、保洁员、司机等，是通过订立劳动合同明确双方的权利义务关系的，也应该由劳动合同法进行调整。本案中，小西在该事业单位的工作并不占用正式编制，为事业单位非编工勤人员，所以小西与该事业单位之间为劳动关系，并非人事聘用关系，应适用《中华人民共和国劳动合同法》的规定。小西与该事业单位终止劳动关系时，该事业单位应当向小西支付经济补偿金。

法律依据

《中华人民共和国劳动法》第二条规定:“在中华人民共和国境内的企业、个体经济组织(以下统称用人单位)和与之形成劳动关系的劳动者,适用本法。

国家机关、事业组织、社会团体和与之建立劳动合同关系的劳动者,依照本法执行。”

《中华人民共和国劳动合同法》第二条规定:“中华人民共和国境内的企业、个体经济组织、民办非企业单位等组织(以下称用人单位)与劳动者建立劳动关系,订立、履行、变更、解除或者终止劳动合同,适用本法。

国家机关、事业单位、社会团体和与其建立劳动关系的劳动者,订立、履行、变更、解除或者终止劳动合同,依照本法执行。”

《中华人民共和国劳动合同法》第九十六条规定:“事业单位与实行聘用制的工作人员订立、履行、变更、解除或者终止劳动合同,法律、行政法规或者国务院另有规定的,依照其规定;未作规定的,依照本法有关规定执行。”

14. 用人单位可否因职工违纪而辞退职工并解除劳动合同？职工能否因该合同解除而获得相应的经济补偿金？

案情简介

2007年5月3日，李某入职到某服装厂，担任财务主管职务，双方签订了劳动合同，后双方续订劳动合同至2010年12月31日。2009年4月10日，服装厂发现李某在工作期间存在合同单位与发票单位不一致、六张费用支出证明单收款单位为空白、八张支票抬头为空白等行为。根据该服装厂的申请，经有关税务部门查实，由李某审核的抬头为空白的七张国税发票均为伪造发票。2009年7月23日，该服装厂人事部针对上述行为对李某作出停职决定。2009年8月10日，李某就其上述失职行为书写情况报告，认可其作为该厂财务主管，在判断不准的问题上缺乏与该厂的沟通，应对上述失职行为负工作失职、审核不严的责任。2009年8月14日，服装厂以李某未履行财务主管职责，开出无收款人的支出证明单及抬头为空白的转账支票为由，向李某出具员工过失单。同日，服装厂向李某出具解除劳动合同通知书，载明：双方签订的劳动合同无法继续履行，现决定于2009年8月14日起与你解除劳动合同等。2009年8月15日，李某与服装厂办理了离职交接手续。李某认为服装厂违法解除劳动合同，向当地仲裁委员会申请仲裁，要求服装厂支付违法解除劳动合同的赔偿金、一个月工资的代通知金及经济补偿金和代通知金数额50%的额外经济补偿金。该服装厂认为由于李某严重违反单位规章制度，服装厂有权与其解除劳动合同，且根据法律规定及双方签订的劳动合同的约定，李某严重违反单位工作制度，服装厂与其解除劳动合同无需提前30日通知，也无需做出经济补偿或赔偿。此外，李某同时主张经济补偿金和赔偿金，违反法律法规的规定。

专家提示

本案涉及劳动者存在严重违纪行为时，用人单位能否解除劳动合同，是否还应当向劳动者支付经济补偿金的问题。

用人单位依法制定的规章制度，是将劳动法律、法规与本单位的实际情况相结合，制定出的具有法律效力的具体行为准则。它是调整用人单位和劳动者之间的权利义务关系以及解决劳动争议的重要依据，用人单位与劳动者都应当遵守。根据劳动合同法的规定，当劳动者严重违反用人单位的规章制度的，用人单位可以与劳动者解除劳动合同，而不必提前通知劳动者。需要注意的是，用人单位不能仅仅根据劳动者有违反劳动纪律的行为，就做出解除劳动合同的决定，而是劳动者违反规章制度的行为，情节严重时，用人单位才能依法做出解除劳动合同的决定。此外，如果劳动者与用人单位约定服务期的，服务期未满，劳动者因存在严重违反规章制度的行为而被解除劳动合同时，不仅不能获得经济补偿金，劳动者还应当向用人单位支付违约金。本案中，李某于2007年5月3日至2009年8月14日期间在服装厂担任财务主管职务，双方签有劳动合同，故双方于上述期间内已建立合法有效的劳动合同关系，双方均应依照法律规定及劳动合同约定履行己方义务。李某在工作期间存在合同单位与发票单位不一致、六张费用支出证明单收款单位为空白、八张支票抬头为空白等失职行为，且经国家税务机关查实，由李某审核的抬头为空白的七张国税发票均为伪造发票。这种行为严重违反了服装厂的规章制度，服装厂因此与李某解除劳动合同，是符合劳动合同法规定的。李某主张违法解除劳动合同的赔偿金、一个月工资的代通知金及经济补偿金和代通知金的50%的额外经济补偿金等要求,不符合法律的规定,所以仲裁委员会驳回了李某的仲裁请求。

法律依据

《中华人民共和国劳动法》第二十五条规定:"劳动者有下列情形之一的,用人单位可以解除劳动合同:

(一)在试用期间被证明不符合录用条件的;

(二)严重违反劳动纪律或者用人单位规章制度的;

(三)严重失职,营私舞弊,对用人单位利益造成重大损害的;

(四)被依法追究刑事责任的。"

《中华人民共和国劳动合同法》第三十九条规定:"劳动者有下列情形之一的,用人单位可以解除劳动合同:

(一)在试用期间被证明不符合录用条件的;

(二)严重违反用人单位的规章制度的;

(三)严重失职,营私舞弊,给用人单位造成重大损害的;

(四)劳动者同时与其他用人单位建立劳动关系,对完成本单位的工作任务造成严重影响,或者经用人单位提出,拒不改正的;

(五)因本法第二十六条第一款第一项规定的情形致使劳动合同无效的;

(六)被依法追究刑事责任的。"

15. 用人单位提出解除劳动合同，劳动者同意解除的，劳动者能否要求经济补偿金？

案情简介

郭某是甲物业管理公司的职工，双方签订有书面劳动合同，约定月工资为 2400 元。2010 年 6 月 1 日，甲物业管理公司将从郭某工作的场所某度假村撤场，由另一家公司乙物业管理公司对该度假村提供物业管理服务。甲物业管理公司在撤场之前征求郭某的意见，表示郭某可以选择继续留在该物业管理公司，也可以选择与该公司解除劳动关系后到即将接管的乙物业管理公司工作。郭某于 2010 年 5 月 29 日声明要求与甲物业管理公司自 2010 年 6 月 1 日解除劳动关系。后双方因是否支付解除劳动合同的经济补偿金发生纠纷，郭某申诉至当地的劳动争议仲裁委员会。劳动争议仲裁委员会裁决甲物业管理公司支付郭某解除劳动合同的经济补偿金。

专家提示

本案涉及双方协商一致解除劳动合同的，劳动者能否要求用人单位支付经济补偿金的问题。

解除劳动合同的经济补偿，是指由于用人单位单方面提出解除劳动合同，而应由其支付给劳动者的一次性的经济补偿。根据劳动合同法规定，用人单位向劳动者提出解除劳动合同并与劳动者协商一致解除劳动合同的，用人单位仍应向劳动者支付经济补偿。本案中，从双方解除劳动合同过程看，甲物业管理公司在撤出度假村前首先提出郭某可以选择解除与其之间的劳动合同，说明物业管理公司有解除劳动合同的意向。在此情况下，郭某同意解除劳动合同并主动提出申请，不能认为郭某是因其个人原因要求解除劳动合同的，应当认定是双方协商一致的结果。因此，在此种情况下，甲物业管理公司应按照劳动合同法的规定，向郭某支付解除劳动合同经济补偿金。但要注意一个细节，并非所有的协商一致解除劳动合同的，用人单位均需支付经济补偿，只有在用人单位提出解除劳动合同的动议下，双方协商一致解除劳动合同的，劳动者才可以主张经济补偿。

法律依据

《中华人民共和国劳动合同法》第三十六条规定："用人单位与劳动者协商一致，可以解除劳动合同。"

《中华人民共和国劳动合同法》第四十六条规定："有下列情形之一的，用人单位应当向劳动者支付经济补偿：……(二)用人单位依照本法第三十六条规定向劳动者提出解除劳动合同并与劳动者协商一致解除劳动合同的；……"

《中华人民共和国劳动合同法》第四十七条规定："经济补偿按劳动者在本单位工作的年限，每满一年支付一个月工资的标准向劳动者支付。六个月以上不满一年的，按一年计算；不满六个月的，向劳动者支付半个月工资的经济补偿。

劳动者月工资高于用人单位所在直辖市、设区的市级人民政府公布的本地区上年度职工月平均工资三倍的，向其支付经济补偿的标准按职工月平均工资三倍的数额支付，向其支付经济补偿的年限最高不超过十二年。

本条所称月工资是指劳动者在劳动合同解除或者终止前十二个月的平均工资。"

16. 在用人单位已与包括劳动者在内的职工订有尚未期满的集体合同的情况下，用人单位未与劳动者订立书面劳动合同，用人单位是否应向劳动者支付双倍工资差额？

案情简介

甲公司系某集团有限公司的子公司。金某是甲公司职工。2007年6月10日，该集团有限公司职工代表会议一致通过了集体合同文本。2007年6月17日，企业法人代表与工会法人代表签订了集体合同，并报当地的区劳动和社会保障局审核备案。集体合同主要约定了企业用工、工作时间和休息休假、劳动报酬、保险与福利、劳动安全与卫生、技能培训、纪律与奖惩、监督检查、合同期限与变更。合同有效期限为三年。2009年5月，甲公司通知金某回家待岗，未支付金某生活费，亦未给金某缴纳除医疗保险以外的其他社会保险。金某离开甲公司前12个月平均工资为1000元。后金某以甲公司未给其缴纳社会保险为由申请仲裁，提出解除劳动关系，并要求甲公司支付解除劳动合同的经济补偿金及未签订劳动合同的二倍工资。

专家提示

本案主要涉及在已签订集体合同，但公司未与劳动者单独订立书面劳动合同的情况下，公司是否应向劳动者支付双倍工资的问题。

集体合同，又称团体协约、集体协约或劳资合约。集体合同就是指用人单位与本单位职工根据法律、法规、规章的规定，就劳动报酬、工作时间、休息休假、劳动安全卫生、职业培训、保险福利等事项，通过集体协商签订的书面协议。集体合同实际上是一种特殊的劳动合同。企业职工一方与用人单位通过平等协商，可以就劳动报酬、工作时间、休息休假、劳动安全卫生、保险福利等事项订立集体合同。合同草案应提交职工代表大会或者全体职工讨论通过，由工会代表企业职工一方与用人单位订立，并经主管机关登记备案，具有法律效力。本案中，该集团公司的法人代表与工会代表签订的集体合同内容、程序符合法律规定，对双方具有约束力。该集体合同约定了企业用工、工作时间和休息休假、劳动报酬、保险与福利、劳动安全与卫生、技能培训、纪律与奖惩、监督检查、合同期限与变更，合同有效期限为三年。金某作为劳动者知道或应当知道集体合同的内容。公司与包括金某在内的职工已订立了集体合同，该合同在 2010 年 6 月 17 日前均合法有效，合同的效力及于包括金某在内的劳动者。虽然公司与金某未再单独订立劳动合同，但基于集体合同的存在，双方之间的劳动关系和权利义务关系明确，不存在因未订立书面劳动合同而致金某权益受损的事实及可能。因此，金某在集体合同期未满的情况下，要求公司支付未签订劳动合同的双倍工资是没有法律依据的。

法律依据

《中华人民共和国劳动合同法》第五十一条规定："企业职工一方与用人单位通过平等协商，可以就劳动报酬、工作时间、休息休假、劳动安全卫生、保险福利等事项订立集体合同。集体合同草案应当提交职工代表大会或者全体职工讨论通过。

集体合同由工会代表企业职工一方与用人单位订立;尚未建立工会的用人单位,由上级工会指导劳动者推举的代表与用人单位订立。"

《中华人民共和国劳动合同法》第五十四条规定:"集体合同订立后,应当报送劳动行政部门;劳动行政部门自收到集体合同文本之日起十五日内未提出异议的,集体合同即行生效。

依法订立的集体合同对用人单位和劳动者具有约束力。行业性、区域性集体合同对当地本行业、本区域的用人单位和劳动者具有约束力。"

《中华人民共和国劳动合同法》第五十五条规定:"集体合同中劳动报酬和劳动条件等标准不得低于当地人民政府规定的最低标准;用人单位与劳动者订立的劳动合同中劳动报酬和劳动条件等标准不得低于集体合同规定的标准。"

《中华全国总工会关于做好帮助和指导职工签订劳动合同工作的意见》第六条规定:"工会组织应当积极代表职工依法与用人单位进行平等协商、签订集体合同。要把签订劳动合同的时间,劳动合同变更、解除、续订的程序和一般原则以及劳动合同终止的条件,试用期的条件和期限,劳动合同管理等涉及职工切身利益的重要问题作为平等协商、签订集体合同的重要内容,为职工签订劳动合同提供重要依据。要用集体合同规范劳动合同,把集体合同中通过平等协商取得的成果充分体现在职工的劳动合同之中。

(七)劳动合同必备条款中劳动条件、工作时间、劳动报酬、保险福利等标准不得低于集体合同的规定。先于集体合同订立的劳动合同,其劳动标准等内容应根据集体合同的规定作相应的调整。劳动合同条款标准低于集体合同的,应执行集体合同的规定。要做到劳动合同与集体合同、企业规章制度相衔接,防止有的用人单位用内部规章制度规避劳动合同的约定,侵害职工合法权益。"

17. 达到法定退休年龄，与用人单位未签订劳动合同，能否要求经济补偿金？

案情简介

姜某，女，1960 年生。1990 年 5 月，姜某到甲公司担任保洁员，此后一直在该单位工作。2008 年 1 月，双方签订了劳动合同，用工期限至 2009 年 12 月。2010 年 1 月起，双方没有再订立书面协议，同时，姜某已经依法开始领取养老保险金，但姜某仍在甲公司工作到 2010 年 12 月 30 日。2011 年 3 月，姜某诉至法院，要求用人单位支付 2010 年未订立劳动合同的双倍工资差额及 25％的经济补偿金。

专家提示

本案涉及已达到法定退休年龄的劳动者，仍留在原单位工作的，是否还能与用人单位形成劳动关系的问题。

劳动关系，是指用人单位招用劳动者为其成员，劳动者在用人单位的管理下提供有报酬的劳动而产生的权利义务关系。在劳动关系中，劳动者除提供劳动之外，还要接受用人单位的管理，服从其安排，遵守其规章制度等，成为用人单位的成员。劳务关系是指劳动者与用工者根据口头或书面约定，由劳动者向用工者提供一次性的或者是特定的劳动服务，用工者依约向劳动者支付劳务报酬的一种有偿服务的法律关系。在劳务关系中，劳动者与用工者是两个平等的主体，双方不存在管理与被管理的关系。劳动关系与劳务关系虽然有着密切的联系，都是由一方提供劳动力给另一方使用，由另一方支付劳动报酬。但两者之间的不同主要体现在：①劳动风险责任承担的主体不同。作为劳动关系的用人单位有义务承担劳动风险责任；而劳务提供者在劳动过程中自担风险。②劳动报酬支付方式不同。基于劳动关系发生的劳动报酬，其支付方式特定化为一种持续的、定期的支付；基于劳务关系发生的劳动报酬是劳务费，其支付方式一般为一次性劳务价格支付，该劳务价格与市场的变化直接联系。

一般而言，如果劳动合同到期，劳动者与用人单位未续签劳动合同，但劳动者仍在单位继续上班，劳动者与用人单位之间的劳动关系并没有终止，两者之间形成事实劳动关系。但是劳动者达到法定退休年龄之后，劳动者与用人单位之间是否还存在劳动关系呢？根据劳动合同法实施条例的规定，劳动者达到法定退休年龄的，劳动合同终止。也就是说，依法享受养老保险待遇或领取退休金的人员与用人单位之间的关系应为劳务关系。按照相关法律规定，劳动者要领取养老保险待遇须具备两个条件：一是年龄条件。一般来说，男员工为60周岁，女员工中管理人员为55周岁，普通女工人为50周岁。二是社保缴费年限。劳动者达到法定退休年龄，并且符合法定缴费年限的，可以享受养老保险待遇。对于已享受养老保险待遇的劳动者与用人单位之间的关系，按劳务关系处理。本案中，姜某已经达到了法定退休年龄，其与用人单位之间的劳动关系已经终止。即使姜某仍在该单位工作，其与用人单位之间也已经转化为劳务关系，不能受劳动合同法调整，因此姜某无法要求用人单位支付未签订劳动合同的双倍工资。

法律依据

《中华人民共和国劳动合同法实施条例》第二十一条规定:“劳动者达到法定退休年龄的,劳动合同终止。”

最高人民法院《关于审理劳动争议案件适用法律若干问题的解释(三)》第七条规定:“用人单位与其招用的已经依法享受养老保险待遇或领取退休金的人员发生用工争议,向人民法院提起诉讼的,人民法院应当按劳务关系处理。”

18. 如果未签订劳动合同，如何确认存在劳动关系？

案情简介

2006年9月6日，田某到甲电缆第二分厂从事基建维修工作。2009年5月15日，甲电缆公司与田某签订住宿协议一份，甲电缆公司安排田某住进其职工宿舍310室。但双方一直未签订书面劳动合同。2010年10月29日，田某向当地劳动争议仲裁委员会申请仲裁，要求公司支付未签订劳动合同期间的双倍工资。甲电缆公司不同意，认为电缆公司已将其基建维修工程发包给黄某的施工队，田某是黄某雇佣的，与电缆公司并不存在劳动关系，甲电缆公司只是应黄某要求，代为发放田某的工资。而田某认为，黄某与自己一样，均为该电缆公司职工。能否确认田某与甲电缆公司具有事实劳动关系？

专家提示

本案涉及劳动者未与用人单位签订劳动合同的情况下，如何确认劳动者与用人单位存在事实上的劳动关系的问题。

劳动关系的建立包括订立书面劳动合同和未订立书面劳动合同两种形式，但在未签订劳动合同的情况下，判断劳动者与用人单位是否建立劳动关系的标准，至少应当从人格从属性、经济从属性和组织从属性上来判断，如果符合主体资格合法、接受管理、提供的劳动属于用人单位业务组成部分等特征的，应认为已建立劳动关系。认定用人单位和劳动者之间是否存在劳动关系应综合考虑以下标准：劳动者与用人单位是否存在管理与被管理的关系；劳动者提供的劳动内容是否属于用人单位的业务组成部分；用人单位是否为劳动者提供劳动条件；用人单位是否向劳动者支付劳动报酬等。本案中，田某确实自 2006 年开始就在甲电缆公司内从事维修工作；其工资也是由甲电缆公司发放，而且甲电缆公司也未能证明自己是代发工资；甲电缆公司还安排了职工宿舍给田某住宿，并签订了协议。上述事实均可表明甲电缆公司与田某之间存在劳动关系。甲电缆公司应按照法律规定支付给田某未签订劳动合同期间的双倍工资。

法律依据

《劳动和社会保障部关于确立劳动关系有关事项的通知》："一、用人单位招用劳动者未订立书面劳动合同，但同时具备下列情形的，劳动关系成立。(一)用人单位和劳动者符合法律、法规规定的主体资格；(二)用人单位依法制定的各项劳动规章制度适用于劳动者，劳动者受用人单位的劳动管理，从事用人单位安排的有报酬的劳动；(三)劳动者提供的劳动是用人单位业务的组成部分。

二、用人单位未与劳动者签订劳动合同，认定双方存在劳动关系时可参照下列凭证：(一)工资支付凭证或记录(职工工资发放花名册)、缴纳各项社会保险费的记录；(二)用人单位向劳动者发放的'工作证'、'服务证'等能够证明身份的证件；(三)劳动者填写的用人单位招工招聘'登记表'、'报名表'等招用记录；(四)考勤记录；(五)其他劳动者的证言等。

其中，(一)、(三)、(四)项的有关凭证由用人单位负举证责任。"

19. 被不具备主体资格的施工队招用后，如何确认劳动者的劳动关系？

案情简介

王某是甲建筑工程公司第一分公司的负责人，该分公司不能单独营业，没有独立的资产，设立的目的主要是为了拓展业务。第一分公司接到业务之后，呈报给甲建筑工程公司审核，之后以甲建筑工程公司名义签订合同，由第一分公司负责施工，施工人员由第一分公司临时雇用，需要总公司协助时再进行申请。2009年10月9日，王某与章某签订建筑工程包工合同一份，约定甲建筑工程公司以包工不包料的方式承包章某家的住房建设，该合同由王某代表第一分公司签名并加盖该分公司的章。2009年11月2日，李某作为乙方，与甲建筑工程公司签订合同一份，约定李某承包章某家住房建设除主体工程外的所有项目。合同签订后，李某雇佣赵某等人进行施工。2010年4月15日，赵某在施工工地受伤。之后，赵某向当地劳动争议仲裁委员会申请仲裁，请求确认赵某与甲建筑工程公司之间存在劳动关系。

专家提示

本案涉及劳动关系的确认问题。

劳动部《关于确立劳动关系有关事项的通知》第四条规定，建筑施工、矿山企业等用人单位将工程（业务）或经营权发包给不具备主体资格的组织或自然人，对该组织或自然人招用的劳动者，由具备用工主体资格的发包方承担用工主体责任。本案中，王某是甲建筑工程公司第一分公司的负责人，但是不具备用工主体的资格；分包人李某作为自然人，也不具备用工主体的资格；而甲建筑工程公司下设的第一分公司在注册时没有相应的资产，也不能独立承担民事责任，因此，对于不具备用工主体资格的李某所招用的员工，应当由甲建筑工程公司承担用工主体责任，因此，赵某与甲建筑工程公司具有法律上的劳动关系。

法律依据

《劳动和社会保障部关于确立劳动关系有关事项的通知》第四条规定："建筑施工、矿山企业等用人单位将工程(业务)或经营权发包给不具备用工主体资格的组织或自然人，对该组织或自然人招用的劳动者，由具备用工主体资格的发包方承担用工主体责任。"

20. 部分条款无效，是否影响整个劳动合同的效力？

案情简介

2007 年 3 月 6 日，小杨与甲公司签订劳动合同书，约定该合同于 2007 年 3 月 6 日生效，于 2008 年 12 月 31 日终止；合同中写明小杨于 2000 年 9 月进入甲公司。2008 年 7 月 19 日，小杨与甲公司针对上述合同签订劳动合同变更书，约定：合同终止日期由 2008 年 12 月 31 日变更为 2009 年 6 月 30 日；增加“明确合同中第三条第 32 页工作时间为执行以年为周期的综合工时制”。2009 年 4 月 12 日，小杨与甲公司再次签订劳动合同变更书，约定：合同终止日期由 2009 年 6 月 30 日变更为 2009 年 12 月 31 日；公司为员工补齐国家规定应缴的基本社会保险。2009 年 12 月 31 日，劳动合同终止后小杨仍在甲公司从事工作，同时甲公司仍在向小杨支付工资及发放伙食费。小杨认为，甲公司自拟的《劳动合同》没有明确的工作地点、休息休假、职业病危害防护，而且甲公司以变更合同终止时间的方式，与职工续订《劳动合同》，其中擅自增加“以年为周期的综合工时制”，不增加《劳动合同法》及《条例》的相关内容，不再适用部分合同条款，因此，申请仲裁要求确认 2008 年 7 月及 2009 年 4 月续签的两次劳动合同变更书无效。甲公司不同意小杨的要求，但是自认未就执行以年为周期的综合工时制进行过审批，并提出现在已经变更为执行标准工时制。

专家提示

本案涉及劳动合同部分条款无效的，是否影响整个劳动合同的效力的问题。

劳动合同无效有全部无效和部分无效之分。全部无效，就是任何一条都不能再履行，也没有任何约束力；部分无效，就是有些条文仍可以履行，仍有约束力。根据劳动合同法的相关规定，劳动合同部分条款无效的，并不影响其余条款的效力。此外，需要强调的是，劳动合同是否有效，由劳动争议仲裁机构或者人民法院确认，其他任何部门或者个人都无权认定无效或者部分无效劳动合同。本案中，2008 年 7 月 19 日，甲公司在劳动合同到期前，采取与小杨签订劳动合同变更书的方式延长劳动合同期限至 2009 年 6 月 30 日，应视为续订合同期限为半年的固定期限劳动合同。在上述变更书中甲公司增加“工作时间执行以年为周期的综合工时制”的条款，但甲公司执行以年为周期的综合工时制未经有关部门审批，所以上述增加的条款对劳动者并不发生法律效力。此外，甲公司于 2009 年 4 月 12 日与小杨再次签订的劳动合同变更书，也应视为双方续订合同条款与此前劳动合同相同、合同期限自 2009 年 6 月 30 日至 2009 年 12 月 31 日的劳动合同。在与小杨连续两次订立固定期限劳动合同之后，按照劳动合同法的规定，甲公司应与小杨签订无固定期限劳动合同。而甲公司在 2009 年 4 月 12 日签订的劳动合同变更书中对劳动合同约定了半年期限，违反了上述法律规定，此条款应属无效。本案中，因为小杨与甲公司签订上述两份劳动合同变更书时并不存在欺诈、胁迫、乘人之危等导致劳动合同整体无效的情形。小杨提出的合同变更书中甲公司承诺补齐保险而实际未履行，以及合同变更书中不明确工作地点、休息休假、职业病危害防护等理由均不构成导致合同无效的法定事由，所以除上文所述两个条款外，甲公司与小杨订立的两次劳动合同变更书中其余条款合法有效。

法律依据

《中华人民共和国劳动合同法》第二十七条规定：“劳动合同部分无效，不影响其他部分效力的，其他部分仍然有效。”

21. 冒用他人身份签订劳动合同，劳动合同是否有效？

案情简介

小军借用小庆的身份证与甲公司于2009年2月3日签订《劳动合同书》，约定：合同为有固定期限劳动合同，自2009年2月3日至2011年2月3日；小军实行不定时工时制，小军的具体工作时间和休息休假按照甲公司制定的规章制度执行；甲公司实行计件工资制。此外，合同还约定了其他条款。合同签订后，小军就以小庆的身份到甲公司开始上班了。2010年5月21日，小军在工作中摔伤。经医院诊断，小军的伤情为右桡骨远端开放性骨折。因劳动报酬及劳动合同问题，小军与甲公司发生纠纷。小军向仲裁委员会提出申诉，要求：1. 确认其与甲公司的事实劳动关系；2. 甲公司支付拖欠的工资；3. 甲公司支付拖欠的工资的经济补偿金；4. 甲公司支付未签订劳动合同两倍工资。小军以小庆的名义与甲公司签订劳动合同，该劳动合同是否有效呢？

专家提示

本案主要涉及劳动合同的效力的问题。

欺诈，是指一方当事人故意制造假象或者故意隐瞒真相，使对方陷入认识错误而与之签订合同。胁迫，是指一方以现实或者将来的危险使对方陷入恐惧而签订合同。乘人之危，是指利用他人的危难而与之签订合同。根据劳动合同法的规定，以欺诈、胁迫的手段或者乘人之危，使对方在违背真实意思的情况下订立或者变更劳动合同的，劳动合同无效。本案中，小军借用小庆的身份证并以小庆的名义与甲公司签订《劳动合同书》，违背了诚实信用原则，具有违法性，属欺诈行为，所以该《劳动合同书》应属无效。小军与甲公司的劳动合同虽然属无效，但小军为甲公司提供劳动，甲公司也给小军支付了工资，双方存在事实上的劳动关系。甲公司应当按照小军提供的劳动，参照相应的标准支付给小军劳动报酬。

法律依据

《中华人民共和国劳动法》第十八条规定："下列劳动合同无效：……（二）采取欺诈、威胁等手段订立的劳动合同。无效的劳动合同，从订立的时候起，就没有法律约束力。确认劳动合同部分无效的，如果不影响其余部分的效力，其余部分仍然有效。劳动合同的无效，由劳动争议仲裁委员会或者人民法院确认。"

《中华人民共和国劳动合同法》第二十六条规定："下列劳动合同无效或者部分无效：（一）以欺诈、胁迫的手段或者乘人之危，使对方在违背真实意思的情况下订立或者变更劳动合同的；……"

《中华人民共和国劳动合同法》第二十八条规定："劳动合同被确认无效，劳动者已付出劳动的，用人单位应当向劳动者支付劳动报酬。劳动报酬的数额，参照本单位相同或者相近岗位劳动者的劳动报酬确定。"

《中华人民共和国劳动合同法实施条例》第十九条规定："有下列情形之一的，依照劳动合同法规定的条件、程序，用人单位可以与劳动者解除固定期限劳动合同、无固定期限劳动合同或者以完成一定工作任务为期限的劳动合同：……（六）劳动者以欺诈、胁迫的手段或者乘人之危，使用人单位在违背真实意思的情况下订立或者变更劳动合同的；……"

22. 劳动者隐瞒、伪造工作经历等重要情况，与用人单位签订劳动合同是否有效？

案情简介

2007 年 3 月 15 日，段某投资 15 万元，注册成立了甲公司。段某是公司的股东，并担任该公司法定代表人。2008 年 2 月 18 日，段某到与甲公司经营范围相近的乙公司去应聘，他在应聘登记表中注明其曾担任甲公司加盟主管一职，但是段某没有向乙公司说明其担任及今后仍担任甲公司法定代表人和股东这一重要信息。段某先后于 2008 年 2 月 18 日、2009 年 8 月 10 日与乙公司签订了劳动合同和劳动合同续订书。劳动合同附件包含竞业禁止和限制条款，其中包括承诺不会直接或间接地通过任何手段在与公司目前或今后业务有竞争关系的公司任职。后来乙公司发现段某实际上是与本公司具有竞争关系的甲公司的法定代表人，于是以段某在签订劳动合同时存在欺诈为由，于 2009 年 11 月 3 日向段某送达解除劳动关系通知书，并向当地劳动仲裁委员会申请仲裁，要求确认公司与段某的劳动合同无效，并要求段某返还工资、保险费、住房公积金损失。

专家提示

本案涉及劳动者隐瞒与用人单位相关的重要情况时，用人单位与之签订的劳动合同的效力问题。

欺诈，是指一方当事人故意制造假象或故意隐瞒真相，使对方陷入错误认识而与之签订合同的情况。判断是否构成欺诈，可以从三方面入手：一是有欺诈行为，二是该行为出于故意，三是签订合同是被欺诈的结果。比如，劳动者明知自己没有博士学位，却购买假的博士学位证用以骗取用人单位的招录。而根据劳动合同法的规定，用人单位招用劳动者时，应当如实告知劳动者工作内容、工作条件、工作地点、职业危害、安全生产状况、劳动报酬，以及劳动者要求了解的其他情况；用人单位有权了解劳动者与劳动合同直接相关的基本情况，劳动者亦有如实说明的诚信义务，对自身一些重要的基本情况不得隐瞒。对因用人单位的过错导致劳动合同无效的，不仅要求用人单位支付劳动报酬、社会保险、经济补偿以及其他劳动者应享受的待遇，同时还要对其给予相应的制裁。对于因为劳动者的过错导致劳动合同无效的，而且给用人单位造成损失的，劳动者应赔偿用人单位的财产损失。本案中，段某是与乙公司经营范围相近的甲公司的法定代表人，但是段某在去乙公司应聘过程中，填写应聘登记表时，隐瞒了自己在甲公司担任法定代表人的身份。在以后的工作过程中段某也隐瞒了自己的相关工作经历；在签订、续订劳动合同时均没有如实告知乙公司这些相关重要信息。在这种情况下，使得乙公司在未获得完整真实信息的情况下，违背真实意思与段某签订、续订劳动合同，因此，段某的行为构成欺诈，乙公司可以要求确认双方签订的劳动合同无效。如果乙公司因此遭受了财产损失，也可以要求段某进行赔偿。

法律依据

《中华人民共和国劳动合同法》第二十六条规定:"下列劳动合同无效或者部分无效:(一)以欺诈、胁迫的手段或者乘人之危,使对方在违背真实意思的情况下订立或者变更劳动合同的;……"

《中华人民共和国劳动合同法实施条例》第十九条规定:"有下列情形之一的,依照劳动合同法规定的条件、程序,用人单位可以与劳动者解除固定期限劳动合同、无固定期限劳动合同或者以完成一定工作任务为期限的劳动合同:……(六)劳动者以欺诈、胁迫的手段或者乘人之危,使用人单位在违背真实意思的情况下订立或者变更劳动合同的;……"

《中华人民共和国劳动合同法》第八十六条规定:"劳动合同依照本法第二十六条规定被确认无效,给对方造成损害的,有过错的一方应当承担赔偿责任。"

《中华人民共和国劳动合同法实施条例》第二十六条规定:"用人单位与劳动者约定了服务期,劳动者依照劳动合同法第三十八条的规定解除劳动合同的,不属于违反服务期的约定,用人单位不得要求劳动者支付违约金。

有下列情形之一,用人单位与劳动者解除约定服务期的劳动合同的,劳动者应当按照劳动合同的约定向用人单位支付违约金:……

(四)劳动者以欺诈、胁迫的手段或者乘人之危,使用人单位在违背真实意思的情况下订立或者变更劳动合同的;……"

23. 劳动者与用人单位签订的劳动合同中含有违反法律法规规定的合同条款，如何认定劳动合同的法律效力？

案情简介

小孙于2010年5月10日入职甲公司，同日签订书面劳动合同，约定小孙任职营销部业务员。合同第十条约定"甲公司每月支付小孙薪酬基本工资为800元，绩效考核奖金约1200元/月。"该合同第十五条关于试用期的内容第一款约定"在试用期期间：签署劳动合同后自动离职人员，第一个月30日内没签署劳动合同自动放弃应聘岗位，属无薪离职；第二个月、第三个月内离职只发放基本工资800元(按实际出勤日计算)。"后来，双方于2010年6月20日签署《业务员晋级升降制度》作为劳动合同书附件，该制度约定业务员晋级升降、绩效指标考核制度"第一个月推销任务薪资待遇：底薪800元＋绩效1200元＋提成＋奖金。第二个月：底薪800元＋绩效约3200元＋绩效考核2000元＋社保＋提成＋奖金"。但是小孙只拿到第一个月的工资2000元，后来公司再也没有发过工资。小孙一直正常上班到2010年7月16日，但是因为没有收入来源，小孙实在无法坚持下去了，7月17日以后小孙就没有再去公司了。2010年8月5日，小孙向当地仲裁委员会申请仲裁，要求确认劳动合同第十五条第一款无效，并要求甲公司支付2010年6月10日至2010年7月16日工资及25%经济补偿金。

专家提示

本案涉及劳动合同中含有违反法律法规规定的条款，应如何认定其法律效力的问题。

法律法规强制性规定是指必须严格遵守的，不允许当事人协议排除适用的法律法规；发生纠纷时，合同约定与法律规定不相符的，依据法律规定处理。根据劳动合同法的规定，用人单位免除自己的法定责任、排除劳动者权利的劳动合同无效或部分无效；违反法律、行政法规强制规定的劳动合同无效或部分无效。劳动合同法关于试用期的规定，劳动者在试用期的工资不得低于本单位相同岗位最低档工资或者劳动合同约定工资的80%，并不得低于用人单位所在地的最低工资标准。本案中，小孙与甲公司签署的《劳动合同书》第十五条第一款规定："在试用期期间：签署劳动合同后自动离职人员，第一个月30日内没签署劳动合同自动放弃应聘岗位，属无薪离职；第二个月、第三个月内离职只发放基本工资800元(按实际出勤日计算)"。该条款中关于"无薪离职"、"试用期内离职只支付基本工资"的规定排除了劳动者应足额获得劳动报酬的权利，也违反了劳动合同法关于试用期工资的上述规定，应属无效条款。但是，小孙与甲公司签订的劳动合同及附件中约定的工资支付条款仍旧有效，甲公司应按照《业务员晋级升降制度》约定，依据小孙第一个月工资2000元、第二个月及第三个月工资4000元的标准向小孙支付2010年6月10日至7月16日的工资及25%的经济补偿。

法律依据

《中华人民共和国劳动合同法》第二十六条规定："下列劳动合同无效或者部分无效：……（二）用人单位免除自己的法定责任、排除劳动者权利的；（三）违反法律、行政法规强制性规定的。对劳动合同的无效或者部分无效有争议的，由劳动争议仲裁机构或者人民法院确认。"

《中华人民共和国劳动合同法实施条例》第十八条规定："有下列情形之一的，依照劳动合同法规定的条件、程序，劳动者可以与用人单位解除固定期限劳动合同、无固定期限劳动合同或者以完成一定工作任务为期限的劳动合同：……（九）用人单位在劳动合同中免除自己的法定责任、排除劳动者权利的；（十）用人单位违反法律、行政法规强制性规定的；……"

24. 企业改制合并后，未与劳动者签订新的劳动合同，而是按照原有劳动合同继续履行的，劳动者能否要求用人单位支付未签订劳动合同期间的双倍工资？

案情简介

小张于2009年4月10日与甲公司签订劳动合同，合同期限至2011年4月10日止，双方约定实行综合计算工时制度，并约定甲公司为小张提供社会保险福利待遇。2010年1月1日，甲公司整建制划入乙公司，劳动关系也转移到乙公司。小张在乙公司工作期间，实行综合计算工时制，隔日上班进行倒休，月平均工资为1500元。2010年12月31日，乙公司解除了原甲公司与小张之间的劳动合同，并按原劳动合同的工作年限支付了解除劳动合同经济补偿金。双方就二倍工资及加班费协商未果，小张向当地仲裁委员会申请仲裁，要求乙公司支付未签订劳动合同的二倍工资、2010年1月1日至2010年12月31日期间的延时及休息日加班工资及25％补偿金。

专家提示

本案涉及用人单位发生合并、分立等情况时，劳动合同是否需要重新签订的问题。

用人单位合并主要包括两种情况：一是原用人单位与其他法人或组织联合成立一个新的法人，由新的法人承担原有用人单位的权利义务；二是原有用人单位被撤销后，由另一家用人单位承担原有用人单位的权利义务。用人单位分立主要包括两种情况：

一是原有用人单位分出一部分财产设立新的用人单位，原有用人单位继续存在；二是原有用人单位分成两个或两个以上新的用人单位，原有用人单位随之解体。根据劳动合同法的规定，依法订立的劳动合同具有约束力，用人单位与劳动者应当履行劳动合同约定的义务。用人单位由于经营策略、经营方向以及其他客观原因，需要对企业进行合并或者分立的；或者用人单位发生更换名称、变更法定代表人、负责人等事项时，劳动者无需与用人单位重新签订劳动合同，原劳动合同继续有效。本案中，小张的原工作单位甲公司于2010年1月1日被整建制划入乙公司，乙公司作为甲公司权利和义务的承继者，并不需要与小张签订新的劳动合同，而是应当按照法律规定继续与小张履行原劳动合同，小张不能因为乙公司没有与其重新签订新的劳动合同，就认定乙公司没有与其签订劳动合同而要求乙公司支付两倍工资。

法律依据

《中华人民共和国劳动合同法》第三十三条规定："用人单位变更名称、法定代表人、主要负责人或者投资人等事项，不影响劳动合同的履行。"

《中华人民共和国劳动合同法》第三十四条规定："用人单位发生合并或者分立等情况，原劳动合同继续有效，劳动合同由承继其权利和义务的用人单位继续履行。"

25. 被原用人单位安排至新单位工作，后新单位与劳动者解除劳动合同，工作年限应如何计算？

案情简介

李某于2005年6月至甲公司工作，双方签订的最后一份劳动合同的期限为2010年1月1日至2012年12月30日。后来，甲公司因为经营困难，与乙公司签订了一份《联营协议》，该协议约定：整合乙公司的厂房和设备利用率，甲公司派遣员工到乙公司工作，由乙公司统一管理，甲公司负责员工的协调工作；为保证甲公司员工的待遇，甲公司员工的工作情况由乙公司进行考核，甲公司根据乙公司的考核，按甲公司的工资制度发放。2010年4月19日，甲公司召开员工大会，宣布包括李某在内的全体车间人员自2010年6月1日起至甲公司的联营单位乙公司上班。甲公司自2010年6月1日起停止生产，还将机器设备出让，并于2010年6月向有关部门递交了相关材料，为缴纳城镇社会保险费的员工办理了账户转移手续，并为50名外省市户籍员工办理了保险注销手续。2010年6月1日起，李某进入乙公司上班，2011年1月10日，乙公司提出解除与李某的劳动合同，李某同意解除劳动合同。但双方就解除劳动合同的经济补偿金发生争议，乙公司只同意从2010年6月1日开始计算并给付相应的经济补偿金，于是李某向当地仲裁委员会申请仲裁，要求乙公司支付从2005年6月起的经济补偿金。

专家提示

本案涉及用人单位安排劳动者进入新的用人单位，当新的用人单位与劳动者解除劳动合同时，工作年限如何计算的问题。

我国劳动合同法规定，用人单位因劳动合同订立时所依据的客观经济情况发生重大变化，致使劳动合同无法履行的，用人单位提前30天履行相关手续后，可以裁减人员。本案中，甲公司于2010年4月以开会的方式通知包括李某在内的全体车间人员至联营单位乙公司工作是否属裁减人员的行为？甲公司安排员工在劳动合同履行期内去乙公司上班，员工由乙公司进行管理和考核，都表明劳动者的用人单位发生了变化。此外，甲公司在告知员工去乙公司上班后，还为外省市户籍的员工办理了退工手续，为缴纳城镇社会保险费的员工办理了社保账户移出手续，这些行为均表明甲公司与劳动者不再继续履行劳动合同。甲公司自2010年6月起停止生产经营，还出让机器设备，客观经济情况确实发生了重大变化，且提前30天履行通知员工等手续后解除劳动合同，符合劳动合同法的规定。经甲公司通知后，李某到乙公司上班，并非出自李某本人意愿，其在甲公司的工作年限应计算在内。当乙公司依法与李某解除劳动合同时，应当从李某到甲公司工作的时间开始计算工作年限，并支付给李某相应的经济补偿金。当然，如果甲公司已经向李某支付经济补偿的，乙公司在依法解除、终止劳动合同计算支付经济补偿的工作年限时，不再计算李某在原甲公司的工作年限。

法律依据

《中华人民共和国劳动合同法实施条例》第十条规定："劳动者非因本人原因从原用人单位被安排到新用人单位工作的，劳动者在原用人单位的工作年限合并计算为新用人单位的工作年限。原用人单位已经向劳动者支付经济补偿的，新用人单位在依法解除、终止劳动合同计算支付经济补偿的工作年限时，不再计算劳动者在原用人单位的工作年限。"

26. 用人单位因业务调整撤销劳动者所在工作岗位，能否以无法提供其他适合的岗位为由解除劳动合同？

案情简介

2007 年 3 月 6 日，肖某与甲公司签订了无固定期限劳动合同，约定肖某担任资产文员一职，月基本工资为 3500 元。2009 年 7 月 17 日，甲公司向肖某发出《协商解除劳动合同协议》，以公司经营业务调整，不再设立肖某目前的工作岗位，且也不能提供其他适合肖某的岗位为由与肖某解除劳动合同。2009 年 10 月，肖某向当地劳动争议仲裁委员会申请劳动仲裁，要求甲公司撤销《解除劳动合同通知》，继续履行原劳动合同，并要求甲公司按照肖某离职时的收入标准补发肖某自 2009 年 7 月 17 日至恢复履行劳动合同期间的工资。

专家提示

本案涉及用人单位撤销现有工作岗位后，能否以此解除和劳动者的劳动关系的问题。

根据劳动合同法的规定，劳动合同是劳动者和用人单位确立劳动关系，明确双方权利义务的协议，劳动合同的解除、终止，不能违反法律、法规、规章的规定。劳动合同的解除是指劳动合同订立后，尚未全部履行以前，由于某种原因导致劳动合同一方或双方当事人提前消灭劳动关系的法律行为。劳动合同的解除分为法定解除和约定解除两种。根据劳动法的规定，劳动合同既可以由单方依法解除，也可以双方协商解除。劳动合同的解除，只对未履行的部分发生效力，不涉及已履行的部分。

用人单位撤销岗位，应视为劳动合同订立所依据的客观情况发生重大变化，致使原劳动合同无法履行。出现此种情况后，用人单位应与劳动者协商变更劳动合同内容。在双方协商一致的情况下，可以变更劳动合同的相关条款和内容。如果双方当事人就变更劳动合同不能达成一致意见，用人单位在提前一个月通知劳动者本人的情况下，有权解除劳动合同。用人单位要求解除劳动合同的，应当提前 30 日以书面形式通知劳动者本人，或者额外支付一个月工资作为代通知金后，才能解除劳动合同，并且用人单位还应根据劳动者在本单位的工作年限给予相应的经济补偿金。本案中，甲公司因业务调整，将肖某的工作岗位撤销，使原劳动合同无法继续履行，甲公司应当与劳动者协商变更劳动合同的内容。但是甲公司以不能提供其他适合肖某的岗位为由，拒绝与劳动者协商变更劳动合同内容，直接作出与肖某解除劳动关系的决定，是违反劳动合同法规定的，属于违法解除劳动合同。现肖某要求继续履行劳动合同，甲公司应撤销解除合同通知，继续履行原劳动合同。此外，甲公司应按照肖某的原工资标准支付自 2009 年 7 月至劳动合同恢复履行之日的工资。

法律依据

《中华人民共和国劳动合同法》第四十条规定:"有下列情形之一的,用人单位提前三十日以书面形式通知劳动者本人或者额外支付劳动者一个月工资后,可以解除劳动合同:……(三)劳动合同订立时所依据的客观情况发生重大变化,致使劳动合同无法履行,经用人单位与劳动者协商,未能就变更劳动合同内容达成协议的。"

《中华人民共和国劳动合同法》第四十八条规定:"用人单位违反本法规定解除或者终止劳动合同,劳动者要求继续履行劳动合同的,用人单位应当继续履行;劳动者不要求继续履行劳动合同或者劳动合同已经不能继续履行的,用人单位应当依照本法第八十七条规定支付赔偿金。"

27. 解除劳动合同时，用人单位是否应出具解除劳动合同的证明？

案情简介

小静于2008年3月1日入职甲公司担任业务员，双方于2008年3月1日签订劳动合同，合同有效期为一年。后双方续订劳动合同至2010年12月30日。2010年5月30日，小静从甲公司离职，双方就工作、资料及资产等均交接完毕。但是甲公司自小静离职后，没有向其出具解除劳动合同证明，也没有给其办理档案和社会保险关系转移手续。小静是非农业户口，档案是由甲公司出资集体存档在当地人才服务中心的。后来经小静向当地法院起诉，甲公司才同意为小静办理了转档手续，但拒绝承担档案保存费。于是，小静再次向当地劳动仲裁委员会申请仲裁，要求甲公司返还小静垫付的存档费300元、赔偿扣押档案期间造成的收入损失并补缴该期间的社会保险。

专家提示

本案主要涉及用人单位解除劳动合同时是否应当出具解除劳动合同的证明问题。

根据失业保险条例的相关规定，用人单位出具的终止或者解除劳动关系证明是进行失业登记的必备条件。因此，在劳动合同法中规定，用人单位应当在解除或者终止劳动合同时出具解除或者终止劳动合同的证明，并在15日内为劳动者办理档案和社会保险关系转移手续。用人单位没有向劳动者出具解除或者终止劳动合同的书面证明，给劳动者造成损害的，应当承担赔偿责任。本案中，甲公司自与小静解除劳动合同后，没有向其出具解除劳动合同证明，也没有给其办理档案和社会保险关系转移手续。而小静就工作、资料及资产等均交接完毕，甲公司应当按照法律规定出具解除劳动合同的证明，并赔偿因迟延转移档案给小静造成的损失，具体数额应当根据迟转档案时间、小静失业保险累计缴费年限及相对应的失业保险金标准等予以确定。此外，甲公司迟延为小静转移档案，在此期间产生的档案保存费也应当由甲公司承担。

法律依据

《中华人民共和国劳动合同法》第五十条规定："用人单位应当在解除或者终止劳动合同时出具解除或者终止劳动合同的证明，并在十五日内为劳动者办理档案和社会保险关系转移手续。

劳动者应当按照双方约定，办理工作交接。用人单位依照本法有关规定应当向劳动者支付经济补偿的，在办结工作交接时支付。

用人单位对已经解除或者终止的劳动合同的文本，至少保存二年备查。

《中华人民共和国劳动合同法实施条例》第二十四条规定："用人单位出具的解除、终止劳动合同的证明，应当写明劳动合同期限、解除或者终止劳动合同的日期、工作岗位、在本单位的工作年限。"

《中华人民共和国劳动合同法》第八十九条规定："用人单位违反本法规定未向劳动者出具解除或者终止劳动合同的书面证明，由劳动行政部门责令改正；给劳动者造成损害的，应当承担赔偿责任。"

28. 劳动合同订立时所依据的客观情况发生重大变化，劳动合同无法继续履行，用人单位不发工资也不解除劳动合同，劳动者怎么办？

案情简介

2005年2月1日，李某进入A市甲公司工作，双方为此于2005年2月19日签订了期限自同年2月19日起至2007年12月31日止的劳动合同。2008年1月1日，甲公司、李某签订最后一份劳动合同，约定合同期自该签订日至2010年12月31日止，李某每月工资为人民币1000元。2009年3月，甲公司向员工发出公告，表示因经营厂房租赁到期和甲公司扩大生产规模的需要，甲公司将搬迁至B市，并明确了搬迁的一些具体方案。同时，甲公司向李某出具《公司搬迁员工合同续签意见书》，征询李某是否同意到B市工作；如不愿意，则是否需要由甲公司推荐至乙公司工作。2009年4月5日，李某以搬迁后无法照顾家庭为由，在意见书上书明不同意变更合同到B市工作，并将意见书上“不同意到B市员工是否需要推荐至乙公司工作”的内容予以划去。之后，甲公司就着手搬迁工作，并于2009年5月16日办理了相关工商登记手续。因李某不同意随甲公司到B市的新地点工作，甲公司在搬至B市后，于2009年7月至9月期间对李某予以放假。放假期间，甲公司按照每月700元的标准向李某支付工资。2009年10月12日，甲公司发出公告，决定对李某在内的多名员工暂时停薪留职，期间工资参照A市规定的最低工资标准予以发放，上述人员职务安排待公司研究决定后公示。为此，李某在内的多名员工于同年11月2日致函甲公司，对甲公司上述决定提出异议，要求甲公司在接到函件后的5日内，恢复原工资待遇，否则李某等将在上述期限届满之日提出辞职，并要求甲公司依法支付经济补偿金和生活补助金。因甲公司没有按李某等人的要求恢复原工资待遇，李某遂于2009年11月22日向甲公司发出被迫解除劳动合同通知书，以甲公司变相克扣工资收入为由，明确于该日上午8时正式解除双方劳动关系，并要求甲公司依法及时支付经济补偿金和生活补助金等。同日，李某与甲公司办理了有关物品的移交手续。李某应该如何维护自己的合法权益？

专家提示

本案涉及订立劳动合同所依据的客观情况发生变化时，劳动者应当如何维护自己的合法权益的问题。

根据劳动合同法的规定，用人单位与劳动者应当按照劳动合同的约定，全面履行各自的义务。劳动合同订立时所依据的客观情况发生重大变化，致使劳动合同无法履行，经用人单位与劳动者协商，未能就变更劳动合同内容达成协议的，用人单位可以提出解除劳动合同，同时用人单位应当向劳动者支付经济补偿。甲公司、李某初次签订劳动合同时，甲公司的经营场所在A市，即李某工作地点在A市。合同履行中，甲公司因故将其经营场所搬迁至B市，与原工作地点相距较远，导致原合同订立时所依据的客观情况发生重大变化。而李某在甲公司与其协商时不愿到新的工作地点工作，也不愿意由甲公司推荐进入乙公司工作。在此情况下，甲公司有权依法解除与李某的劳动合同。但是，本案中甲公司没有解除劳动合同，而是先对李某放假3个月，然后又决定对李某暂时停薪留职，而且以政府规定的同期最低工资标准向李某发放停职期间的工资。甲公司并未与李某解除劳动合同，又没有足额支付劳动报酬，这种做法不符合法律规定。用人单位未及时足额支付劳动报酬的，劳动者可以解除劳动合同，李某可以因此与甲公司解除劳动合同，并要求甲公司按照李某的工作年限计算并支付相应的经济补偿金。

法律依据

《中华人民共和国劳动合同法》第三十八条规定:"用人单位有下列情形之一的,劳动者可以解除劳动合同:

(一)未按照劳动合同约定提供劳动保护或者劳动条件的;

(二)未及时足额支付劳动报酬的;……"

《中华人民共和国劳动合同法》第四十条规定:"有下列情形之一的,用人单位提前三十日以书面形式通知劳动者本人或者额外支付劳动者一个月工资后,可以解除劳动合同:……(三)劳动合同订立时所依据的客观情况发生重大变化,致使劳动合同无法履行,经用人单位与劳动者协商,未能就变更劳动合同内容达成协议的。"

《中华人民共和国劳动合同法》第四十六条规定:"有下列情形之一的,用人单位应当向劳动者支付经济补偿:

(一)劳动者依照本法第三十八条规定解除劳动合同的;

(二)用人单位依照本法第三十六条规定向劳动者提出解除劳动合同并与劳动者协商一致解除劳动合同的;

(三)用人单位依照本法第四十条规定解除劳动合同的;

……"

《中华人民共和国劳动合同法》第四十七条规定:"经济补偿按劳动者在本单位工作的年限,每满一年支付一个月工资的标准向劳动者支付。六个月以上不满一年的,按一年计算;不满六个月的,向劳动者支付半个月工资的经济补偿。

劳动者月工资高于用人单位所在直辖市、设区的市级人民政府公布的本地区上年度职工月平均工资三倍的,向其支付经济补偿的标准按职工月平均工资三倍的数额支付,向其支付经济补偿的年限最高不超过十二年。

本条所称月工资是指劳动者在劳动合同解除或者终止前十二个月的平均工资。"

29. 用人单位与劳动者解除劳动合同，是否应当提前通知劳动者？如果没有提前三十日通知，属于违法解除劳动合同吗？

案情简介

2004年5月10日，贾某到甲建筑公司工作，但是双方一直未签订书面劳动合同。劳动合同法颁布以后，2008年1月1日，贾某与甲建筑公司签订了书面劳动合同，该合同为以完成一定工作任务为期限的劳动合同。劳动合同中记载贾某于2004年5月10日起在甲建筑公司工作，贾某在职期间月工资1300元。后来，因公司经营状况发生重大变化，虽与贾某协商但未能就变更劳动合同的问题达成一致，于是在2009年3月16日，甲建筑公司作出《关于与贾某等五位同志解除劳动合同的通知》，与贾某解除劳动合同，要求贾某在接到通知三天内办理工作交接手续，并于当月停止向贾某发放工资。后来，因待岗工资及生活费问题双方产生争议。于是，贾某以甲建筑公司违法解除合同为由向当地劳动争议仲裁委员会申请劳动仲裁。

专家提示

本案涉及双方不能协商一致解除劳动合同的，用人单位如何按照法定程序解除的问题。

根据劳动合同法的规定，劳动合同订立时所依据的客观情况发生重大变化，致使劳动合同无法履行，经用人单位与劳动者协商，未能就变更劳动合同内容达成协议的，用人单位可以提出解除劳动合同,同时用人单位应当向劳动者支付经济补偿。除此以外,用人单位解除劳动合同的,应当提前 30 日以书面形式通知劳动者本人或者额外支付劳动者一个月工资。本案中,甲建筑公司因客观情况发生变化,导致合同无法继续履行,且与劳动者无法协商一致,有权提出与劳动者解除劳动合同,因此,甲建筑公司与贾某解除劳动合同符合劳动合同法的规定,不属于违法解除劳动合同的情形。但是甲建筑公司应当提前 30 日通知贾某,而本案中甲建筑公司要求贾某在接到通知三日内离职,没有按照法定程序提前三十日通知贾某,所以仍应支付一个月工资的补偿作为代通知金。此外,贾某自 2004 年起就在甲建筑公司工作,在劳动合同中也有载明,所以贾某解除劳动合同的经济补偿金,计算年限应从 2004 年起计算。

法律依据

《中华人民共和国劳动合同法》第四十条规定:"有下列情形之一的,用人单位提前三十日以书面形式通知劳动者本人或者额外支付劳动者一个月工资后,可以解除劳动合同:……(三)劳动合同订立时所依据的客观情况发生重大变化,致使劳动合同无法履行,经用人单位与劳动者协商,未能就变更劳动合同内容达成协议的。"

《中华人民共和国劳动合同法实施条例》第二十条规定:"用人单位依照劳动合同法第四十条的规定,选择额外支付劳动者一个月工资解除劳动合同的,其额外支付的工资应当按照该劳动者上一个月的工资标准确定。"

30. 劳动者在患病期间提出解除劳动合同的，用人单位是否需要支付经济补偿金？

案情简介

2008 年 5 月 7 日，王某进入甲公司担任保安工作，并签订了劳动合同，约定合同有效期自 2008 年 5 月 7 日至 2010 年 5 月 7 日。合同到期前，双方又续签了劳动合同，时间自 2010 年 5 月 7 日至 2013 年 4 月 30 日。2010 年 10 月 10 日，王某因病住院治疗。2010 年 10 月 26 日，王某以住院动手术后不能胜任本职工作为由，自愿书面申请解除劳动合同。当日，甲公司同意了王某的辞职申请，并制定了解除劳动合同书。2010 年 11 月 29 日，王某办理了离职手续并在解除劳动合同书上签了字。后来王某向当地劳动仲裁委员会申请仲裁，要求甲公司支付经济补偿金。甲公司不同意王某的要求。

专家提示

本案涉及劳动者辞职权的问题。

根据劳动合同法的规定，劳动者提前 30 日以书面形式通知用人单位，可以解除劳动合同。劳动者在任何情况下，只要提前 30 日以书面形式通知用人单位，就可以解除与用人单位的劳动合同。劳动者单方预告解除劳动合同，除要遵守通知程序外，不附加任何条件，不限定劳动者预告解除劳动合同的理由，但用人单位并不需要因此支付劳动者经济补偿金。本案中，王某是因自身健康问题生病住院，在患病期间，王某以生病不能胜任工作为由向甲公司书面申请,要求解除与甲公司的劳动合同。因为王某是自愿申请解除劳动合同,要求支付经济补偿金的请求不符合劳动合同法的规定,所以甲公司无需向王某支付解除劳动合同的经济补偿金。

法律依据

《中华人民共和国劳动法》第二十四条规定:“经劳动合同当事人协商一致,劳动合同可以解除。”

《中华人民共和国劳动法》第三十一条规定:“劳动者解除劳动合同,应当提前三十日以书面形式通知用人单位。”

《中华人民共和国劳动合同法》第三十六条规定:“用人单位与劳动者协商一致,可以解除劳动合同。”

《中华人民共和国劳动合同法》第三十七条规定:“劳动者提前三十日以书面形式通知用人单位,可以解除劳动合同。劳动者在试用期内提前三日通知用人单位,可以解除劳动合同。”

31. 用人单位违法解除劳动合同的，劳动者能否要求继续履行劳动合同？

案情简介

小安于2006年11月到甲工厂工作。2009年5月12日至同年7月1日间，该厂以企业生产经营发生严重困难为由，与包括小安在内的30余名员工解除了劳动合同，并支付了经济补偿金。甲工厂经营状况较为好转后，2009年8月30日，甲工厂重新与小安签订了劳动合同，期限自2009年9月1日至2012年7月31日止。合同签订后该厂发放了小安2009年9月、10月份的工资。2009年11月11日，该厂又以经营困难为由通知小安于2009年11月11日解除劳动合同。小安向当地劳动仲裁委员会申请仲裁，要求该厂继续履行劳动合同。

专家提示

本案涉及用人单位违法解除劳动合同，劳动者能否要求用人单位继续履行劳动合同的问题。

根据劳动合同法的规定，用人单位违反本法规定解除或者终止劳动合同，劳动者要求继续履行劳动合同的，用人单位应当继续履行。本案中，甲工厂在2009年5月至7月期间以生产经营发生严重困难为由解除了该单位30余名职工的劳动合同。但是，该厂在经营状况好转后，与小安在2009年8月30日又重新签订了劳动合同，甲工厂与小安于2009年8月30日签订的劳动合同系双方在平等自愿基础上所签订，内容并未违反法律、法规的相关规定，双方所签订的劳动合同依法成立。在新的劳动合同签订后，甲工厂并未出现经营严重困难，该厂以此为由再次解除与小安的劳动合同，属于违法解除劳动合同。小安不同意解除劳动合同，要求继续履行合同的，该厂应继续履行与小安之间的劳动合同。

法律依据

《中华人民共和国劳动合同法》第四十一条规定："有下列情形之一，需要裁减人员二十人以上或者裁减不足二十人但占企业职工总数百分之十以上的，用人单位提前三十日向工会或者全体职工说明情况，听取工会或者职工的意见后，裁减人员方案经向劳动行政部门报告，可以裁减人员：

（一）依照企业破产法规定进行重整的；

（二）生产经营发生严重困难的；

（三）企业转产、重大技术革新或者经营方式调整，经变更劳动合同后，仍需裁减人员的；

（四）其他因劳动合同订立时所依据的客观经济情况发生重大变化，致使劳动合同无法履行的。

裁减人员时，应当优先留用下列人员：

（一）与本单位订立较长期限的固定期限劳动合同的；

（二）与本单位订立无固定期限劳动合同的；

（三）家庭无其他就业人员，有需要扶养的老人或者未成年人的。

用人单位依照本条第一款规定裁减人员，在六个月内重新招用人员的，应当通知被裁减的人员，并在同等条件下优先招用被裁减的人员。

《中华人民共和国劳动合同法》第四十八条规定："用人单位违反本法规定解除或者终止劳动合同，劳动者要求继续履行劳动合同的，用人单位应当继续履行；劳动者不要求继续履行劳动合同或者劳动合同已经不能继续履行的，用人单位应当依照本法第八十七条规定支付赔偿金。"

《中华人民共和国劳动法》第九十八条规定："用人单位违反本法规定的条件解除劳动合同或者故意拖延不订立劳动合同的，由劳动行政部门责令改正；对劳动者造成损害的，应当承担赔偿责任。"

32. 解除劳动合同时，经济补偿金如何计算？

案情简介

孙某于2008年6月1日进入甲公司担任行政文员，双方签订了劳动合同，约定合同有效期为2008年6月1日至2010年6月1日，孙某每月工资2700元。2009年4月，孙某因工作表现出色，工资调整为每月3200元。2009年9月，公司因业务发展需要，将公司迁至新的办公地点，同时对孙某的岗位进行了调整，孙某经与公司协商，没有达成一致意见，于是2009年10月1日，公司与孙某协商解除劳动合同，孙某同意解除劳动合同，并于当天签订了解除合同书，后孙某向当地仲裁委员会申请仲裁，要求公司支付经济补偿金。

专家提示

本案涉及解除劳动合同时，经济补偿金的计算问题。

根据劳动合同法的规定，用人单位按照法律规定提出解除劳动合同，劳动者同意的，用人单位应支付劳动者经济补偿金。经济补偿按劳动者在本单位工作的年限，每满一年支付一个月工资的标准向劳动者支付。六个月以上不满一年的，按一年计算；不满六个月的，向劳动者支付半个月工资的经济补偿。本案中，孙某在甲公司工作一年零四个月，按照规定，不满六个月的，向劳动者支付半个月工资的经济补偿，因此，孙某应该拿到相当于一个半月工资的经济补偿金。

那这一个半月工资的经济补偿金的计算标准是什么呢？根

据劳动合同法的规定，经济补偿所说的月工资是指劳动者在劳动合同解除或者终止前 12 个月的平均工资。《中华人民共和国劳动合同法实施条例》第二十七条规定，劳动合同法第四十七条规定的经济补偿月工资按照劳动者应得工资计算，包括计时工资或者计件工资以及奖金、津贴和补贴等货币性收入。国家统计局《关于工资总额组成的规定》明确，工资总额由计时工资、计件工资、奖金、津贴和补贴、加班加点工资、特殊情况下支付的工资六个部分组成；其中提成工资包含在计件工资之中。此外，劳动部《关于贯彻执行〈中华人民共和国劳动法〉若干问题的意见》第 53 条也做了同样的规定，"工资"是指用人单位依据国家有关规定或劳动合同的约定，以货币形式直接支付给本单位劳动者的劳动报酬，一般包括计时工资、计件工资、奖金、津贴和补贴、延长工作时间的工资报酬以及特殊情况下支付的工资等。"工资"是劳动者劳动收入的主要组成部分。也就是说，经济补偿所依据的工资应当以劳动者的实际收入为准，而不是仅限于劳动合同上签订的固定工资。

但是，劳动合同法对于高端劳动者的经济补偿从工作年限和月工资基数两方面做出了一定的限制，规定劳动者月工资高于用人单位所在直辖市、设区的市级人民政府公布的本地区上年度职工月平均工资三倍的，向其支付经济补偿的标准按职工月平均工资三倍的数额支付，向其支付经济补偿的年限最高不超过 12 年。

本案中，孙某在 2009 年 10 月 1 日解除劳动合同，应该以在此之前的 12 个月的平均工资为标准，2008 年 6 月 1 日至 2009 年 3 月，孙某每月工资为 2700 元；2009 年 4 月至 2009 年 9 月，孙某每月工资为 3200 元，因此，孙某离职前 12 个月的平均工资为 2950 元，孙某应该拿到 4425 元的经济补偿金。

法律依据

《中华人民共和国劳动合同法》第四十条规定:“有下列情形之一的,用人单位提前三十日以书面形式通知劳动者本人或者额外支付劳动者一个月工资后,可以解除劳动合同:……

(三)劳动合同订立时所依据的客观情况发生重大变化,致使劳动合同无法履行,经用人单位与劳动者协商,未能就变更劳动合同内容达成协议的。”

《中华人民共和国劳动合同法》第四十六条规定:“有下列情形之一的,用人单位应当向劳动者支付经济补偿:

(一)劳动者依照本法第三十八条规定解除劳动合同的;

(二)用人单位依照本法第三十六条规定向劳动者提出解除劳动合同并与劳动者协商一致解除劳动合同的;

(三)用人单位依照本法第四十条规定解除劳动合同的;

……”

《中华人民共和国劳动合同法》第四十七条规定:“经济补偿按劳动者在本单位工作的年限,每满一年支付一个月工资的标准向劳动者支付。六个月以上不满一年的,按一年计算;不满六个月的,向劳动者支付半个月工资的经济补偿。

劳动者月工资高于用人单位所在直辖市、设区的市级人民政府公布的本地区上年度职工月平均工资三倍的,向其支付经济补偿的标准按职工月平均工资三倍的数额支付,向其支付经济补偿的年限最高不超过十二年。

本条所称月工资是指劳动者在劳动合同解除或者终止前十二个月的平均工资。”

《中华人民共和国劳动合同法实施条例》第二十七条规定:“劳动合同法第四十七条规定的经济补偿的月工资按照劳动者应得工资计算,包括计时工资或者计件工资以及奖金、津贴和补贴等货币性收入。劳动者在劳动合同解除或者终止前12个月的平均工资低于当地最低工资标准的,按照当地最低工资标准计算。劳动者工作不满12个月的,按照实际工作的月数计算平均工资。”

33. 劳动合同期届满，劳动合同依法终止的，劳动者能否拿到经济补偿金？

案情简介

张某于2009年10月进入A公司担任技术员工作，双方签订了劳动合同，约定合同有效期为2009年10月10日至2010年10月10日。2010年10月10日，合同到期后，双方没有续签劳动合同。那么，张某能否因合同终止拿到经济补偿金？

专家提示

本案涉及劳动合同期满后劳动者的经济补偿问题。

劳动合同终止，是指由于劳动合同的期限已经届满或者双方约定的终止条件已经出现，因而终止劳动合同的法律效力。固定期限劳动合同期满双方未续订劳动合同或者无劳动合同延续的情形，劳动合同终止。一般而言，固定期限劳动合同到期终止，用人单位应当承担经济补偿金的给付责任。如果用人单位已经向劳动者提出续订劳动合同，且续订劳动合同的条件维持或者高于原劳动合同条件的，劳动者不同意续订的，则用人单位不需要支付经济补偿金。此外，对于以完成一定工作任务为期限的劳动合同因任务完成而终止的，用人单位也应当按照劳动者的工作年限支付经济补偿金。如果用人单位同意续订劳动合同，但降低劳动合同约定条件，劳动者不同意续订的，劳动合同终止，用人单位应当支付经济补偿。如果用人单位不同意续订，无论劳动者是否同意续订，劳动合同终止，用人单位应当支付经济补偿。本案中，张某与A公司的劳动合同期满后，双方均未提出续订劳动合同，用人单位应承担给付经济补偿金的责任。

法律依据

《中华人民共和国劳动合同法》第四十四条规定："有下列情形之一的，劳动合同终止：(一)劳动合同期满的；……"

《中华人民共和国劳动合同法》第四十六条规定："有下列情形之一的，用人单位应当向劳动者支付经济补偿：……(五)除用人单位维持或者提高劳动合同约定条件续订劳动合同，劳动者不同意续订的情形外，依照本法第四十四条第一项规定终止固定期限劳动合同的；……"

《中华人民共和国劳动合同法实施条例》第二十二条规定："以完成一定工作任务为期限的劳动合同因任务完成而终止的，用人单位应当依照劳动合同法第四十七条的规定向劳动者支付经济补偿。"

《中华人民共和国劳动合同法》第四十七条规定："经济补偿按劳动者在本单位工作的年限，每满一年支付一个月工资的标准向劳动者支付。六个月以上不满一年的，按一年计算；不满六个月的，向劳动者支付半个月工资的经济补偿。

劳动者月工资高于用人单位所在直辖市、设区的市级人民政府公布的本地区上年度职工月平均工资三倍的，向其支付经济补偿的标准按职工月平均工资三倍的数额支付，向其支付经济补偿的年限最高不超过十二年。

本条所称月工资是指劳动者在劳动合同解除或者终止前十二个月的平均工资。"

34. 如果用人单位与劳动者解除劳动合同，没有通知工会，怎么办？

案情简介

江某于2007年2月到甲公司工作，并签订有效期自2007年2月1日至2009年2月1日的劳动合同。合同到期后，双方又续签了劳动合同，时间自2009年2月1日至2011年2月1日。2010年3月，江某迟到了五次。2010年5月，甲公司在没有通知工会的情况下，以江某严重违反本公司的规章制度为由，与江某解除了劳动合同。江某以违法解除劳动合同为由，向当地仲裁委员会申请仲裁，要求甲公司支付经济赔偿金。

专家提示

本案涉及用人单位在解除劳动合同时，是否应当通知工会的问题。

工会是职工自愿结合的群众组织，其宗旨就是要维护职工的合法权益。根据劳动合同法的规定，用人单位单方解除劳动合同的，应当事先将与劳动者解除劳动合同的理由书面通知本单位的工会，工会有权利提出意见和建议；对于用人单位违反国家法律、行政法规规定或者劳动合同的约定解除与劳动者的劳动合同的行为，工会有权要求用人单位纠正。用人单位应当充分研究工会的意见，并将最终的意见和处理结果书面通知工会。本案中，甲公司在没有通知本单位工会的情况下，就单方解除了与江某的劳动合同，且江某的行为也未达到严重违反公司规章制度的程度，因此甲公司属于违法解除劳动合同，应支付相应的经济赔偿金。

法律依据

《中华人民共和国劳动法》第三十条规定：“用人单位解除劳动合同，工会认为不适当的，有权提出意见。如果用人单位违反法律、法规或者劳动合同，工会有权要求重新处理；劳动者申请仲裁或者提起诉讼的，工会应当依法给予支持和帮助。”

《中华人民共和国劳动合同法》第四十三条规定：“用人单位单方解除劳动合同，应当事先将理由通知工会。用人单位违反法律、行政法规规定或者劳动合同约定的，工会有权要求用人单位纠正。用人单位应当研究工会的意见，并将处理结果书面通知工会。”

《中华人民共和国工会法》第二十一条规定：“企业、事业单位处分职工，工会认为不适当的，有权提出意见。

企业单方面解除职工劳动合同时，应当事先将理由通知工会，工会认为企业违反法律、法规和有关合同，要求重新研究处理时，企业应当研究工会的意见，并将处理结果书面通知工会。

职工认为企业侵犯其劳动权益而申请劳动争议仲裁或者向人民法院提起诉讼的，工会应当给予支持和帮助。”

35. 用人单位没有按照劳动合同的约定提供劳动条件的，劳动者解除劳动合同的，劳动者是否需要支付违约金？

案情简介

2008年6月，小王从某矿冶学校毕业后，被某有色金属矿山企业录用，并签订了5年期的劳动合同。劳动合同中约定，小王负责指导一线开采工作，企业提供必要的劳动保护条件，工资待遇与企业管理人员相同。小王工作后，企业为小王提供了半年的培训，然后按劳动合同约定安排到一线工作，但企业一直没有给小王提供相应的劳动保护设备。小王找到企业负责人，答复说小王是按管理人员对待的，不是真正的一线工人，不能像一线工人那样领取劳动保护设备，但是由于工作需要，也无法享受企业机关科室人员的工作环境。小王认为企业没有按照劳动合同提供相应的劳动条件，因此要求解除劳动合同。企业认为，双方已经签订了为期五年的劳动合同，劳动者提前解除应返还单位所支出的培训费。

专家提示

本案涉及用人单位应当为劳动者提供适当的劳动条件的问题。

劳动者的劳动条件是劳动合同必备的条款之一。企业的生产、劳动条件必须符合国家规定的安全、卫生标准，这是用人单位必须履行的义务。如果用人单位没有按照国家规定的标准或者劳动合同的约定提供劳动保护和劳动条件，致使劳动环境差、没有必要的劳动保护措施，危害劳动者生命和身体健康的，是明显违反劳动合同的行为，劳动者有权单方通知用人单位解除劳动合同。本案中，小王与企业已经在劳动合同中约定了劳动条件，企业却以小王不属于一线工人为由不予提供，违反了劳动合同的约定，小王可以解除劳动合同。虽然企业为小王提供了专业培训，但是由于企业存在违反劳动合同法的情形，小王有权解除劳动合同，并且无需返还培训费或者支付违约金。

法律依据

《中华人民共和国劳动法》第十九条规定："劳动合同应当以书面形式订立，并具备以下条款：(一)劳动合同期限；(二)工作内容；(三)劳动保护和劳动条件；……劳动合同除前款规定的必备条款外，当事人可以协商约定其他内容。"

《中华人民共和国劳动法》第三十二条规定："有下列情形之一的，劳动者可以随时通知用人单位解除劳动合同：……(三)用人单位未按照劳动合同约定支付劳动报酬或者提供劳动条件的。"

《中华人民共和国劳动法》第九十二条规定："用人单位的劳动安全设施和劳动卫生条件不符合国家规定或者未向劳动者提供必要的劳动防护用品和劳动保护设施的，由劳动行政部门或者有关部门责令改正，可以处以罚款；情节严重的，提请县级以上人民政府决定责令停产整顿；对事故隐患不采取措施，致使发生重大事故，造成劳动者生命和财产损失的，对责任人员依照刑法有关规定追究刑事责任。"

《中华人民共和国劳动合同法》第三十八条："用人单位有下列情形之一的，劳动者可以解除劳动合同：(一)未按照劳动合同约定提供劳动保护或者劳动条件的；……"

《中华人民共和国劳动合同法实施条例》第十八条规定："有下列情形之一的，依照劳动合同法规定的条件、程序，劳动者可以与用人单位解除固定期限劳动合同、无固定期限劳动合同或者以完成一定工作任务为期限的劳动合同：(一)劳动者与用人单位协商一致的；(二)劳动者提前三十日以书面形式通知用人单位的；(三)劳动者在试用期内提前三日通知用人单位的；(四)用人单位未按照劳动合同约定提供劳动保护或者劳动条件的；……"

《中华人民共和国劳动合同法实施条例》第二十六条规定："用人单位与劳动者约定了服务期，劳动者依照劳动合同法第三十八条的规定解除劳动合同的，不属于违反服务期的约定，用人单位不得要求劳动者支付违约金。"

36. 公益性岗位，劳动者在劳动合同终止后能否要求支付经济补偿金？

案情简介

甲劳务服务中心是社区公益性就业组织。该中心与某交通支队签订了《社区公益性就业组织派遣协议书》，以劳务派遣形式派遣交通协管员到该支队从事维护交通秩序工作。2009 年 4 月 1 日，小张与甲劳务服务中心签订了劳动合同，约定合同期限自合同签订之日起至 2010 年 10 月 31 日，月工资为 1300 元或按本市最低工资标准。劳动合同签订后，小张一直担任交通协管员工作至 2010 年 11 月 1 日，每月由劳务服务中心支付津贴 340 元，交通支队支付 960 元工资。劳动合同终止后，小张向当地仲裁委员会申请仲裁，要求交通支队及劳务服务中心支付解除劳动合同的经济补偿金。

专家提示

本案涉及公益性岗位在劳动合同终止后，用人单位是否应当支付经济补偿金的问题。

根据劳动法的规定，劳动者的合法权益受法律保护。用人单位应当及时足额向劳动者支付工资。小张与某劳务服务中心签订劳动合同，双方存在劳动合同关系，小张被该中心派往某交通支队工作，与该支队存在用工关系。根据《中华人民共和国劳动合同法实施条例》规定，地方各级人民政府及县级以上地方人民政府有关部门为安置就业困难人员提供的给予岗位补贴和社会保险补贴的公益性岗位,其劳动合同不适用劳动合同法有关无固定期限劳动合同的规定以及支付经济补偿的规定。本案中,小张作为交通协管员,从事的是公益性就业岗位,小张与劳务服务中心的劳动合同关系终止于劳动合同期满之日,不能适用劳动合同法关于经济补偿的规定,因此,小张不能要求劳务服务中心与交通支队支付解除劳动合同的经济补偿金。

法律依据

《中华人民共和国劳动合同法实施条例》第十二条规定:“地方各级人民政府及县级以上地方人民政府有关部门为安置就业困难人员提供的给予岗位补贴和社会保险补贴的公益性岗位,其劳动合同不适用劳动合同法有关无固定期限劳动合同的规定以及支付经济补偿的规定。”

37. 用人单位违法解除劳动合同，劳动者是否可以要求经济赔偿？

案情简介

小南于2008年5月15日入职甲广告公司，任职编辑部主任，甲广告公司一直没有与小南签订劳动合同。小南每月工资4000元，公司每月以银行打卡形式支付上个月工资。至2009年3月22日，双方才签订正式的书面合同。2009年6月15日，小南向公司索要稿费，并因此与公司经理发生争执，2009年7月15日，甲广告公司出具书面通知书，以小南严重违反公司的规章制度为由与小南解除了劳动关系。小南不同意，于2009年8月31日向当地劳动争议仲裁委员会申请劳动仲裁，要求甲广告公司支付：1. 非法解除劳动合同双倍经济补偿金12000元；2. 补发2008年6月15日至2009年3月22日的未签订书面劳动合同双倍工资差额36000元。仲裁委支持了小南的要求。

专家提示

本案涉及用人单位违法解除劳动合同时，劳动者能否要求经济赔偿的问题。

根据劳动合同法的规定，建立劳动关系，应当订立书面劳动合同。本案中，甲广告公司一直没有与小南签订书面劳动合同，根据劳动合同法的规定，用人单位自用工之日起超过一个月不满一年未与劳动者订立书面劳动合同的，应当向劳动者每月支付二倍的工资。如果超过一年不与劳动者订立书面劳动合同的，视为用人单位与劳动者订立了无固定期限劳动合同。甲广告公司应当支付自2008年6月15日至2009年3月22日共9个月未签订书面劳动合同双倍工资的差额36000元。劳动者严重违反用人单位的规章制度的,用人单位可以解除劳动合同。根据最高人民法院《关于审理劳动争议案件适用法律若干问题的解释》(法释[2001]14号)第十三条规定:"因用人单位作出的开除、除名、辞退、解除劳动合同、减少劳动报酬、计算劳动者工作年限等决定而发生的劳动争议,用人单位负举证责任。"本案中,甲广告公司提出小南严重违反了公司的规章制度因而与小南解除了劳动关系,但是没有任何证据证明小南有违反公司章程的行为。仅因小南向其单位要求稿费而将其辞退,属于违法解除劳动合同,应按照劳动合同法的规定支付小南双倍补偿金。计算方式为:小南工作了1年4个月,解除劳动合同本应支付相当于一个半月的经济补偿金6000元,双倍补偿金为12000元,所以甲广告公司应当向小南支付违法解除劳动合同双倍经济赔偿金12000元。

法律依据

《中华人民共和国劳动合同法》第四十七条规定:"经济补偿按劳动者在本单位工作的年限,每满一年支付一个月工资的标准向劳动者支付。六个月以上不满一年的,按一年计算;不满六个月的,向劳动者支付半个月工资的经济补偿。

劳动者月工资高于用人单位所在直辖市、设区的市级人民政府公布的本地区上年度职工月平均工资三倍的,向其支付经济补偿的标准按职工月平均工资三倍的数额支付,向其支付经济补偿的年限最高不超过十二年。

本条所称月工资是指劳动者在劳动合同解除或者终止前十二个月的平均工资。”

《中华人民共和国劳动合同法》第八十二条规定：“用人单位自用工之日起超过一个月不满一年未与劳动者订立书面劳动合同的，应当向劳动者每月支付二倍的工资。

用人单位违反本法规定不与劳动者订立无固定期限劳动合同的，自应当订立无固定期限劳动合同之日起向劳动者每月支付二倍的工资。”

《中华人民共和国劳动合同法》第八十七条规定：“用人单位违反本法规定解除或者终止劳动合同的，应当依照本法第四十七条规定的经济补偿标准的二倍向劳动者支付赔偿金。”

《中华人民共和国劳动合同法实施条例》第二十五条规定：“用人单位违反劳动合同法的规定解除或者终止劳动合同，依照劳动合同法第八十七条的规定支付了赔偿金的，不再支付经济补偿。赔偿金的计算年限自用工之日起计算。”

最高人民法院《关于审理劳动争议案件适用法律若干问题的解释》（法释【2001】14号）第十三条规定：“因用人单位作出的开除、除名、辞退、解除劳动合同、减少劳动报酬、计算劳动者工作年限等决定而发生的劳动争议，用人单位负举证责任。”

38. 企业因经营不善进行裁员，是否需要履行一定的程序？

案情简介

段某是甲公司职工，自2007年到公司工作以来，表现一直不错，与周围同事领导也相处得很好。2010年7月17日公司突然通知要与包括段某在内的25人解除劳动关系，且没有支付经济补偿。段某向公司质问，公司表示，由于受经济危机影响，公司经营困难，不得已才决定裁员来降低成本。段某认为对于公司裁员情况职工并不知情，遂到当地劳动争议仲裁委员会提起申诉。

专家提示

本案涉及用人单位进行经济性裁员时应遵守哪些程序的问题。

经济性裁员是指用人单位在遭遇到经济上的困难时，通过裁减人员以达到摆脱困境的目的。经济性裁员是用人单位用人自主权的体现。在市场经济条件下经济性裁员是不可避免的现象。企业进行经济性裁员必须符合相应的条件，如依照企业破产法规定进行重整的；生产经营发生严重困难的；企业转产、重大技术革新或者经营方式调整，经变更劳动合同后，仍需要裁减人员的等等。根据劳动合同法的规定，用人单位进行经济性裁员，需要裁减人员应当在20人以上，或者裁减的人员不足20人，但是占到企业职工总人数的10%的，用人单位应当提前30日向工会或者全体职工说明情况，听取工会意见或者职工意见后，裁减人员方案经过向当地劳动行政部门报告后，才可以裁减人员。同时，经济性裁员应优先留用人员包括：与本单位订立较长期限的固定期限劳动合同的劳动者；与本单位订立无固定期限劳动合同的劳动者；家庭无其他就业人员，有需要扶养的老人或者未成年人的劳动者。经过调整、整顿，企业有所好转，恢复生产能力，在 6 个月内需要重新招用人员的，应当通知已被单位裁减的人员，而且，在同等条件下用人单位应当优先招用本单位被裁减的人员。本案中，甲公司进行经济性裁员的程序违反了法律的规定，属于违法解除劳动合同，应向段某支付经济赔偿金。

法律依据

《中华人民共和国劳动法》第二十七条规定："用人单位濒临破产进行法定整顿期间或者生产经营状况发生严重困难，确需裁减人员的，应当提前三十日向工会或者全体职工说明情况，听取工会或者职工的意见，经向劳动行政部门报告后，可以裁减人员。

用人单位依据本条规定裁减人员，在六个月内录用人员的，应当优先录用被裁减的人员。"

《中华人民共和国劳动法》第二十八条规定："用人单位依据本法第二十四条、第二十六条、第二十七条的规定解除劳动合同的，应当依照国家有关规定给予经济补偿。"

《中华人民共和国劳动合同法》第四十一条规定："有下列情形之一，需要裁减人员二十人以上或者裁减不足二十人但占企业职工总数百分之十以上的，用人单位提前三十日向工会或者全体职工说明情况，听取工会或者职工的意见后，裁减人员方案经向劳动行政部门报告，可以裁减人员：

(一)依照企业破产法规定进行重整的；

(二)生产经营发生严重困难的；

(三)企业转产、重大技术革新或者经营方式调整，经变更劳动合同后，仍需裁减人员的；

(四)其他因劳动合同订立时所依据的客观经济情况发生重大变化，致使劳动合同无法履行的。

裁减人员时，应当优先留用下列人员：

(一)与本单位订立较长期限的固定期限劳动合同的；

(二)与本单位订立无固定期限劳动合同的；

(三)家庭无其他就业人员，有需要扶养的老人或者未成年人的。

用人单位依照本条第一款规定裁减人员，在六个月内重新招用人员的，应当通知被裁减的人员，并在同等条件下优先招用被裁减的人员。”

39. 用人单位提出解除合同，劳动者此后未再上班，能否要求支付解除劳动合同的经济赔偿金？

案情简介

1995年9月，杨某与甲公司建立劳动关系，2008年1月5日，双方订立无固定期限劳动合同，杨某任行政部经理。2008年1月至2009年2月期间，杨某的平均工资为每月35000元。2009年3月3日，甲公司书面通知杨某，决定于同月底解除劳动合同，并承诺支付经济补偿金等。4月始，杨某未再上班，并向当地劳动争议仲裁委员会申诉，要求甲公司支付解除劳动合同的赔偿金差额、支付带薪年假补偿金等。

专家提示

本案涉及解除劳动合同的认定问题。

用人单位提出解除劳动合同后，劳动者没有提出异议或者自此没有再提供劳动，应视为双方在解除劳动合同问题上达成一致，用人单位无需支付经济赔偿金。本案中，甲公司在2009年3月3日通知杨某将在月底解除劳动合同后，杨某从4月就主动没有上班，表明杨某已经认可解除劳动合同的事实，公司无需再支付经济赔偿金，虽然双方协商一致解除劳动合同，但是用人单位还是应当支付解除劳动合同经济补偿金。因杨某的月平均工资高于本市职工月平均工资的三倍，所以杨某要求甲公司支付经济补偿金的请求，应以本市职工月平均工资的三倍及最高12个月的期限为限。

法律依据

《中华人民共和国劳动合同法》第四十七条规定:“经济补偿按劳动者在本单位工作的年限,每满一年支付一个月工资的标准向劳动者支付。六个月以上不满一年的,按一年计算;不满六个月的,向劳动者支付半个月工资的经济补偿。

劳动者月工资高于用人单位所在直辖市、设区的市级人民政府公布的本地区上年度职工月平均工资三倍的,向其支付经济补偿的标准按职工月平均工资三倍的数额支付,向其支付经济补偿的年限最高不超过十二年。

本条所称月工资是指劳动者在劳动合同解除或者终止前十二个月的平均工资。”

40. 用人单位违法解除劳动合同，劳动者能否同时要求经济补偿金与经济赔偿金？

案情简介

2006年7月11日，孙某到甲公司工作。2006年7月19日，双方签订了《保密任职协议书》，约定孙某与甲公司签订2年的劳动合同，工作期间基本工资为税前2800元、津贴1200元。2007年5月20日，孙某与甲公司又签订了《劳动合同条款变更》，将劳动合同期限变更为无固定期限。2007年12月20日，德国某公司通过甲公司向孙某发出一份借调函，要求孙某到德国该公司工作，职位为工程师，年薪50000欧元。随后孙某前往德国工作。在德国工作期间，孙某平均每月收入为4167欧元。孙某在德国工作的一年期间里，甲公司一直为孙某缴存住房公积金。2008年12月22日，孙某返回中国。2009年1月3日起，孙某在甲公司的北京办事处工作。2009年1月甲公司支付孙某工资3500元，2009年2月甲公司支付孙某工资8500元。2009年3月1日，甲公司以没有合适的岗位为由，向孙某发出合同终止通知书，并称合同终止日为2009年3月30日，公司按服务年限支付三个月的补偿金。当日，孙某即停止在甲公司的工作。孙某认为，甲公司违法解除了劳动合同，因此，孙某向当地劳动仲裁委员会申请仲裁，要求甲公司支付单方解除劳动合同的经济补偿金、解除劳动合同赔偿金及解除劳动合同代通知金，并表示不同意在甲公司继续工作。

专家提示

本案涉及用人单位单方违法解除劳动合同，劳动者如何维护自己权利的问题。

根据劳动合同法的规定，用人单位违法解除劳动合同的，应当根据劳动者的工作年限支付双倍的经济赔偿金。本案中，孙某与甲公司签订了无固定期限的劳动合同及劳动合同条款变更书，双方应当按照协议履行。那么在计算经济赔偿金时，孙某在德国的工作期间是否应当计入在甲公司的工作年限呢？由于孙某在前往德国时并没有与甲公司办理离职手续，且孙某在德国工作期间，应由用人单位缴存的住房公积金一直由甲公司缴纳。此外，2009 年 3 月 1 日，甲公司发出终止劳动合同通知时，也将在德国工作的年限累计至计算解除合同经济补偿金的服务年限内，因此，即使孙某在德国期间的工资是德国公司支付的，也不能否定孙某与甲公司之间存在劳动关系。对无固定期限的劳动合同，甲公司没有法定理由便予以解除，应视为违法解除，甲公司应当承担相应法律责任。孙某不同意继续在甲公司工作，双方合同事实上已无法恢复履行，孙某有权要求甲公司承担违法解除劳动合同赔偿金。孙某在离职前 12 个月，其工资收入该段期间的平均月收入高于当地地区 2008 年度职工月平均工资的 3 倍，所以根据劳动合同法的规定，应当按照当地 2008 年度职工月平均工资的 3 倍确定孙某的平均月收入数额作为经济赔偿金的计算基数。孙某要求违法解除劳动合同的经济赔偿金与经济补偿金重复，在甲公司已经支付了经济赔偿金的情况下，就不需再支付经济补偿金了。由于甲公司已就其违法解除劳动合同承担了赔偿金，所以甲公司也不需再承担未提前 30 天解除劳动合同的通知金。还需要强调的一点是，本案中是因为孙某不同意继续在甲公司工作，所以双方解除了劳动合同。如果孙某要求继续履行劳动合同，则甲公司应当与孙某继续履行劳动合同，而不用支付经济赔偿金。同时也不用支付经济补偿金。

法律依据

《中华人民共和国劳动合同法实施条例》第二十五条规定："用人单位违反劳动合同法的规定解除或者终止劳动合同，依照劳动合同法第八十七条的规定支付了赔偿金的，不再支付经济补偿。赔偿金的计算年限自用工之日起计算。"

41. 用人单位能否单方面降薪?

案情简介

江某于2009年5月5日入职甲公司,双方签订了自2009年5月5日至2010年5月5日的劳动合同,江某的工作岗位为销售员,工资标准为3500元。2009年12月22日,甲公司以江某不能够胜任公司销售岗位一职为由,向其送达《通知》,将其转岗至销售助理岗位,工资由3500元/月降为2700元/月。江某在该通知上签字并写明:不同意以转岗名义变相降薪。2010年2月1日,甲公司以江某不能胜任工作,经调整工作岗位后,仍不能胜任工作为由通知江某离职,并于2010年2月14日邮寄《解除劳动合同协议书》,江某于2010年2月18日收到该通知。于是,2010年3月15日,江某以甲公司未足额支付工资为由向当地仲裁委员会申请仲裁,要求甲公司支付违法解除劳动合同的经济赔偿金。

专家提示

本案涉及劳动报酬是劳动合同中的主要条款,用人单位不能随意变更的问题。

用人单位根据本单位的生产经营特点和经济效益,依法自主确定本单位的工资分配方式和工资水平。甲公司根据本单位的业务发展需要对江某调岗属于该单位正当行使自主管理权,但是劳动报酬属于劳动合同中的主要条款,根据劳动合同法的规定,用人单位与劳动者协商一致可以变更劳动合同约定的内容。降薪属于劳动合同主要条款的变更,该变更须双方协商一致。本案中，江某与甲公司签订的劳动合同并没有约定可以依据企业经营情况进行降薪，双方事后也没有达成一致，所以江某的月工资仍应该以 3500 元为准。江某并不同意以变更岗位为由进行降薪，也不存在调整岗位后无法胜任的情形，因此，甲公司以此为由通知江某解除劳动合同属于违法解除劳动合同，甲公司应当按照每月 3500 元的标准，并结合江某的工作年限向江某支付相当于经济补偿金双倍的经济赔偿金。

法律依据

《中华人民共和国劳动合同法》第三十条规定："用人单位应当按照劳动合同约定和国家规定，向劳动者及时足额支付劳动报酬。"

《中华人民共和国劳动合同法》第三十五条规定："用人单位与劳动者协商一致，可以变更劳动合同约定的内容。变更劳动合同，应当采用书面形式。变更后的劳动合同文本由用人单位和劳动者各执一份。"

《中华人民共和国劳动合同法实施条例》第三十四条规定："用人单位依照劳动合同法的规定应当向劳动者每月支付两倍的工资或者应当向劳动者支付赔偿金而未支付的，劳动行政部门应当责令用人单位支付。"

42. 用人单位能否根据民主测评结果来调整劳动者的工作岗位?

案情简介

2007年1月1日,小李与某汽车救援服务公司签订劳动合同,合同期为2007年1月1日至2007年12月31日,小李担任公司客服部主管一职,公司按照公司评估标准并根据小李的工作能力和表现,可以随时调整小李在公司的工作岗位和职务,小李的月工资标准为3600元等。合同履行过程中,2007年11月1日,公司通知小李的工作岗位变更为业务保养员,每月工资为1700元。后,等双方的劳动合同到期后,未再续签劳动合同。小李认为公司随意变更其工作岗位和工资待遇,便提起仲裁,要求公司补齐后两个月的工资差额3800元;公司不同意,认为自己在合同中已经约定可以随时调整小李在公司的工作岗位和职务,而且在变更前也开过相关会议经过民主测评对小李等人的工作岗位调整进行商讨,小李等人因测评不合格被调整工作岗位,故公司不应当支付小李的工资差额3800元。

专家提示

本案主要涉及公司能否以劳动者民主测评不合格而随意调整劳动者的工作岗位和工资报酬。

根据劳动合同法的规定,订立劳动合同,劳动者和用人单位应当遵循合法、公平、平等自愿、协商一致、诚实信用的原则来确定双方的劳动权利和劳动义务;在合同的履行过程中,如要变更劳动合同的内容,双方原则上也应当协商一致,并采用书面形式。本案中,虽然双方的合同中约定“公司按照公司评估标准并根据小李的工作能力和表现,可以随时调整小李在公司的工作岗位和职务”,但是,公司在行使该项权利的时候也应当遵守一个适当合法的程序,如在进行民主测评前公示民主测评的工作方案,将客观的评估标准通过公示、备案等程序告知劳动者;在民主测评过程中,公开选拔参加民主测评的人员并公开举行民主测评;在民主测评后,及时公开民主测评的结果并依法听取被测评人员的意见等。本案中的公司并未以完善的测评程序以保证其测评的结果,故公司不能够变更小李的工作岗位,应当给付小李工资差额3800元。

法律依据

《中华人民共和国劳动合同法》第三条规定:“订立劳动合同,应当遵循合法、公平、平等自愿、协商一致、诚实信用的原则。

依法订立的劳动合同具有约束力,用人单位与劳动者应当履行劳动合同约定的义务。”

《中华人民共和国劳动合同法》第三十五条规定:“用人单位与劳动者协商一致,可以变更劳动合同约定的内容。变更劳动合同,应当采用书面形式。

变更后的劳动合同文本由用人单位和劳动者各执一份。”

43. 用人单位能否以张贴告知书的方式通知劳动者解除劳动合同?

案情简介

2005年5月12日,甲公司与乙劳务中心签订了一份劳务派遣合同,约定由乙劳务中心向甲公司提供员工,甲公司向乙劳务中心支付劳动报酬及管理费用。2005年5月19日,贾某被乙劳务中心招用,但是乙劳务中心没有与贾某签订书面劳动合同。2005年5月21日,乙劳务中心将贾某安排到甲公司担任保安,乙公司每月为贾某发放工资,并为贾某办理了社会保险。2008年2月5日,乙劳务中心以张贴告知书的方式通知贾某与其终止劳动关系。告知书载明,乙劳务中心因股份制改革,产业结构将发生重大调整,因乙劳务中心与甲公司以及劳动者代表就人员安置接收、劳动合同延期等问题多次协商未果,为此劳动合同已到期的劳动者及甲公司招录的尚未与乙劳务中心签订劳动合同的劳动者,与乙劳务中心的劳动关系自2008年2月5日起终止,2008年3月1日前合同到期的劳动者自合同到期之日起劳动关系终止。告知书的人员名单上有贾某的名字。贾某以乙劳务中心违法解除劳动合同为由向当地仲裁委员会申请仲裁,要求乙劳务中心支付违法解除劳动合同的经济赔偿金。乙劳务中心不同意贾某的要求,乙劳务中心主张贾某系由甲公司招录的,其仅受甲公司委托,代为向贾某发放工资、办理保险等相关事宜,其与贾某之间不存在劳动关系。

专家提示

本案涉及用人单位解除劳动合同应采取什么样的形式的问题。

根据劳动合同法的规定，用人单位应采取书面形式通知劳动者解除劳动合同。本案中，乙劳务中心虽然没有与贾某签订书面的劳动合同，但是乙劳务中心发出的终止劳动关系告知书下方载明的已到期人员名单中包括贾某，且乙劳务中心向员工发放工资的工资表中也包括了贾某，足以证实乙劳务中心与贾某存在事实劳动关系。虽然乙劳务中心发出的告知书内容为终止双方的劳动关系，但其性质实际为该中心单方解除与贾某的事实劳动关系，而且乙劳务中心并没有就解除劳动合同事宜与贾某进行协商，也没有提前 30 日以书面形式通知贾某或额外支付贾某一个月工资，即以张贴告知书的方式单方解除了双方的事实劳动关系，属于违法解除劳动合同，所以乙劳务中心应向贾某支付相应的解除事实劳动关系的经济赔偿金，即双倍经济补偿金。

法律依据

《中华人民共和国劳动合同法》第四十条规定："有下列情形之一的，用人单位提前三十日以书面形式通知劳动者本人或者额外支付劳动者一个月工资后，可以解除劳动合同：……（三）劳动合同订立时所依据的客观情况发生重大变化，致使劳动合同无法履行，经用人单位与劳动者协商，未能就变更劳动合同内容达成协议的。"

《中华人民共和国劳动合同法》第五十条规定："用人单位应当在解除或者终止劳动合同时出具解除或者终止劳动合同的证明，并在十五日内为劳动者办理档案和社会保险关系转移手续。……"

劳务派遣

1. 什么是劳务派遣?

案情简介

邓某于2007年3月5日与甲公司签订了劳动合同,合同有效期为三年。同时,甲公司与乙公司签订了三年的劳动派遣协议。2007年4月15日,邓某经甲公司安排进入乙公司工作,担任司机一职,每月邓某从乙公司领取工资1400元。邓某认为乙公司没有与自己签订书面劳动合同,但是自己为乙公司提供了劳动,也从乙公司领取了工资,与乙公司形成了事实上的劳动关系,因此,要求乙公司与自己签订劳动合同,并支付未签订书面劳动合同的双倍工资。

专家提示

本案涉及劳务派遣的相关问题。

劳务派遣是指劳务派遣单位与劳动者签订劳动合同,与用工单位签订劳务派遣协议,将劳动者派遣至用工单位从事约定的生产劳动。在劳务派遣法律关系中,劳动者与劳务派遣单位存在劳动关系,劳务派遣单位是劳动合同法所称的用人单位,承担用人单位的全部权利和义务,如签订劳动合同、办理社会保险、支付工资及解除劳动合同时的经济补偿金等等。劳动者与用工单位不发生劳动关系。劳务派遣单位与用工单位形成民事关系,双方通过订立劳务派遣协议确定双方的权利义务。当劳动者被派遣到用工单位后,在工作中要服从用工单位的管理,遵守用工单位的规章制度。本案中,邓某与甲公司签订了书面劳动合同,与甲公司形成了劳动关系。乙公司作为用工单位，与邓某并不形成劳动关系。乙公司作为用工单位向甲公司支付劳动报酬，虽然邓某每月从乙公司领取工资，但是乙公司是代为发放。应该强调的是，劳动者有权知道劳动派遣协议的内容，用工单位应当为被派遣的劳动者提供相应的劳动保护和劳动条件。

法律依据

《中华人民共和国劳动合同法》第五十九条规定："劳务派遣单位派遣劳动者应当与接受以劳务派遣形式用工的单位（以下称用工单位）订立劳务派遣协议。劳务派遣协议应当约定派遣岗位和人员数量、派遣期限、劳动报酬和社会保险费的数额与支付方式以及违反协议的责任。

用工单位应当根据工作岗位的实际需要与劳务派遣单位确定派遣期限，不得将连续用工期限分割订立数个短期劳务派遣协议。"

《中华人民共和国劳动合同法》第六十条规定："劳务派遣单位应当将劳务派遣协议的内容告知被派遣劳动者。

劳务派遣单位不得克扣用工单位按照劳务派遣协议支付给被派遣劳动者的劳动报酬。

劳务派遣单位和用工单位不得向被派遣劳动者收取费用。"

2. 个体工商户能否作为劳务派遣单位与劳动者签订劳动合同?

案情简介

耿某经营的甲劳务中心是一家登记注册的个体工商户。2008年3月12日,甲劳务中心与乙公司签订了一份劳务协议书。在该协议书的协议期限及工作任务中规定:乙公司将甲劳务中心作为劳务输入基地,以劳务输入方式从甲劳务中心聘用劳务人员从事相关岗位工作,期限为三年,自2008年3月12日至2011年3月12日止。甲劳务中心向乙公司提供的劳务人员必须符合乙公司用工的资格条件,由甲劳务中心与被派遣人员直接签订《劳动合同》,建立劳资关系,甲劳务中心定期为被派遣人员发放工资,并按规定为被派遣人员办理社会保险手续、定期为其足额缴纳社会保险费。在费用结算中规定:乙公司每月按甲劳务中心劳务人员的实际出勤人数定期向甲劳务中心支付被派遣人员的工资,劳务人员工资标准,由乙公司按工种或岗位确定。乙公司每月按实际的劳务人员数向甲劳务中心拨付劳务管理费80元/人。

李某于2008年11月12日与甲劳务中心签订了协议书,期限为2008年11月12日至2009年11月12日。在协议书中约定,甲劳务中心根据企业工作需要,聘用李某,按照60元/天的标准支付报酬。协议签订后,甲劳务中心将李某安排至乙公司工作,担任该公司的焊工。李某在乙公司工作期间,由乙公司负责考勤记录,乙公司每月将李某的工资、加班费、保险费等费用及甲劳务中心的管理费用支付给甲劳务中心。甲劳务中心再将工资等费用支付给李某。2009年11月12日后,甲劳务中心没有与李某续签劳动合同，但是甲劳务中心、李某、乙公司仍然按照三方之间各自签订的协议履行，2010 年 5 月开始到 2010 年 8 月，甲劳务中心一直没有向李某支付工资。李某向仲裁委员会申请仲裁，要求甲劳务中心与乙公司连带支付工资及拖欠工资的 25％赔偿金。

专家提示

本案涉及劳务派遣单位的设立条件问题。

劳务派遣单位，是指安排本单位员工到其他单位从事劳动并从接收机构或组织获得报酬的单位。目前，我国劳务派遣主要集中在三个领域：一是建筑领域进城务工人员的劳务派遣，以建筑单位、农民工整建制队伍、农民工三方组成；二是外企在助理、秘书、程序员等中层以下的职位，启用劳务派遣人员；三是企业为解决下岗、富余员工的再就业而开展劳务派遣。要成立劳务派遣单位必须具有一些特定的资质。

根据劳动合同法的规定，劳务派遣单位应当依照公司法的有关规定设立，注册资本不得少于 50 万元。以往我国法律、法规对劳务派遣的规定处于空白状态，被派遣劳动者的合法权益经常受到侵犯。由于我国劳务派遣单位的市场地位不明确，经营资质缺乏审批程序，多数劳务派遣组织与劳动承包或劳务中介混为一体，无序竞争和侵犯被派遣劳动者权益的情况较为普遍。一旦出现纠纷，派遣机构和用人单位之间相互推诿，拒绝承担责任，使得被派遣劳动者合法权益难以得到维护。新颁布的劳动合同法将劳务派遣列为单独的一节，较详细地规定了劳务派遣的相关内容，严格了劳动派遣主体的市场准入条件，适当提高了劳务市场准入的门槛，有利于维护劳动者的合法权益。按照公司法的规定，劳务派遣单位只能是股份有限公司或者有限责任公司。如果劳务派遣公司采取有限责任公司的形式，则注册资本不得少于 50 万元。劳务派遣公司若采用股份有限公司形式的，应当按照公司法的规定，其注册资本不得少于 500 万元。

本案中，甲劳务中心与李某签订劳动协议书，然后甲劳务中心根据与乙公司签订的劳务协议书的约定，将李某安排至乙公司工作。在此期间甲劳务中心从乙公司收取管理费用、乙公司向甲劳务中心支付工人的工资、加班费和管理费等费用，显然从形式上看这种关系已经具备了劳务派遣业务的全部特征。但是，本案的甲劳务中心为个体工商户，实际并不具备劳务派遣的资质，无权从事劳务派遣活动，而其分别与李某、乙公司所签订的相关协议其实质内容就是关于劳务派遣的约定，因此该相关协议违反了劳动合同法的强制性规定，均应当无效。乙公司与耿某经营的甲劳务中心所签订的劳务协议，因违反法律强制性规定而无效，双方的劳务派遣行为系非法劳务派遣，其行为损害了李某作为劳动者的合法权益，乙公司与甲劳务中心应对李某被拖欠的工资承担连带给付责任。

法律依据

《中华人民共和国劳动合同法》第五十七条规定：“劳务派遣单位应当依照公司法的有关规定设立，注册资本不得少于五十万元。”

《中华人民共和国劳动合同法》第九十二条规定：“劳务派遣单位违反本法规定的，由劳动行政部门和其他有关主管部门责令改正；情节严重的，以每人一千元以上五千元以下的标准处以罚款，并由工商行政管理部门吊销营业执照；给被派遣劳动者造成损害的，劳务派遣单位与用工单位承担连带赔偿责任。”

《中华人民共和国劳动合同法》第九十三条规定：“对不具备合法经营资格的用人单位的违法犯罪行为，依法追究法律责任；劳动者已经付出劳动的，该单位或者其出资人应当依照本法有关规定向劳动者支付劳动报酬、经济补偿、赔偿金；给劳动者造成损害的，应当承担赔偿责任。”

3. 劳动者能否依据派遣单位与用工单位签订的《劳务派遣协议》主张权利？

案情简介

2008年1月1日，A公司（用工单位）与B公司（派遣单位）签订《劳务派遣协议》，约定：“合同期限自2008年1月1日至2010年12月31日。本合同到期双方若无异议，合同有效期则自动延长两年，以此类推。A公司有权依据本合同约定决定员工的派遣期，派遣期一般不少于两年。”

2008年1月5日，金某与B公司签订《劳动合同书》，其中约定：金某确认，B公司已告知B公司与用工单位签订的劳务派遣协议的相关内容，且用工单位安排金某的工作岗位为临时性或辅助性或可替代性工作岗位；本合同为有固定期限合同，有效期自2008年1月1日起至2012年12月31日止；B公司将金某派至A公司（用工单位）的派遣期限自2008年1月5日起至2012年12月31日；B公司有权根据实际需要变更金某被派遣的用工单位；金某派遣期限届满或被用工单位退回，但合同未终止或解除的，B公司有权再派遣至其他用工单位，再派遣相关事宜以B公司书面通知为准；B公司可以将金某从用工单位撤回，用工单位将金某退回B公司，或B公司将金某撤回时，B公司除可按法律规定或合同约定与金某解除、终止合同或再派出外，亦可安排金某在B公司待岗；金某与用工单位发生争议期间，金某未提供劳动，且双方劳动合同尚未解除或终止，B公司可按金某工作地最低工资标准支付金某工资。然后，金某按照合同约定，到A公司上班。2009年3月，因C公司与A公司合并，C公司继受了2008年1月

1日A公司与B公司签订的《劳务派遣协议》约定的权利义务。

2009年7月5日，C公司向金某发出“在家上班通知”，告知金某无需到办公室处理业务，并将金某在家等待期间视为出勤时间。2009年8月10日，C公司向金某发出退回通知，载明“鉴于本公司内部组织调整，您原先提供服务的岗位已另有安排，本公司决定将您退回您的派遣单位即B公司。请您于2009年8月11日到B公司报到”。2009年8月16日，金某回复C公司，认为C公司没有理由将其退回。2009年9月1日，金某以其与B公司及C公司之间存在工资支付等劳动争议为由，向当地劳动争议仲裁委员会申请劳动争议仲裁，要求C公司撤回将其退回B公司的决定，继续履行劳动派遣协议。2009年12月12日，B公司向金某发出《待岗通知》，通知金某到B公司待岗。2009年12月14日，金某复函B公司，以争议正在司法机关审理，拒绝了B公司的要求。金某能否要求C公司继续履行劳动派遣协议？

专家提示

本案涉及劳动者能否依据派遣单位与用工单位签订的劳动派遣协议，要求用工单位继续履行派遣协议的问题。

劳务派遣通常是指，劳务派遣机构与被派遣劳动者签订派遣协议，得到派遣劳动者同意后，使其在实际用工单位指挥监督下提供劳务的劳动形态。劳务派遣的最大特点是劳动力雇佣与劳动力使用相分离，派遣劳动者不与实际用工企业签订劳动合同，发生劳动关系，而是与派遣机构存在劳动关系，但却被派遣至企业劳动，形成“有关系没劳动，有劳动没关系”的特殊形态。本案中，金某与B公司签订了劳动合同，形成了劳动关系；金某与C公司（A公司）是劳动者与用工单位的关系，但是不具有劳动关系。金某作为劳动者，依据与B公司订立的劳动合同享有权利、承担义务。金某作为劳动者有权知悉用人单位B公司与用工单位C公司之间劳务派遣协议的内容,但金某不是派遣协议的当事人,不能以劳务派遣协议的规定直接向用工单位C公司主张权利。本案中,依据C公司与B公司签订的《劳务派遣协议》的约定,C公司有权决定员工的派遣期,据此,C公司有权作出将金某退回的决定。金某虽对退回决定有异议,但因为其不是《劳务派遣协议》的一方当事人,所以金某无权要求C公司撤销将其退回B公司的决定,也无权要求C公司继续履行派遣协议。

法律依据

《中华人民共和国劳动合同法》第五十八条规定:"劳务派遣单位是本法所称用人单位,应当履行用人单位对劳动者的义务。劳务派遣单位与被派遣劳动者订立的劳动合同,除应当载明本法第十七条规定的事项外,还应当载明被派遣劳动者的用工单位以及派遣期限、工作岗位等情况。

劳务派遣单位应当与被派遣劳动者订立二年以上的固定期限劳动合同,按月支付劳动报酬;被派遣劳动者在无工作期间,劳务派遣单位应当按照所在地人民政府规定的最低工资标准,向其按月支付报酬。"

4. 劳务派遣单位与劳动者签订劳动合同有期限限制吗？

案情简介

2009年5月8日，王某和甲公司签订《劳动合同书（派遣类）》，约定合同的期限为2009年5月8日至2009年12月31日，甲公司将王某派遣至乙公司工作，派遣期限自2009年5月8日起至2009年12月31日，王某的工作岗位为出纳，工作期间的劳动报酬为税后每月3000元，每月15日支付到员工指定的银行账号内。此外，双方还约定由甲公司为王某缴纳各项社会保险，待岗期间王某服从甲公司的安排。劳动合同到期后，甲公司没有通知王某终止劳动合同，也没有再给王某安排工作，王某也没有去甲公司或者乙公司上班。2010年5月，王某向当地劳动仲裁委员会申请仲裁，要求甲公司继续履行劳动合同，并支付2010年1月至2010年5月的工资。甲公司不同意，认为自己与王某是劳动关系，没有形成劳务派遣关系。

专家提示

本案涉及劳务派遣单位与劳动者签订的劳动合同有什么限制的问题。

一般来说，劳动合同期限的长短由用人单位和劳动者根据实际情况协商确定，但是根据劳动合同法的相关规定，劳务派遣单位必须和劳动者签订两年以上的劳动合同，是对劳务派遣单位的特殊要求。因为，劳务派遣本身具有极大的不确定性，而且用工也多为短期劳动力，如果在劳动合同中故意不约定具体的合同期限，那么劳动合同可以随时结束，会给劳务派遣市场带来极大的不稳定性。劳务派遣单位除应当与被派遣劳动者订立两年以上的固定期限劳动合同外，还应当按月支付劳动报酬，被派遣劳动者在无工作期间，劳务派遣单位应当按照最低工资标准向其按月支付报酬。

本案中，甲公司认为王某与自己并非劳务派遣关系，而是劳动关系，但双方所签订的书面劳动合同中，明确约定了派遣单位、用工单位和劳动者三方的权利义务，合同中约定由甲公司为王某缴纳各项社会保险，待岗期间王某服从甲公司的安排等内容，所以甲公司主张双方非劳务派遣关系，不能成立。甲公司与王某签订的派遣类劳动合同，期限不符合劳动合同法的上述规定，应按照上述规定执行，即甲公司与王某应签订为期两年的劳动合同。王某要求继续履行劳动合同，甲公司应当继续履行。在王某无工作期间，甲公司应当按照最低工资标准向王某支付劳动报酬。

法律依据

《中华人民共和国劳动合同法》第四十八条规定：“用人单位违反本法规定解除或者终止劳动合同，劳动者要求继续履行劳动合同的，用人单位应当继续履行；劳动者不要求继续履行劳动合同或者劳动合同已经不能继续履行的，用人单位应当依照本法第八十七条规定支付赔偿金。”

《中华人民共和国劳动合同法》第五十八条规定：“劳务派遣单位是本法所称用人单位，应当履行用人单位对劳动者的义务。劳务派遣单位与被派遣劳动者订立的劳动合同，除应当载明本法第十七条规定的事项外，还应当载明被派遣劳动者的用工单位以及派遣期限、工作岗位等情况。

劳务派遣单位应当与被派遣劳动者订立二年以上的固定期限劳动合同，按月支付劳动报酬；被派遣劳动者在无工作期间，劳务派遣单位应当按照所在地人民政府规定的最低工资标准，向其按月支付报酬。”

5. 用工单位没有同工同酬，怎么办？

案情简介

2009年4月12日，小张与甲公司建立劳动关系，并被派遣至乙酒店工作。甲公司没有与小张订立书面劳动合同，双方口头约定小张的岗位为电工，月工资为1300元。在工作中，小张发现和他一样的岗位，月工资是1800元。小张找到部门领导，部门负责人解释说，持有高级电工证书的劳动者月工资是1800元。后来，小张通过打听了解到，原来那些和他一样岗位但是月工资为1800元的员工是与乙酒店签订劳动合同的正式员工，并非都持有高级电工证书。小张认为，劳动合同法规定用工单位应该同工同酬，因此，向当地劳动仲裁委员会申请仲裁，要求乙酒店支付没有同工同酬的工资差额。

专家提示

本案涉及在劳务派遣中，用工单位对于劳动者应该同工同酬的问题。

同工同酬是指用人单位对于从事相同工作，付出等量劳动且取得相同劳绩的劳动者，应支付同等的劳动报酬。根据《劳动法》第四十六条的规定，工资分配应当遵循按劳分配的原则，实行同工同酬。它在工资分配方面体现了对不同劳动者的平等保护。同工同酬是劳动者的宪法权利，但是由于被派遣的劳动者是基于派遣单位和用工单位之间的劳动派遣协议以及他们与派遣单位之间的劳动合同为用工单位提供劳务的，被派遣劳务人员和用工单位之间没有直接签订劳动合同，而且所在的工作岗位具有临时性、辅助性或替代性的特点，导致了很多用工单位很难做到和正式员工一样同工同酬，对被派遣的劳务人员存在歧视的现象，因此，劳动合同法对被派遣劳动者的同工同酬做出了明确的规定。

本案中，小张、甲公司以及乙酒店都认可，确实存在与小张同岗位的其他员工工资为每月 1800 元的情形；甲公司、乙酒店虽称月工资为 1800 元的是拥有高级电工证书或入职时间较长的员工，但是后来证明这些员工属于酒店的正式员工，小张有权利取得和酒店同岗位员工一样的工资待遇，所以甲公司应当按照同工同酬的标准支付相应的差额。这是因为甲公司与小张形成了劳动关系，工资应该由甲公司发给小张，所以小张要求补差，也应当向劳务派遣单位进行主张。同时，乙酒店对此承担连带责任。

法律依据

《中华人民共和国劳动合同法》第六十三条规定："被派遣劳动者享有与用工单位的劳动者同工同酬的权利。用工单位无同类岗位劳动者的，参照用工单位所在地相同或者相近岗位劳动者的劳动报酬确定。"

6. 劳动者经派遣在用工单位工作十年以上，能否要求与用工单位签订无固定期限劳动合同？

案情简介

小林原是甲公司员工，1998 年 6 月 2 日，甲公司与乙公司签订协议书，约定：乙公司借调甲公司人员小林到某国丙公司北京联络处工作。同日，乙公司与某国丙公司北京联络处就派遣小林至某国丙公司北京联络处工作事宜签订了派遣合同。2001 年 6 月 30 日，小林档案关系调入乙公司。小林与乙公司签订有期限为 2001 年 7 月 1 日至 2007 年 12 月 31 日的劳动合同，约定：乙公司派遣小林至丙公司北京联络处工作。后来，乙公司与小林续订劳动合同至 2009 年 12 月 31 日。2004 年 8 月 1 日，小林与丙公司北京联络处签订雇佣信，约定：期限从 2004 年 8 月 1 日起执行，为期一年。只要雇主或者雇员没有提出不想延长，该雇佣信的期限将被延长一年，在不想延长的情形下，一封书面通知应当在合同到期前、至少提前一个月送达对方。2006 年 6 月 2 日，乙公司与丙公司北京联络处签订合同，合同有效期为一年，约定：乙公司派遣小林至丙公司北京联络处工作。丙公司北京联络处应当在员工聘用期限届满前 35 日，以书面形式通知乙公司是否续聘派遣人员及其聘用期限。派遣人员为丙公司北京联络处连续服务十年的，视为丙公司北京联络处续聘无固定期限。合同期满前 35 天，双方均未提出异议，有效期自行延长，延长期限同合同有效期。2008 年 3 月 11 日，丙公司北京联络处书面通知小林，该公司与乙公司于 1998 年 6 月 2 日签订的合同于 2008 年 6 月 2 日终止，要求小林在 2008 年 6 月 2 日前交接工作。小林在丙公司北京联络处工作至2008年6月2日。2008年11月11日，小林向当地劳动争议仲裁委员会提起申诉，要求确认其与丙公司北京联络处签订的雇佣合同为无固定期限的劳动合同。

专家提示

本案涉及劳动者经派遣单位派遣，在用工单位工作十年的，是否符合签订无固定期限劳动合同条件的问题。

根据劳动合同法的规定，劳动者在用人单位连续工作满十年的，如果劳动者提出订立无固定期限劳动合同的要求，则用人单位应当与劳动者订立无固定期限劳动合同。本案中，根据法律法规规定，某国丙公司北京联络处不能直接在我国招聘员工，只能通过外企员工派遣单位进行劳务派遣。因此，小林、乙公司、丙公司北京联络处之间为劳务派遣合同关系。小林与丙公司之间的实际用工关系建立在小林与乙公司的劳动关系基础之上。虽然在2008年，小林在丙公司北京联络处工作满十年，但由于小林于2001年6月30日才调入乙公司并与乙公司建立劳动关系，其并不具备与乙公司签订无固定期限劳动合同的法定条件，乙公司也没有与小林签订无固定期限劳动合同，所以小林不能要求与乙公司签订无固定期限劳动合同。那么，小林能否要求与丙公司签订无固定期限劳动合同呢？小林与乙公司建立劳动关系后被派遣至丙公司北京联络处工作。丙公司北京联络处与小林为用工关系的双方主体，但双方之间非劳动关系。小林与丙公司北京联络处于2004年8月1日签订的雇佣信为固定期限，我国法律也没有关于用工关系双方建立无固定期限雇佣合同的相关规定，因此，小林不能要求作为用工单位的丙公司与之签订无固定期限劳动合同。

法律依据

《中华人民共和国劳动合同法》第五十八条第二款规定："劳务派遣单位应当与被派遣劳动者订立二年以上的固定期限劳动合同，按月支付劳动报酬；被派遣劳动者在无工作期间，劳务派遣单位应当按照所在地人民政府规定的最低工资标准，向其按月支付报酬。"

7. 劳务派遣单位违法解除与被派遣劳动者的劳动合同的，劳动者能否要求支付经济赔偿金？

案情简介

2008年2月28日，付某与甲公司签订了《劳动合同书》，期限三年，自2008年2月28日至2011年2月27日止，双方约定付某每月工资是1300元，试用期工资900元，试用期是一个月。甲公司是劳务派遣单位，将付某派遣到乙公司担任花卉培养和管理工作，该岗位是实行综合计算工时的。付某每月30日从甲公司领取当月工资，付某每周工作六天，工作日每天下午13点30分上班，晚21点下班，周日早8点上班，下午16点下班。后来，乙公司认为付某没有遵守规章制度，造成花卉死亡，给公司造成了损失，2009年7月1日，乙公司通知甲公司自2009年7月1日起终止与付某的用工关系。甲公司于是以付某不服从用工单位管理、给用工单位造成重大损害为由，与付某解除了劳动合同。付某向当地仲裁委员会申请仲裁，要求支付加班费及违法解除劳动合同的赔偿金。后来，经过仲裁委认定，付某的岗位并不属于经批准实行综合计算工时的岗位，乙公司也未能证明付某有违反管理规定的行为，因此裁决乙公司与甲公司连带支付付某拖欠的加班费及25％的补偿金，甲公司支付付某违法解除劳动合同的经济赔偿金。

专家提示

本案涉及派遣单位违法与劳动者解除劳动合同的，劳动者是否享有要求派遣单位支付经济赔偿金权利的问题。

根据劳动合同法的规定，劳务派遣单位违法解除或者终止被派遣劳动者的劳动合同的，也需要按照法律规定支付劳动者经济赔偿金。本案中，因为付某的岗位经证实不属于经批准实行综合计算工时的岗位，因此应按照标准计算工时支付付某加班的费用。付某每天工作七小时，每周有一个休息日上班。用工单位应当支付付某加班工资，并支付拖欠加班费的25%作为经济补偿金。派遣单位承担连带支付责任。对于付某有违反管理制度行为的，用人单位应承担举证责任。本案中，甲公司未能证明付某有违反公司管理规定的行为，因此解除劳动合同属于违法解除行为，应当按照法律规定支付违法解除劳动合同的经济赔偿金。

法律依据

《中华人民共和国劳动合同法实施条例》第三十二条规定："劳务派遣单位违法解除或者终止被派遣劳动者的劳动合同的，依照劳动合同法第四十八条的规定执行。"

《中华人民共和国劳动合同法》第四十八条规定："用人单位违反本法规定解除或者终止劳动合同，劳动者要求继续履行劳动合同的，用人单位应当继续履行；劳动者不要求继续履行劳动合同或者劳动合同已经不能继续履行的，用人单位应当依照本法第八十七条规定支付赔偿金。"

8. 劳务派遣中的劳动者能否要求用工单位支付解除劳动合同的经济补偿金?

案情简介

2007 年 1 月 1 日,吴某与甲公司签订了劳动合同,双方约定,合同期限为 2007 年 1 月 1 日至 2007 年 12 月 31 日,由甲公司派遣吴某到乙公司所属的某厂工作。合同到期后,吴某又与丙公司签订了劳动合同,合同期限为 2008 年 1 月 1 日至 2008 年 12 月 31 日,由丙公司派遣吴某到乙公司所属的同一厂家工作。丙公司于 2007 年底与乙公司签订了劳务派遣协议,双方约定,由丙公司派遣劳动者到乙公司股份的一家生产厂工作,派遣人员的工资由丙公司进行支付,社会保险由丙公司办理。后来,合同到期后,丙公司通知吴某合同终止不再续签。吴某认为自己一直在乙公司所属的同一家生产厂工作,与丙公司所签的劳动合同是胁迫下签订的,乙公司应当支付解除劳动合同的经济补偿金,因此,向当地仲裁委员会申请仲裁,要求乙公司支付解除劳动合同的经济补偿金。

专家提示

本案涉及劳动者能否要求用工单位支付经济补偿金的问题。

劳务派遣中,派遣单位与劳动者存在劳动关系,签订劳动合同。派遣单位向社会招用劳动者,并对应招合格的劳动者进行派遣,行使对劳动者的人事管理权,如处分权、辞退权,同时派遣单位承担向劳动者支付劳动报酬和给劳动者办理社会保险的义务。用工单位则根据与派遣单位签订的劳务派遣协议向派遣单位支付报酬或者管理费用。本案中，2007 年 12 月 31 日前吴某与甲公司签订有劳动合同，甲公司派遣吴某到乙公司下属的生产厂工作，劳动关系中用人单位一方主体应为甲公司。2008 年 1 月 1 日起吴某与丙公司签订的劳动合同生效，丙公司派遣吴某到上述乙公司下属的同一家生产厂工作，此时劳动关系用人单位一方的主体应为丙公司。吴某的工作岗位虽在乙公司，但其与乙公司并不存在劳动关系，因此，也就不能要求乙公司支付解除劳动合同的经济补偿金。

法律依据

《中华人民共和国劳动合同法》第五十八条规定："劳务派遣单位是本法所称用人单位，应当履行用人单位对劳动者的义务。劳务派遣单位与被派遣劳动者订立的劳动合同，除应当载明本法第十七条规定的事项外，还应当载明被派遣劳动者的用工单位以及派遣期限、工作岗位等情况。……"

《中华人民共和国劳动合同法》第六十五条规定："被派遣劳动者可以依照本法第三十六条、第三十八条的规定与劳务派遣单位解除劳动合同。

被派遣劳动者有本法第三十九条和第四十条第一项、第二项规定情形的，用工单位可以将劳动者退回劳务派遣单位，劳务派遣单位依照本法有关规定，可以与劳动者解除劳动合同。"

《中华人民共和国劳动合同法实施条例》第三十一条规定："劳务派遣单位或者被派遣劳动者依法解除、终止劳动合同的经济补偿，依照劳动合同法第四十六条、第四十七条的规定执行。"

9. 用人单位或者其投资设立的公司能否设立劳务派遣单位,向本单位派遣劳动者?

案情简介

A公司与B公司均是甲集团公司的全资子公司。B公司出资90%与甲集团公司职工出资10%成立C公司,C公司出资30%与A公司出资70%注册成立了D劳务派遣中心。因B公司某下属分支机构不具有法人资格,没有用工主体的资格,所以陈某与D劳务派遣中心签订了劳动合同,合同约定:参加本企业工作时间为2008年5月12日,合同自2008年5月12日生效,于2009年5月12日终止,每月工资2000元。同日,B公司分支机构与D劳务派遣中心签订《劳务派遣协议》约定,D劳务派遣中心向B公司分支机构提供劳务人员,协议期限自2008年5月12日起至2009年5月12日止,派遣人员共15名(包含陈某,月工资2000元)。《劳动合同书》与《劳务派遣协议》签订后,D劳务派遣中心为陈某办理了医疗手册,陈某每月劳动报酬由D劳务派遣中心支付2000元工资加上B公司某下属分支机构支付的奖金构成。2008年10月16日,陈某递交了辞职报告,此后,陈某没有再向D劳务派遣中心和B公司分支机构提供劳务。后来,陈某认为D劳务派遣中心和B公司分支机构恶意损害自己的利益,要求确认二者之间的劳务派遣协议是无效的,同时确认自己与B公司形成事实上的劳动关系,并要求支付没有签订劳动合同的双倍工资。

专家提示

本案涉及用人单位或者其投资设立的公司设立劳务派遣单位，向本单位派遣劳动者，该派遣中心与劳动者所签订的劳动合同是否有效的问题。

在实践中，有的用人单位把本单位员工分流到新组建的劳务派遣企业，再由派遣企业重新派遣到原单位的原岗位工作，而工资等待遇却与原来的待遇相差甚远。如果用人单位为降低用工成本将原本正式员工分流到自设的劳务派遣公司，然后再派遣到所属企业，将一个本来完整的劳动关系人为地分开，那么在工资、福利、社会保险以及发生纠纷时的法律救济上都不利于劳动者劳动权益的保护，而且不利于和谐稳定劳动关系的构建和发展，给劳务派遣的发展造成不利的影响。因此，我国劳动合同法规定，用人单位不得自设劳务派遣单位，包括用人单位投资或者控股的公司也不得设立劳务派遣单位，然后向本单位进行劳务派遣。本案中，D劳务派遣中心和B公司都同属于甲集团公司，且D劳务派遣中心是由B公司控股的公司投资设立的，由D劳务派遣中心向B公司进行劳务派遣，是违反了劳动合同法的相关规定的。陈某与D劳务派遣中心签订的劳动合同应属无效，陈某与B公司形成了事实上的劳动关系，B公司应当支付陈某未签订劳动合同的双倍工资。

法律依据

《中华人民共和国劳动合同法》第六十七条规定:"用人单位不得设立劳务派遣单位向本单位或者所属单位派遣劳动者。"

《中华人民共和国劳动合同法实施条例》第二十八条规定:"用人单位或者其所属单位出资或者合伙设立的劳务派遣单位,向本单位或者所属单位派遣劳动者的,属于劳动合同法第六十七条规定的不得设立的劳务派遣单位。"

10. 劳动者在用工单位不服从工作安排，用工单位能否将劳动者退回劳务派遣单位？

案情简介

2007年5月5日，金某与甲公司建立了劳动关系，并签订了书面《劳动合同》，合同主要内容包括："一、自2007年5月5日至2007年6月5日期间为试用期。二、金某在用工单位的工作岗位、工作内容以金某与用工单位乙公司约定为准；金某在用工单位期间的劳动报酬按金某与甲公司的约定。三、金某已知悉并详细阅读甲公司和用工单位乙公司的规章制度及劳动纪律。金某承诺严格遵守甲公司和用工单位的规章制度及劳动纪律。四、金某应遵守的甲公司劳动纪律包括但不限于下列条款：1. 严格遵守甲公司和用工单位的考勤制度，不得迟到、早退、旷工。未经请假擅自离开岗位的，按旷工处理。2. 金某违纪的处理：金某在甲公司或用工单位工作期间犯有以下错误或存在以下情形的，甲公司可立即与金某解除劳动合同并不支付任何补偿；……；3. 违反用工单位规章制度而被用工单位退回的；……。"根据双方的约定，金某被甲公司自2007年5月5日派遣至乙公司，岗位是出纳。甲公司与乙公司就金某的劳务派遣事宜双方签订了《劳务派遣协议》。金某到乙公司提供劳务后每一年都与乙公司签订一年期的《岗位协议书》。2009年1月1日金某与乙公司续签了期限自2009年1月1日起至2009年12月31日止的《岗位协议书》，协议约定："金某的职务（职位）是负责本公司销售任务，聘期（任命期）为1年，本岗位基本工资……。此外，公司实施业绩工资制。……但随着国家政策的变化，经营的变化或工作的变更，本公司有权对本岗位进行调整，根据金某的工作情况与公司经营情况，上述业绩工资数额公司有权作出变动和调整。”2010 年 1 月 1 日，金某与甲公司续签了劳动合同书。2010 年 4 月乙公司根据业务发展需要，将金某调换至办公室，金某认为工作量增加，要求涨工资。乙公司又对金某的岗位进行了调整，并通知金某上班。但是金某拒绝岗位调整。此后，金某就没有再为乙公司提供劳务。乙公司认为金某以要求加薪为由拒绝服从单位的岗位调整，并无故旷工，违反了公司的规章制度，因此将金某退回甲公司。甲公司因此解除了和金某的劳动合同。金某不服，向当地仲裁委员会申请仲裁，要求甲公司、乙公司支付违法解除劳动合同的经济赔偿金。

专家提示

本案涉及劳动者在用工单位应遵守用工单位的规章制度、工作安排的问题。

被派遣到用工单位的劳动者应当遵守用工单位的规章制度，服从用工单位根据业务发展需要进行的合理管理和调整，如果劳动者严重违反用工单位的规章制度，用工单位有权将劳动者退回派遣单位。

本案中，金某与甲公司签订了书面合同，双方形成了劳动关系；甲公司与乙公司亦签订了《劳务派遣协议》；根据派遣协议，金某与乙公司也签订了《岗位协议书》，上述合同及协议内容均符合法律规定，合法有效，对合同及协议的双方均有约束力。在劳动合同中，金某与甲公司约定了金某在用工单位的工作岗位以金某与用工单位乙公司约定为准。在履行协议期间，乙公司依据其与提供劳务的金某所签订的《岗位协议书》的约定，根据工作需要，对金某的工作岗位作出的调整均属正当的行为，金某应当服从。

现金某以岗位不适合、待遇少为由，拒绝到岗数日，并不再为乙公司提供劳务，用工单位即乙公司根据公司规章制度规定，根据金某旷工的事实对金某作出退回派遣单位甲公司的处理，并无不当。同时，金某在与甲公司的劳动合同中也约定，金某违反用工单位规章制度而被用工单位退回的，甲公司可立即与金某解除劳动合同并不支付任何补偿。因此，甲公司根据与金某签订的《劳动合同书》中约定的条款，解除与金某之间的劳动合同关系，既不违反合同约定，也无违法之处。综上所述，金某无权要求甲公司和乙公司支付违法解除劳动合同的经济赔偿金。

法律依据

《中华人民共和国劳动合同法》第六十五条规定："被派遣劳动者可以依照本法第三十六条、第三十八条的规定与劳务派遣单位解除劳动合同。

被派遣劳动者有本法第三十九条和第四十条第一项、第二项规定情形的，用工单位可以将劳动者退回劳务派遣单位，劳务派遣单位依照本法有关规定，可以与劳动者解除劳动合同。"

《中华人民共和国劳动合同法》第三十九条规定："劳动者有下列情形之一的，用人单位可以解除劳动合同：(一)在试用期间被证明不符合录用条件的；(二)严重违反用人单位的规章制度的；(三)严重失职，营私舞弊，给用人单位造成重大损害的；(四)劳动者同时与其他用人单位建立劳动关系，对完成本单位的工作任务造成严重影响，或者经用人单位提出，拒不改正的；(五)因本法第二十六条第一款第一项规定的情形致使劳动合同无效的；(六)被依法追究刑事责任的。"

11. 没有给劳动者上保险，劳动者应当向派遣单位主张保险损失，还是应当向用工单位主张保险损失？

案情简介

2008年3月1日，甲公司和乙公司签订了劳务派遣协议书，协议有效期为一年，协议内容约定：①乙公司根据甲公司的生产需要，为甲公司提供劳务派遣人员和劳务派遣相关服务。乙公司为甲公司派遣若干数量员工在生产岗位从事辅助工作，派遣员工以派遣员工花名册为准。②乙公司输出派遣甲公司的劳务人员为乙公司的员工，由乙公司与劳务派遣人员签订劳动合同并发放工资，办理各项有关保险福利待遇等其他相关事项。③甲公司负责对乙公司派遣人员进行考勤记录，并把考勤记录在每月10日前转给乙公司作为发放上月工资依据之一。甲公司按照本协议及时足额向乙公司支付本协议相关劳务费用。该派遣协议到期后，2009年3月1日，甲公司与乙公司又进行了续签，约定协议有效期自2009年3月1日至2011年3月1日。2009年5月26日，李某到甲公司上班。2009年6月1日，李某与乙公司签订了劳动合同，双方约定：1. 合同于2009年6月1日生效，2010年6月1日终止。2. 乙公司派遣李某工作的用工单位名称为甲公司。3. 李某同意根据乙公司工作需要担任综合岗位的工作。4. 李某按用工单位要求应达到的数量、质量和工作目标责任制为标准。5. 乙公司每月15日前以货币形式支付李某工资，基本工资按不低于北京市最低工资标准。合同签订后，乙公司将李某派遣到了甲公司，在工作中，甲公司为李某记录考勤。乙公司的《工资表》中从2009年5月开始有李某的工资支付记录，甲公司的《考勤表》

中自2009年5月显示李某为乙公司员工。但是甲公司、乙公司均没有给李某办理社会保险。2010年7月，李某提出辞职，并向当地仲裁委员会申请仲裁，认为自己不知道劳动派遣协议的内容，要求确认与乙公司签订的劳动合同无效，并确认与甲公司形成事实上的劳动关系，同时要求甲公司、乙公司支付没有办理保险期间的损失。

专家提示

本案涉及派遣单位应当承担给劳动者办理保险义务的问题。

根据劳动合同法的规定，派遣单位作为劳动合同的一方主体，应履行作为用人单位的义务，向劳动者支付劳动报酬、办理社会保险等。本案中，李某与乙公司签订的劳动合同约定了乙公司派遣其到甲公司工作，李某也接受了乙公司派遣到甲公司工作，完成工作任务后从乙公司领取工资，所以李某与乙公司建立了劳动关系。李某要求确认其与甲公司存在事实劳动关系，并确认其与乙公司签订的劳动合同为无效合同是没有根据的。乙公司作为李某的用人单位，应当按照法律规定给李某办理社会保险。现在乙公司没有给李某办理社会保险，李某可以向乙公司要求赔偿相应的损失。

法律依据

《中华人民共和国劳动合同法》第五十八条规定："劳务派遣单位是本法所称用人单位，应当履行用人单位对劳动者的义务。劳务派遣单位与被派遣劳动者订立的劳动合同，除应当载明本法第十七条规定的事项外，还应当载明被派遣劳动者的用工单位以及派遣期限、工作岗位等情况。……"

《中华人民共和国劳动合同法》第九十二条规定："劳务派遣单位违反本法规定的，由劳动行政部门和其他有关主管部门责令改正；情节严重的，以每人一千元以上五千元以下的标准处以罚款，并由工商行政管理部门吊销营业执照；给被派遣劳动者造成损害的，劳务派遣单位与用工单位承担连带赔偿责任。"

12. 用人单位借劳务派遣逃避用工主体的责任，怎么办？

案情简介

小勇于2007年11月24日到A餐饮有限公司从事餐饮岗位的工作。A餐饮公司与B人力资源咨询服务公司签订了《劳务派遣合作协议书》及《补充协议》。《劳务派遣合作协议书》列明的签订日期为2007年12月31日，约定期限为三年，自2007年12月31日至2010年12月30日，未约定用工岗位，约定派遣员工的工资由B公司支付，《补充协议》未显示签订日期，该补充协议约定由A餐饮公司直接支付派遣员工的工资。2008年1月1日，小勇和B人力资源咨询服务公司签订了一份《劳动合同书》，岗位为会计，期限为2008年1月1日至2009年12月31日。2008年6月20日，A餐饮公司与C公司签订了《劳务派遣协议书》及《补充协议》，约定用工人数为50名以上，用工岗位为餐饮岗位，派遣员工的工资由C公司支付，《补充协议》上未显示签订日期，约定由A餐饮公司直接支付派遣员工工资。2008年9月1日，小勇与C公司签订了一份《劳动合同书》，合同约定岗位为会计，期限为2008年9月1日至2010年8月31日。B公司、C公司均没有给小勇缴纳社会保险，A餐饮公司自2008年9月起给小勇缴纳社会保险。2008年11月20日，小勇向当地劳动仲裁委员会申请仲裁，要求确认2007年11月24日至2008年11月20日与A餐饮公司存在劳动关系，并要求A餐饮公司支付2007年12月至2008年11月期间未签订书面劳动合同双倍工资。

专家提示

本案涉及用人单位利用劳务派遣逃避用工主体责任的问题。

劳动关系的建立是用人单位和劳动者在平等自愿的基础上协商一致的结果，判断是否存在劳动关系应综合多方面的因素来判断。本案中，2007 年 11 月 24 日，小勇到 A 餐饮公司工作，此时双方的关系是劳动关系，2008 年 1 月 1 日起 A 餐饮公司也没有同小勇就解除劳动关系进行协商或者支付相应的经济补偿。小勇和 C 公司签订的《劳动合同书》上列明小勇的工作岗位系会计，而 A 餐饮公司和 C 公司签订的《劳务派遣合作协议书》上明确写明用工岗位为餐饮岗位。小勇和 B 公司、C 公司签订的劳动合同均约定由两家公司为小勇缴纳社会保险，而两家公司均未为小勇缴纳社会保险，A 餐饮公司自 2008 年 9 月份开始为小勇缴纳社会保险。小勇与 B 公司签订的《劳动合同书》尚未到期，而 C 公司又与小勇签订新的《劳动合同书》，存在矛盾。另劳务派遣一般在临时性、辅助性或者替代性的工作岗位上实施。从上面可以看出，A 餐饮公司系以派遣用工的形式掩盖非法目的，逃避用工主体的责任。建立劳动关系，应当订立书面劳动合同，未同时订立书面劳动合同的，应当自用工之日起一个月内订立书面劳动合同。用人单位自用工之日起超过一个月不满一年未与劳动者订立书面劳动合同的，应当向劳动者每月支付两倍的工资。因此，A 餐饮公司应当向小勇支付 2007 年 12 月至 2008 年 11 期间未签订书面劳动合同的双倍工资。

法律依据

《中华人民共和国劳动合同法》第八十二条规定:“用人单位自用工之日起超过一个月不满一年未与劳动者订立书面劳动合同的,应当向劳动者每月支付二倍的工资。

用人单位违反本法规定不与劳动者订立无固定期限劳动合同的,自应当订立无固定期限劳动合同之日起向劳动者每月支付二倍的工资。”

《中华人民共和国劳动合同法实施条例》第三十五条规定:“用工单位违反劳动合同法和本条例有关劳务派遣规定的,由劳动行政部门和其他有关主管部门责令改正;情节严重的,以每位被派遣劳动者1000元以上5000元以下的标准处以罚款;给被派遣劳动者造成损害的,劳务派遣单位和用工单位承担连带赔偿责任。”

13. 用工单位不支付工资，劳动者能否要求派遣单位承担连带责任？

案情简介

2008年1月1日，A厂与B公司签订劳务派遣协议，约定B公司向A厂提供劳务人员20人，期限自2008年1月1日至2009年12月31日止。同日，林某与B公司签订劳动合同书，期限亦为2008年1月1日至2009年12月31日，月工资3000元，林某被B公司派遣至A厂担任业务经理。林某月收入为基本工资3000元＋业务提成。2008年12月25日，A厂向B公司下发通知，该通知称："由于我厂生产方式发生变化，经研究决定：至2008年12月31日止将贵单位下列劳务派遣人员……终止与我厂的劳动，退回贵单位。对于2名市场开发人员（林某、×××），暂留用3个月，时间至2009年3月31日终止退回。望贵单位按有关规定做好相关善后工作。"2009年1月至3月间，A厂给林某安排了工作任务。2008年8月至2009年3月间，A厂未向B公司支付劳务费用，2008年8月至2009年2月间，A厂认可林某有提成1255元未给付，主张林某完成工作任务后再行给付。2009年4月至12月间，B公司未支付给林某工资，亦未与其解除劳动合同。于是，林某向当地仲裁委员会提起仲裁，要求A厂支付2008年8月至2009年3月工资及提成；要求B公司支付2009年4月至2009年12月工资。

专家提示

本案涉及用工单位不按时支付工资的，劳动者能否要求派遣单位承担连带责任的问题。

根据《中华人民共和国劳动合同法》以及《中华人民共和国劳动合同法实施条例》的规定，用人单位应当按照劳动合同约定和国家规定，向劳动者及时足额支付劳动报酬。用工单位违反上述法律及实施条例中有关劳务派遣规定的，给被派遣劳动者造成损害的，劳务派遣单位和用工单位承担连带赔偿责任。本案中，林某在与B公司存在劳动关系期间，被派遣至A厂工作，工作期间，A厂作为用工单位应当按月向劳动派遣单位B公司支付劳务费用，再由B公司向林某支付劳动报酬。2008年8月至2009年3月，因A厂未给付劳务费，致使林某没有领取工资，A厂应与B公司承担连带赔偿责任。因此，A厂应向林某支付2008年8月至2009年3月的工资，B公司与A厂对此承担连带责任。当劳务派遣协议终止后，劳动者没有工作的，则由派遣单位按照当地最低工资标准向劳动者支付工资，因此，B公司还应按最低工资标准向林某支付2009年4月至2009年12月的工资。

法律依据

《中华人民共和国劳动合同法》第三十条规定:“用人单位应当按照劳动合同约定和国家规定,向劳动者及时足额支付劳动报酬。

用人单位拖欠或者未足额支付劳动报酬的,劳动者可以依法向当地人民法院申请支付令,人民法院应当依法发出支付令。”

《中华人民共和国劳动合同法》第五十八条规定:“劳务派遣单位是本法所称用人单位,应当履行用人单位对劳动者的义务。劳务派遣单位与被派遣劳动者订立的劳动合同,除应当载明本法第十七条规定的事项外,还应当载明被派遣劳动者的用工单位以及派遣期限、工作岗位等情况。

劳务派遣单位应当与被派遣劳动者订立二年以上的固定期限劳动合同,按月支付劳动报酬;被派遣劳动者在无工作期间,劳务派遣单位应当按照所在地人民政府规定的最低工资标准,向其按月支付报酬。”

《中华人民共和国劳动合同法实施条例》第三十五条规定:“用工单位违反劳动合同法和本条例有关劳务派遣规定的,由劳动行政部门和其他有关主管部门责令改正;情节严重的,以每位被派遣劳动者1000元以上5000元以下的标准处以罚款;给被派遣劳动者造成损害的,劳务派遣单位和用工单位承担连带赔偿责任。”

14. 用工单位或者劳务派遣单位能否向劳动者收取风险抵押金？

案情简介

杨某由甲公司派往乙公司工作，乙公司于2007年4月29日收取杨某风险抵押金5000元。杨某于2007年12月31日停止向乙公司提供劳务。杨某在乙公司工作期间，曾因与工地工人发生冲突而受伤，乙公司为杨某支付了住院押金5000元。杨某离职时要求乙公司返还风险抵押金，乙公司不同意，认为风险抵押金已经与住院押金进行折抵，不需要返还。杨某遂向当地仲裁委员会申请仲裁，要求乙公司返还风险抵押金5000元。

专家提示

本案涉及在劳务派遣中，用工单位或者派遣单位能否向劳动者收取费用的问题。

根据劳动合同法的规定，劳务派遣单位与被派遣的劳动者之间是用人单位和劳动者的关系，劳务派遣单位对劳动者的档案、保险、人事关系进行管理，并代扣代缴个人所得税和社会保险费，这些是劳务派遣单位对劳动者应尽的义务，为劳动者提供工作岗位也是其应当履行的法律责任和劳动合同责任，不能因此收取劳动者的任何费用。而劳动者是根据劳务派遣协议为用工单位提供劳务的，被派遣劳动者和用工单位之间是劳动服务关系，用工单位向劳动者提供工作岗位也是根据劳务派遣协议的约定，是其应尽的义务，劳动者无须向用工单位缴纳任何费用。

本案中，乙公司作为用工单位，收取了杨某5000元作为风险抵押金，是违反劳动合同法规定的，应当予以返还。虽然乙公司提出该风险抵押金与贾某的住院押金予以折抵，但是杨某明确表示拒绝折抵，所以乙公司应当返还杨某的风险抵押金。至于住院押金，则应当由杨某和乙公司另行协商解决，如协商不成，可依法及合同的约定提起仲裁及诉讼。

法律依据

《中华人民共和国劳动合同法》第六十条规定："劳务派遣单位应当将劳务派遣协议的内容告知被派遣劳动者。……劳务派遣单位和用工单位不得向被派遣劳动者收取费用。"

15. 劳务派遣关系中，用工单位对劳动者都要承担哪些义务？

案情简介

宋某是甲劳务中心的员工，甲劳务中心派遣宋某到乙公司工作，2009 年 1 月 1 日，宋某与甲劳务中心签订了《劳动合同书》，合同期限为 2 年，即从 2009 年 1 月 1 日起至 2010 年 12 月 31 日止，合同约定甲劳务中心派遣宋某到乙公司生产厂从事门卫工作，月工资标准为 1200 元。宋某在乙公司工作期间每天上班 12 小时，早班是 8:00 至 20:00，夜班是 20:00 至 8:00，并且没有休息日，因为晚上工厂也进行生产，所以宋某上夜班时没有睡觉的时间。2010 年 5 月宋某因身体原因提出辞职，此后未再上班。2010 年 6 月宋某以要求乙公司向其支付加班工资为由向当地劳动争议仲裁委员会申请仲裁，要求乙公司支付 2009 年 1 月 1 日至 2010 年 5 月期间的加班工资。

专家提示

本案涉及用工单位对被派遣的劳动者应承担的义务的问题。

加班费是用人单位因为工作需要使劳动者延长劳动时间而支付的报酬。绩效奖金是一个时期或者一项任务完成而按照劳动者劳动绩效而计算、发放的奖金。福利是指用人单位通过建立各种补贴制度和举办集体福利事业，解决职工个人难以解决的生活困难，方便、改善职工生活，保证职工身体健康和正常生活。用工单位为劳动者提供与工作岗位相关的福利待遇，体现与本单位其他职工同工同酬，这些都是灵活、多变的，不可能在与派遣单位签订的派遣协议中提前规定具体数额，而是根据实际情况不断变化的，但是也属于劳动者所应当获得的劳动报酬。劳动合同法明确规定了用工单位在向劳务派遣单位支付工资之外，应当向劳动者支付加班费、绩效奖金和相关的福利待遇。

本案中，宋某与甲劳务中心签订有劳动合同，甲劳务中心将宋某派遣至乙公司工作。乙公司作为劳务派遣用工单位，应执行国家劳动标准，提供相应的劳动条件和劳动保护；支付加班费，提供与工作岗位相关的福利待遇等，这些均是劳务派遣中用工单位的义务。乙公司认为其不是加班工资给付主体，是不正确的。宋某每天工作 12 小时、乙公司应按照《中华人民共和国劳动法》第四十四条之规定，向宋某支付加班工资。甲劳务中心作为劳动关系中用人单位一方的主体，因劳务派遣用工单位的违法行为给劳动者造成损害时，派遣单位即甲劳务中心也对此应承担连带责任。因此，乙公司应支付宋某加班期间的费用，同时甲劳务中心对此承担连带责任。

法律依据

《中华人民共和国劳动合同法》第六十二条规定："用工单位应当履行下列义务：

（一）执行国家劳动标准，提供相应的劳动条件和劳动保护；

（二）告知被派遣劳动者的工作要求和劳动报酬；

（三）支付加班费、绩效奖金，提供与工作岗位相关的福利待遇；

（四）对在岗被派遣劳动者进行工作岗位所必需的培训；

（五）连续用工的，实行正常的工资调整机制。

用工单位不得将被派遣劳动者再派遣到其他用人单位。"

《中华人民共和国劳动合同法实施条例》第二十九条规定："用工单位应当履行劳动合同法第六十二条规定的义务，维护被派遣劳动者的合法权益。"

16. 劳务派遣员工应该向派遣单位还是用工单位主张权利?

案情简介

甲劳务派遣公司通过网络招聘了金某，与其签订为期两年的劳动合同，并将其派遣至乙公司工作。一个月后，乙公司以金某试用期内不能胜任工作为由，将金某退回甲派遣公司。甲劳务派遣公司在次日书面通知金某解除了与金某的劳动合同。金某很不服气，找到了乙公司，乙公司称与金某不存在劳动关系，要找就去找甲劳务派遣公司。金某找到与自己签订劳动合同的甲劳务派遣公司，甲劳务派遣公司称，自己没有任何过错，是乙公司将金某退回的，要说理就去找乙公司说理去。金某很恼火，自己像个皮球一样被人踢来踢去，金某想既然协商无法解决，那就走法律程序，可自己该向谁主张权利呢?

专家提示

本案涉及劳务派遣中，劳动者应如何维护自己权利的问题。

根据劳动合同法的规定，在劳务派遣关系中，劳动者与劳务派遣单位形成劳动关系，劳动者与用工单位不形成劳动关系，劳务派遣单位与用工单位是商业合作关系。劳务派遣中心应承担劳动合同法中规定的用人单位所应承担的义务。当劳动者的合法权益受到损害时，劳务派遣单位与用工单位应承担连带责任。还需要指出的是，如果劳动者仅因为劳动合同与派遣单位发生争议时，应当以派遣单位作为相对方申请仲裁或者提起诉讼；如果劳动者争议的内容涉及用工单位的，则将派遣单位和用工单位共同作为相对方申请仲裁或者提起诉讼。本案中，金某与甲劳务派遣单位形成了劳动关系，甲劳务派遣公司将金某派遣至乙公司从事工作，乙公司作为用工单位应对给金某造成的损害承担连带责任，所以金某在申请劳动争议仲裁时，应将甲劳务派遣公司与乙公司共同作为被申请人申请仲裁，这样就可防止双方互相推脱，最大限度维护劳动者合法权益。

法律依据

《中华人民共和国劳动争议仲裁调解法》第二十二条规定："发生劳动争议的劳动者和用人单位为劳动争议仲裁案件的双方当事人。

劳务派遣单位或者用工单位与劳动者发生劳动争议的，劳务派遣单位和用工单位为共同当事人。"

《最高人民法院关于审理劳动争议案件适用法律若干问题的解释(二)》第十条规定："劳动者因履行劳动力派遣合同产生劳动争议而起诉，以派遣单位为被告；争议内容涉及接收单位的，以派遣单位和接收单位为共同被告。"

非全日制用工

1. 非全日制用工关系应该符合什么条件?

案情简介

2008年3月5日,刘某到甲学校从事宿舍管理工作,月工资为800元,但是双方未签订书面劳动合同。刘某在甲学校工作期间,上一天24小时后可以休息一天。每次上班时夜23时左右至次日6时,除学生有事时应及时处理之外,其他时间可以睡觉。甲学校学生放寒、暑假期间刘某亦放假,此期间甲学校不向刘某发放工资。2009年2月14日甲学校通知刘某解除劳动关系,刘某表示自己也不想继续留在学校,但是关于补偿金数额双方没有达成一致。后来,刘某向当地仲裁委员会提起仲裁,要求确认与甲学校的劳动关系,并要求甲学校支付没有签订书面劳动合同期间的双倍工资、寒暑假期间的工资及解除劳动合同的经济补偿金。

专家提示

本案涉及非全日制用工应符合什么样的条件的问题。

非全日制劳动是相对于全日制劳动者而言的,是灵活就业的一种重要形式。目前我国非全日制劳动主要是以小时工或钟点工的形式出现。根据劳动合同法的规定,非全日制用工的劳动者在同一用人单位一般平均每日工作时间不超过4小时,每周工作时间累计不超过24小时。全日制工是以日计酬,在同一用人单位每日工作时间在5小时以上,8小时以下,每周工作时间不超过40小时的劳动者。应该强调的是,劳动合同法规定的非全日制用工只限于用人单位用工，而不包括个人用工形式。个人用工属于民事雇佣关系，应当受到民事法律调整，但是劳动者通过依法成立的劳务派遣组织派遣为用人单位、家庭或者个人提供非全日制劳动的应受劳动合同法的调整。此外，还需要强调的是，日平均工作时间以周累计工作时间除以周实际工作天数，而不是除以周法定工作天数。举例而言，若一个劳动者在一个用人单位每周工作三天，三天的工作时间分别为 5 小时、6 小时、7 小时，则其平均每日工作时间为 6 小时，而不是 3.6 小时(18 小时除以 5 天)，故其日平均工作时间超过非全日制用工日平均工作时间 2 小时，不符合非全日制用工的工作时间标准，形成全日制劳动关系。

本案中，刘某在甲学校上班期间每天工作超过 4 小时，每周工作时间超过 24 小时，因此甲学校与刘某之间不符合非全日制用工的条件，双方存在事实上的劳动关系。甲学校应在 2008 年 3 月 5 日起一个月内与刘某签订书面劳动合同。因为甲学校没有与刘某签订劳动合同，所以甲学校应当支付刘某 2008 年 4 月 5 日至 2009 年 2 月 14 日期间的未签订劳动合同的双倍工资差额。刘某在甲学校工作期间，学生放寒、暑假刘某也放假，此期间甲学校没有向刘某发放工资，所以甲学校应补发刘某 2008 年 3 月 5 日至 2009 年 2 月 14 日期间的寒暑假工资。此外，因为刘某也同意解除劳动合同，所以视为双方协商一致解除劳动合同，甲学校按照刘某的工作年限支付刘某相当于一个月工资的经济补偿金即可。

法律依据

《中华人民共和国劳动合同法》第六十八条规定：“非全日制用工，是指以小时计酬为主，劳动者在同一用人单位一般平均每日工作时间不超过四小时，每周工作时间累计不超过二十四小时的用工形式。”

2. 非全日制用工关系中，用人单位解除劳动合同，是否需要支付经济补偿金？

案情简介

吴某于2008年10月8日到甲物业公司工作，双方口头订立非全日制用工协议，吴某从事保洁岗位，工作地点为某大厦。2009年3月9日吴某与甲物业公司双方签订书面的劳动合同书，约定吴某负责甲物业公司指定服务处所及其区域的日常保洁，以及甲物业公司安排的临时性保洁工作。吴某的工作时间为：周一至周六每日工作1至4小时，每周工作不超过24小时，除极特殊情况外法定节假日不工作。甲物业公司向吴某支付劳动报酬的周期为15日。法定假日的劳动报酬比工作日高，为每小时17.4元～25元不等。2010年5月24日，吴某因甲物业公司所发工资低与领班发生争执，尔后再未到甲物业公司工作。吴某向当地劳动争议仲裁委员会申请仲裁，要求甲物业公司支付双休日加班费以及解除劳动合同的经济补偿金。2010年6月1日该仲裁委员会作出裁决驳回吴某的申请请求。

专家提示

本案涉及非全日制用工中，用人单位解除劳动合同的，是否还需要支付经济补偿金的问题。

非全日制用工因为工作时间短，也并不需要天天工作，具有灵活性和短期性的特点，针对非全日制用工灵活用工和自主择业的特点，为了促进人才流动和更好地发挥人才的长处，劳动合同法规定了非全日制用工的任何一方当事人都可以随时解除劳动合同。

本案中，吴某的工资是以小时计算，每日平均工作时间未超过 4 小时，每周工作时间累计不超过 24 小时，因此吴某与甲物业公司之间所形成的劳动关系属于非全日制用工关系。根据劳动合同法的规定，非全日制用工双方当事人任何一方都可以随时通知对方终止用工。终止用工，用人单位不向劳动者支付经济补偿，所以吴某不能要求甲物业公司支付解除劳动合同的经济补偿金。

法律依据

《中华人民共和国劳动合同法》第七十一条规定："非全日制用工双方当事人任何一方都可以随时通知对方终止用工。终止用工，用人单位不向劳动者支付经济补偿。"

3. 非全日制用工关系中,劳动者能否要求用人单位承担未签订书面合同期间的双倍工资?

案情简介

2006年5月,李某到甲公司工作,月工资标准为900元,双方签订的最后一份书面劳动合同的期限至2007年12月31日。合同到期后,双方终止了劳动合同。2008年1月1日起,双方口头约定为非全日制用工关系。2008年5月9日,双方解除了劳动关系。后来,李某向当地仲裁委员会申请仲裁,要求甲公司支付2008年1月1日至2008年5月9日期间未签订书面劳动合同的双倍工资,并要求甲公司支付解除劳动合同的经济补偿金。当地仲裁委员会驳回了李某的全部申诉请求。

专家提示

本案涉及非全日制劳动关系中,用人单位和劳动者是否必须签订书面劳动合同的问题。

根据劳动合同法的规定,非全日制用工双方当事人既可以订立书面劳动合同,也可以订立口头协议。这主要是基于非全日制用工工作时间比较短、流动性大、工作方式灵活等特点规定的。但是需要注意的是,经双方协商一致的,可以订立口头劳动合同。但是劳动者提出订立书面劳动合同的,应当以书面形式订立。劳动者通过依法成立的劳务派遣组织为其他单位、家庭或个人提供非全日制劳动的,由劳务派遣组织与非全日制劳动者订立劳动合同。本案中李某和甲公司已经口头达成了建立非全日制劳动关系的协议，双方可以不用签订书面劳动合同，且非全日制用工双方可以随时提出解除劳动合同，用人单位也不需支付劳动者解除劳动合同的经济补偿金。所以在本案中，李某的申诉请求没有得到支持。

法律依据

《中华人民共和国劳动合同法》第六十九条规定："非全日制用工双方当事人可以订立口头协议。……"

4. 劳动者和两个以上的用人单位形成劳动关系，是全日制用工关系与非全日制用工关系的区别之一吗？

案情简介

张某于2007年5月到甲公司从事保洁工作，双方未签订书面劳动合同。张某每天在甲公司工作3小时，每周工作15个小时，每月工资1300元。自2007年7月起，张某每天上午在甲公司工作后，每天下午在甲公司的经理家做家务3小时，每月经理的妻子支付张某工资1000元。2008年4月起，张某又与乙公司达成了协议，在乙公司担任保洁工作，每月工资500元。2008年9月，甲公司通知与张某解除劳动合同，张某不同意，认为自己在甲公司的经理家从事家务是职务行为，因此与甲公司形成了全日制用工关系，因此要求甲公司支付2007年8月至2008年9月未签订书面劳动合同的双倍工资，同时要求甲公司支付违法解除劳动合同的经济赔偿金。甲公司不予认可，于是张某向当地仲裁委员会申请了仲裁。

专家提示

本案涉及非全日制用工关系中，劳动者是否能与两个以上的用工单位形成劳动关系的问题。

根据劳动合同法的规定，非全日制用工，是指以小时计酬为主，劳动者在同一用人单位一般平均每日工作时间不超过四小时，每周工作时间累计不超过24小时的用工形式；从事非全日制用工的劳动者可以与一个或者一个以上用人单位订立劳动合同，也就是说允许从事非全日制用工的劳动者建立双重或多重劳动关系。本案中，张某自 2007 年 7 月起，在甲公司的经理家做家务，由经理个人另行向张某支付劳动报酬，劳动报酬并不是甲公司支付的，因此张某去经理家做家务并不是经甲公司委派的职务行为，而是经理个人用工行为，属于民事雇佣关系，不受劳动合同法调整。张某在甲公司每天工作 3 小时，每周工作 15 小时，因此，甲公司与张某形成了非全日制用工关系，双方可以口头达成协议，甲公司解除劳动合同也无须支付经济补偿金。2008 年 4 月至 9 月期间，张某在为甲公司提供劳动的同时，也为乙公司提供保洁服务并接受工资报酬，表明张某在同一期间为两家以上的用人单位提供了劳动。这些均表明张某与甲公司建立的是非全日制用工关系，而不是全日制用工关系。

根据劳动合同法的规定，非全日制用工的劳动者除可以建立一个或一个以上的劳动关系外，还对在后的劳动合同的签订做出了限制，后订立的劳动合同不得影响先订立的劳动合同的履行。这样规定是为了避免非全日制用工的劳动者为了获取更多的劳动报酬，不考虑完成的工作质量。如果给用人单位造成了经济损失，劳动者应承担相应的赔偿责任。

法律依据

《中华人民共和国劳动合同法》第六十九条规定：“从事非全日制用工的劳动者可以与一个或者一个以上用人单位订立劳动合同；但是，后订立的劳动合同不得影响先订立的劳动合同的履行。”

《中华人民共和国劳动法》第九十九条规定：“用人单位招用尚未解除劳动合同的劳动者，对原用人单位造成经济损失的，该用人单位应当依法承担连带赔偿责任。”

5. 非全日制用工关系中，用人单位解除劳动关系，需要提前通知吗？

案情简介

2008年5月7日，江某（作为乙方）与甲公司（作为甲方）签订《劳动合同书》，双方在合同中约定：……。第三条，本合同于2008年5月8日生效。第四条，乙方同意根据甲方工作需要，担任以下工作：保洁。第五条，乙方的工作时间为每日工作不超过4小时。第六条，乙方完成本合同约定的工作内容后，甲方应当以货币形式向乙方支付劳动报酬，劳动报酬标准为每小时8.7元。甲方向乙方支付劳动报酬的周期不超过15日。支付劳动报酬的其他约定：每月15日发放工资。第七条，甲方应当按照北京市工伤保险的规定为乙方缴纳工伤保险费。……。第十二条，甲乙双方约定本合同增加以下内容：小时工资随国家政策调整，不低于北京市最低工资。江某自2008年5月8日开始，按照甲公司的安排在某学校从事保洁工作。2008年11月7日江某看到甲公司于2008年11月6日出具的一份通报，该通报写明：我公司保洁员江某在岗期间未做好本职工作，卫生打扫不彻底，经校方提出后并未做出改正，工作上领导多次指导劝说无效。此人行为严重违反了公司规章制度，经公司研究决定给予江某开除处分，并解除劳动关系。江某自2008年11月8日开始不再到甲公司工作。后江某向当地劳动争议仲裁委员会申请仲裁，要求甲公司支付解除劳动关系经济补偿金、50％额外经济补偿金及代通金。

专家提示

本案涉及非全日制用工关系中，用人单位解除劳动合同是否需要提前 30 天通知劳动者或者向劳动者支付代通知金的问题。

根据劳动合同法的规定，非全日制用工的劳动者和用人单位任何一方都可以随时提出终止用工，终止用工应该通知另一方。通知可以采用书面形式，也可以采用口头通知的形式。终止用工，用人单位不向劳动者支付经济补偿。用人单位不需提前 30 天通知劳动者解除劳动关系，因此，用人单位也就无须支付代通知金。本案中，江某在甲公司每日工作不超过 4 小时，劳动报酬按照小时计算，标准为每小时 8.7 元，且劳动报酬的支付周期不超过 15 日，因此，江某与甲公司建立了非全日制用工关系。因此，甲公司在终止用工后，无须向江某支付经济补偿金及 50％额外经济补偿金、代通金。

法律依据

《中华人民共和国劳动合同法》第七十一条规定：“非全日制用工双方当事人任何一方都可以随时通知对方终止用工。终止用工，用人单位不向劳动者支付经济补偿。”

6. 非全日制用工关系中，用人单位能否按月支付工资？

案情简介

2008 年 5 月 5 日，李某与甲公司签订了劳动合同，合同约定，李某在甲公司担任保洁工作，每天工作 4 小时，每周工作五天，每月工资 1600 元。甲公司按月支付工资是否符合法律的规定？

专家提示

本案涉及非全日制用工的工资支付问题。

根据劳动合同法的规定，非全日制用工劳动报酬结算支付可以按小时、日、周，但是周期最长不得超过 15 日。如果用人单位无正当理由超过 15 日没有向劳动者支付其应得的全部工资，那么就构成克扣劳动者工资或者无故拖欠劳动者工资的行为，应该承担相应的法律责任。本案中，李某每天在甲公司工作 4 小时，每周工作时间累计没有超过 24 小时，符合非全日制用工的形式。对于非全日制用工甲公司可以每天支付劳动报酬，也可以每周支付劳动报酬，但是支付周期不能超过 15 天。如果甲公司坚持按月支付，李某可以要求甲公司支付拖欠工资的经济补偿金。

法律依据

《中华人民共和国劳动合同法》第七十二条规定:“非全日制用工小时计酬标准不得低于用人单位所在地人民政府规定的最低小时工资标准。

非全日制用工劳动报酬结算支付周期最长不得超过十五日。”

7. 非全日制用工能否约定试用期?

案情简介

小王在某单位从事保洁工作,每天工作 3 小时,每周工作 7 天。单位与小王约定劳动合同期限为 1 年,试用期 1 个月。试用期工资为劳动合同约定工资的 80%。合同期满后,小王离开单位。因不满试用期工资低,向劳动监察机构投诉,要求补足差额。劳动监察机构受理本案后,认定该单位与小王约定 1 个月的试用期违法,并责令单位补发 20%的工资差额。

专家提示

本案涉及非全日制用工关系中,用人单位能否约定试用期的问题。

非全日制用工的劳动者在同一用工单位的每天的工作时间不超过 4 小时,每周累计工作时间不超过 24 小时,具有工作时间短、流动性大、稳定性差,劳动报酬结算周期短的特点,针对这些特点,如果非全日制用工双方当事人约定试用期,则可能使整个用工时间都处在试用期里。同时因为试用期的工资和各项待遇都略低,这样,非全日制用工劳动者的合法权益就受到了损害。而且对于用人单位来说,因为非全日制用工使用期限短,大多不会建立长期稳定的劳动关系,用工单位也可以随时与非全日制用工的劳动者解除劳动合同,因此也没有必要对劳动者是否适合该岗位进行考察。本案中,小王与单位建立了非全日制用工关系,单位约定试用期违反了劳动合同法的规定,应该按全额工资补足试用期的工资的20%差额。

法律依据

《中华人民共和国劳动合同法》第七十条规定："非全日制用工双方当事人不得约定试用期。"

工资

1. 社会保险可以包含在劳动者的工资约定中吗？

案情简介

2008年6月8日，范某与某商业管理公司签订《劳动合同》，约定合同于2008年6月8日生效，2009年6月7日终止。该合同中约定："甲方（商业管理公司）每月15日前以货币形式支付乙方（范某）工资，月工资为税后8000元人民币（含各项社会保险）。乙方在试用期间的工资为月工资的80%。"合同履行过程中，范某以商业管理公司未缴纳社会保险费用为由通过当地的社保中心要求公司补缴社保费用，商业管理公司只得依法补缴了相关费用。但是，公司在补缴费用后，认为双方已经在合同中约定了由范某自己负担社会保险，因此范某应当退还公司向社保中心补缴的费用，便要求范某退还该笔费用。但是，范某也有自己的看法，范某称该条是在出于对工作的需要的情况下，迫于无奈所签订的霸王条款，该条应当无效，同时，公司负有缴纳社保费用的义务，范某不应当退还公司所补缴的社保费用。

专家提示

为了实现保障公民老有所养、病有所医等目标，我国建立起基本养老保险、基本医疗保险、工伤保险、失业保险、生育保险等社会保险制度，保障公民在年老、疾病、工伤、失业、生育等情况下依法从国家和社会获得物质帮助的权利。同时，中华人民共和国境内的用人单位和劳动者个人应当依法缴纳社会保险费；对于单位的缴费情况，劳动者享有监督的权利，用人单位应当为其职工向社会保险经办机构申请办理社会保险登记，并自行申报、按时足额缴纳社会保险费。

劳动法中的"工资"是指用人单位依据国家有关规定或劳动合同的约定，以货币形式直接支付给本单位劳动者的劳动报酬，一般包括计时工资、计件工资、奖金、津贴和补贴、延长工作时间的工资报酬，以及特殊情况下支付的工资等，并未将社会保险包括在内。本案中，在范某和商业管理公司之间的劳动关系存续期间，商业管理公司应按法律规定为范某缴纳社会保险费用。《劳动合同》中约定工资中包含各项社会保险，从而不为劳动者缴纳社会保险，该种约定应属于违法约定，其目的是为了规避商业管理公司应承担的相应法律责任，排除劳动者的权利，这种约定应当视为一种无效约定，不发生法律效力。因此，商业管理公司无权要求范某退还公司所补缴的社保费用。

法律依据

《中华人民共和国社会保险法》第二条规定："国家建立基本养老保险、基本医疗保险、工伤保险、失业保险、生育保险等社会保险制度，保障公民在年老、疾病、工伤、失业、生育等情况下依法从国家和社会获得物质帮助的权利。"

《中华人民共和国社会保险法》第四条规定："中华人民共和国境内的用人单位和个人依法缴纳社会保险费，有权查询缴费记录、个人权益记录，要求社会保险经办机构提供社会保险咨询等相关服务。个人依法享受社会保险待遇，有权监督本单位为其缴费情况。"

《中华人民共和国劳动合同法》第二十六条规定："下列劳动合同无效或者部分无效：…… (二)用人单位免除自己的法定责任、排除劳动者权利的；……"

《劳动部关于贯彻执行〈中华人民共和国劳动法〉若干问题的意见》第53条规定："劳动法中的'工资'是指用人单位依据国家有关规定或劳动合同的约定，以货币形式直接支付给本单位劳动者的劳动报酬，一般包括计时工资、计件工资、奖金、津贴和补贴、延长工作时间的工资报酬以及特殊情况下支付的工资等。'工资'是劳动者劳动收入的主要组成部分。劳动者的以下劳动收入不属于工资范围：(1)单位支付给劳动者个人的社会保险福利费用，如丧葬抚恤救济费……"

2. 关于工资的数额，在劳动者和用人单位主张数额不一致的情况下，以谁的为准？

案情简介

小李于2007年12月20日到某网站担任设计师一职，口头约定每月工资为4300元，后来双方补签订的书面劳动合同也未明确写明小李的工资情况。双方劳动合同履行期间，由于网站经常拖欠小李的工资不付，到了2009年1月20日，断断续续地已经拖欠了五个月的工资。由于小李是家庭经济的主要来源，因此，拖欠五个月的工资已经给小李一家带来很多的生活上的麻烦。小李找公司索要五个月的工资款，但是公司不给，无奈之下，小李申诉到仲裁委员会，公司虽然承认拖欠小李五个月的工资没有给，但是却提出小李每个月只有3000元的工资，一共是15000元，而不是小李所说21500元。小李很气愤，但是由于每次发工资都是现金，小李也没有关于工资的证据。但是，公司也没有其所主张的每月3000元工资的证据。那么，应当以谁的为准？

专家提示

本案主要涉及诉讼中关于工资数额的认定问题。工资是指用人单位依据劳动合同的规定，以各种形式支付给劳动者的工资报酬。劳动者付出劳动，有权依法及劳动合同的约定获得相应的报酬，通常情况下，劳动者所获得工资的多少取决于其与用人单位之间劳动合同的约定，约定的数目就是劳动者应获得的工资。

关于劳动报酬，双方并未在劳动合同中明确约定，从而引发争议的情况下，用人单位与劳动者可以重新协商；协商不成的，适用集体合同规定；没有集体合同或者集体合同未规定劳动报酬的，实行同工同酬。但是，本案中的小李与单位之间关于劳动报酬不能达成一致意见，也无法通过其他方式予以解决，双方就该问题各执己见。在《工资支付暂行规定》中规定："用人单位必须书面记录支付劳动者工资的数额、时间、领取者的姓名以及签字，并保存两年以上备查。"同时，根据《最高人民法院关于民事诉讼证据的若干规定》中的相关规定，在该种情况下，关于每月工资额的举证责任在公司一方，如果公司不能够就其所主张的3000元提交合法有效的证据，那么，公司的主张就不能成立，正所谓"举证责任之所在，败诉风险之所归"，因此，如穷尽《劳动合同法》第十八条所规定的方法仍不能确定劳动者的工资时，应当由公司提供证据证明，如公司不能提供合法有效的证据，则应当以劳动者的陈述为准。本案中，因公司无法提供任何证据材料证明小李的工资状况，所以应当以小李的主张为准，即每个月4300元，而不是公司所主张的每个月工资为3000元。

法律依据

《中华人民共和国劳动合同法》第十八条规定："劳动合同对劳动报酬和劳动条件等标准约定不明确，引发争议的，用人单位与劳动者可以重新协商；协商不成的，适用集体合同规定；没有集体合同或者集体合同未规定劳动报酬的，实行同工同酬；没有集体合同或者集体合同未规定劳动条件等标准的，适用国家有关规定。"

《中华人民共和国劳动法》第五十条规定："工资应当以货币形式按月支付给劳动者本人。不得克扣或者无故拖欠劳动者的工资。"

《最高人民法院关于民事诉讼证据的若干规定》第六条规定："在劳动争议纠纷案件中，因用人单位作出开除、除名、辞退、解除劳动合同、减少劳动报酬、计算劳动者工作年限等决定而发生劳动争议的，由用人单位负举证责任。"

《工资支付暂行规定》第六条规定："……用人单位必须书面记录支付劳动者工资的数额、时间、领取者的姓名以及签字，并保存两年以上备查。用人单位在支付工资时应向劳动者提供一份其个人的工资清单。"

3. 劳动者不休年休假期间的工资如何给付?

案情简介

小王是一家工贸公司的装卸工，于 2007 年 4 月 25 日签合同入职该工贸公司，至 2011 年春节小王已经在这家公司工作了三年多的时间，但是，小王除了正常的周末、五一、十一等假期外，没有休过年休假。2011 年春节期间，小王碰见几个以前上学时的同学，谈论起休假的问题时，才知道还有一种假期叫做带薪年休假。于是，小王便找到公司，要求公司给其补假或者按照规定支付加班工资，但是，公司称是小王自己放弃年休假的权利的，并拿出小王签字的声明，声明上写明“因个人原因，我自愿放弃年休假，按时上班并领取正常上班工资”，在该声明下方有小王的签名确认，双方协商未果，小王就这件事向仲裁委员会提交申请，要求工贸公司补齐其未休年休假的工资报酬。

专家提示

本案主要涉及的是未休带薪年休假的工资报酬问题。为了保障劳动者休息休假的权利，防止用人单位以扣除劳动报酬的方式限制劳动者的该种权利，我国就带薪年休假做出了专门规定。

根据相关规定，劳动者在用人单位累计工作已经满一年，但是还没到 10 年的，年休假为 5 天；满了 10 年，但是还没到 20 年的，年休假 10 天；超过 20 年的，年休假 15 天。在计算年休假时，要扣除五一、十一、清明节等国家法定休假日以及周末等休息日。因此，本案中的小王已经在该工贸公司工作了三年，并且未休过带薪年休假，其带薪年休假的天数就是每年 5 天乘以 3 年，为 15 天。

因此，在每一个年度，工贸公司都应该根据单位经营的具体情况，并考虑职工的意愿，妥善安排、统筹协调，将小王等劳动者的带薪年休假权利予以保证，如果不能安排年休假的，一定要征求小王等劳动者的同意。工贸公司取得小王的同意不安排年休假或者安排年休假的天数少于应休年休假天数，应当在本年度内对小王应休未休年休假天数，按照其日工资收入的 300%支付未休年休假工资报酬，其中包含工贸公司支付小王正常工作期间的工资收入。比如说小王的日工资为 80 元，那么，工贸公司在本案中可能要支付小王的 3 年未休假工资报酬就为 80 元/天×3(倍)×5(天)×3(年)，为 3600 元，如果工贸公司已经支付小王正常工资，即 1200 元[(80 元/天)×5(天)×3(年)]，那么工贸公司还需支付 2400 元[(80 元/天)×2(倍)×5(天)×3(年)]。

但是，如果工贸公司安排小王等职工休年休假，但是职工因本人原因且书面提出不休年休假的，工贸公司可以只支付其正常工作期间的工资收入。如本案中，工贸公司拿出了小王出具的声明，故本案中的工贸公司有权利不再补充支付小王除正常工资之外的另外 200%的未休年休假的工资报酬。所以，劳动者在签名之前一定要弄清楚所签名文件的内容，本案中，除非小王能够提出合法有效的证据证明公司在要求其签名时存在欺诈、胁迫的情况，否则其将自行承担不利后果。

法律依据

《中华人民共和国劳动法》第四十五条规定："国家实行带薪年休假制度。

劳动者连续工作一年以上的，享受带薪年休假。具体办法由国务院规定。"

《职工带薪年休假条例》第三条规定："职工累计工作已满1年不满10年的，年休假5天；已满10年不满20年的，年休假10天；已满20年的，年休假15天。

国家法定休假日、休息日不计入年休假的假期。"

《企业职工带薪年休假实施办法》第九条规定："用人单位根据生产、工作的具体情况，并考虑职工本人意愿，统筹安排年休假。用人单位确因工作需要不能安排职工年休假或者跨1个年度安排年休假的，应征得职工本人同意。"

《企业职工带薪年休假实施办法》第十条规定："用人单位经职工同意不安排年休假或者安排职工年休假天数少于应休年休假天数，应当在本年度内对职工应休未休年休假天数，按照其日工资收入的300％支付未休年休假工资报酬，其中包含用人单位支付职工正常工作期间的工资收入。

用人单位安排职工休年休假，但是职工因本人原因且书面提出不休年休假的，用人单位可以只支付其正常工作期间的工资收入。"

《企业职工带薪年休假实施办法》第十一条规定："计算未休年休假工资报酬的日工资收入按照职工本人的月工资除以月计薪天数（21.75天）进行折算。

前款所称月工资是指职工在用人单位支付其未休年休假工资报酬前12个月剔除加班工资后的月平均工资。在本用人单位工作时间不满12个月的，按实际月份计算月平均工资。

职工在年休假期间享受与正常工作期间相同的工资收入。实行计件工资、提成工资或者其他绩效工资制的职工，日工资收入的计发办法按照本条第一款、第二款的规定执行。"

4. 劳务派遣中，劳动者无工作期间，如何获得及以何种标准获得劳动报酬？

案情简介

小西于2007年9月10日入职某劳务派遣公司，签了为期三年的劳动合同。签订劳动合同后，小西被派遣至某工程技术公司工作，在工程技术公司工作期间，2008年10月18日，小西因违反劳动纪律被辞退，工程技术公司在辞退小西的同时，以书面通知的形式告知小西辞退的原因及回原劳务派遣公司报到。同日，小西回派遣公司报到，但是劳务派遣公司一直没有给小西再安排工作。2009年1月12日，劳务派遣公司向小西发出书面通知，要求解除与小西之间的劳动合同。2009年1月17日，小西同意解除劳动合同，但是三个月的无工作时间，小西认为与派遣公司仍存在劳动关系，派遣公司应当负责，但是小西不清楚如何主张劳动报酬。

专家提示

本案是关于劳务派遣中劳动者无工作期间的劳动报酬问题。

用人单位与劳动者在履行劳动合同时应遵循诚实信用原则，互负及时通知及协助履行的义务。劳务派遣公司与小西签订了劳动合同，就应当积极地为小西安排适合的工作，即使小西因违反劳动纪律被工程技术公司辞退，在辞退后，劳务派遣公司仍应当继续为小西安排工作。但是，劳务派遣公司并未给小西安排工作，致使小西在三个月的时间内没有工作，因此，劳务派遣公司要承担一定的责任。

自小西无工作之日起，三个月的无工作期间，不论后来是本案中的双方解除合同还是劳务派遣公司又为小西安排了新的工作，对于三个月的无工作期间，劳务派遣单位均应按月向小西支付报酬。至于报酬的标准，应当按照该劳务派遣单位所在地的人民政府所规定的最低工资标准确定。如人民政府所规定的最低工资标准为600元，则小西在劳动关系存续期间，在无工作的情况下，每月可获得600元的报酬。

法律依据

《中华人民共和国劳动合同法》第五十八条规定："劳务派遣单位是本法所称用人单位，应当履行用人单位对劳动者的义务。劳务派遣单位与被派遣劳动者订立的劳动合同，除应当载明本法第十七条规定的事项外，还应当载明被派遣劳动者的用工单位以及派遣期限、工作岗位等情况。

劳务派遣单位应当与被派遣劳动者订立二年以上的固定期限劳动合同，按月支付劳动报酬；被派遣劳动者在无工作期间，劳务派遣单位应当按照所在地人民政府规定的最低工资标准，向其按月支付报酬。"

5. 延长工作时间或者加班的情况下，用人单位仍只给付劳动者正常工资，劳动者是否有权主张加班工资和经济补偿？

案情简介

2008 年 4 月 10 日，小刘到某贸易公司从事销售员工作，双方签订的劳动合同中写明“小刘的月工资为 2300 元；合同期限为 2008 年 4 月 10 日至 2010 年 4 月 9 日；执行标准工时制度，每周工作五天，每天工作 8 小时；贸易公司每月以货币形式支付小刘工资”等等。合同履行期间，由于工作的需要，贸易公司多次延长工作时间，小刘经常到晚上很晚才下班，经计算，2008 年 4 月 10 日至 2008 年 12 月 31 日，小刘就加班达到 253 个小时。小刘向公司主张加班工资，公司称双方已经约定好每个月是 2300 元，不能另外再增加给付。在与公司协商就加班情况给付报酬未果后，小刘向仲裁委员会提交了仲裁申请，要求公司给付加班报酬和经济补偿金。

专家提示

本案主要涉及延长工作时间，劳动者能否主张加班费的问题。

根据相关规定，除经批准实行综合计算工时和不定时工作制的以外，均实行标准工时，本案中的小刘所在的岗位实行就是标准工时制。标准工时的情况下，每日工作不超过 8 小时，每周工作不超过 40 小时，因生产经营需要，需延长工作时间的，经协商，一般每天不得超过一小时；特殊情况下延长工作时间每日不得超过 3 小时，每月不得超过 36 小时。

本案中，从总体来看，小刘延长的工作时间已经快到了延长工作时间的上限，如果细分的话，可能还存在一些违规的情况。那么，在小刘延长工作时间的情况下，贸易公司除支付小刘正常的工资外，还应当依法按照 150％的标准支付小刘延长工作时间的工资报酬，即小刘加班 253 小时应当获得的劳动报酬应当是 5016.38 元（2300 元÷21.75 天÷8 小时×253 小时×150％），另外，由于贸易公司拒不支付小刘延长工作时间的工资报酬，除应全额支付小刘工资报酬外，还需加发相当于工资报酬 25％的经济补偿金，即 1254.10 元（5016.38×25％）。同时，各级劳动行政部门有权监察用人单位工资支付的情况，对于拒不支付劳动者延长工作时间工资的，由劳动行政部门责令其支付劳动者工资和经济补偿，并可责令其支付赔偿金。

法律依据

《中华人民共和国劳动法》第三十六条规定:“国家实行劳动者每日工作时间不超过八小时、平均每周工作时间不超过四十四小时的工时制度。”

《中华人民共和国劳动法》第四十一条规定:“用人单位由于生产经营需要,经与工会和劳动者协商后可以延长工作时间,一般每日不得超过一小时;因特殊原因需要延长工作时间的,在保障劳动者身体健康的条件下延长工作时间每日不得超过三小时,但是每月不得超过三十六小时。”

《中华人民共和国劳动法》第四十四条规定:“有下列情形之一的,用人单位应当按照下列标准支付高于劳动者正常工作时间工资的工资报酬:

(一)安排劳动者延长工作时间的,支付不低于工资的百分之一百五十的工资报酬;

(二)休息日安排劳动者工作又不能安排补休的,支付不低于工资的百分之二百的工资报酬;

(三)法定休假日安排劳动者工作的,支付不低于工资的百分之三百的工资报酬。”

《国务院关于职工工作时间的规定》第三条规定:“职工每日工作 8 小时、每周工作 40 小时。”

《违反和解除劳动合同的经济补偿办法》第三条规定:“用人单位克扣或者无故拖欠劳动者工资的,以及拒不支付劳动者延长工作时间工资报酬的,除在规定的时间内全额支付劳动者工资报酬外,还需加发相当于工资报酬百分之二十五的经济补偿金。”

6. 不定时工作制的情况下，劳动者是否有权主张延长工作时间工资或者加班工资？

案情简介

2009年4月1日，小谷与某物流公司签订劳动合同，开始到物流公司工作，担任外勤提送货员，合同期为两年，自2009年4月1日至2011年3月31日，合同约定该岗位的工作时间执行不定时工时制度。2009年2月15日经物流公司所在地的劳动和社会保障局批准，物流公司的总经理、分公司经理、外勤提送货员、外勤业务员等岗位执行不定时工时制，实行期限为一年。2010年2月15日，经所在地劳动和社会保障局再次批准，物流公司的高级管理人员、外埠公司管理人员、外勤提送货员、外勤业务员等岗位实行不定时工时制，实行期限为一年。小谷在单位工作期间，其所在岗位一直实行不定时工作制，所以小谷有的时候工作时间甚至达到连续工作几十个小时，有的时候无法在周末和法定节假日休息，当然，也有不忙的时候。2010年12月31日，小谷与物流公司协商一致正式解除了双方之间的劳动合同。同日，小谷在劳动合同终止书上签字确认其在签署该通知之日已经从公司收到了全部和最终的付款，物流公司没有拖欠其任何工资、奖金、病假工资、假期工资、加班工资、社会保险、住房公积金及相关的福利待遇或其他任何形式的报酬和补偿，且其也将于解除日之前根据公司规章制度向公司办理移交手续和离职手续。除此之外，不存在因其与公司之间合同关系的履行和解除而产生的针对公司或其他第三人的任何其他权利主张。但是后来小谷听说，每天工作超过8小时，单位应当支付延长工作时间报酬，节假日和休息日加班的要支付节假日和休息日加班报酬，于是小谷就找到物流公司，要求物流公司给付延长工作时间和节假日、休息日的加班报酬。

专家提示

本案涉及不定时工作制下加班是否有权主张加班工资的问题。

不定时工作制没有固定工作时间的限制，是针对因生产特点、工作性质特殊需要或职责范围的关系，需要连续上班或难以按时上下班，无法适用标准工作时间或需要机动作业的职工而采用的一种工作时间制度，与标准工时制、综合计算工时制同为基本工作时间制度。但是，实行不定时工作制或者综合计算工时制需要经过劳动行政部门的批准。经批准后，适用不定时工作制的劳动者，不受《劳动法》第四十一条规定的日延长工作时间标准和月延长工作时间标准的限制，同时实行不定时工作制人员不执行加班工资的规定。但用人单位应采用弹性工作时间等适当的工作和休息方式，确保职工的休息休假权利和生产、工作任务的完成。

本案中，物流公司根据用工实际，向行政机关申请实行不定时工作制，经其所在地的劳动和社会保障局批准，自 2009 年 2 月 15 日起，公司的高级管理人员、外埠公司管理人员、外勤提送货员、外勤业务员等岗位执行不定时工作制。小谷在物流公司从事外勤提送货员岗位工作，且双方所签订的书面劳动合同亦约定小谷的工作岗位属于实行不定时工作制的岗位。因此，小谷所主张的延长工作时间和节假日、休息日的加班报酬不能得到支持。当然，物流公司所实行的不定时工作制必须经过劳动行政部门的批准，对相关人员在适用不定时工作制的时候必须处于批准许可的时间段内，否则，物流公司仍应当按照有关规定支付加班工资。

法律依据

《中华人民共和国劳动法》第三十九条规定:“企业因生产特点不能实行本法第三十六条、第三十八条规定的,经劳动行政部门批准,可以实行其他工作和休息办法。”

《关于企业实行不定时工作制和综合计算工时工作制的审批办法》第四条规定:“企业对符合下列条件之一的职工,可以实行不定时工作制。

(一)企业中的高级管理人员、外勤人员、推销人员、部分值班人员和其他因工作无法按标准工作时间衡量的职工;

(二)企业中的长途运输人员、出租汽车司机和铁路、港口、仓库的部分装卸人员以及因工作性质特殊,需机动作业的职工;

(三)其他因生产特点、工作特殊需要或职责范围的关系,适合实行不定时工作制的职工。”

《工资支付暂行规定》第十三条规定:“用人单位在劳动者完成劳动定额或规定的工作任务后,根据实际需要安排劳动者在法定标准工作时间以外工作的,应按以下标准支付工资:

(一)用人单位依法安排劳动者在日法定标准工作时间以外延长工作时间的,按照不低于劳动合同规定的劳动者本人小时工资标准的150%支付劳动者工资;

(二)用人单位依法安排劳动者在休息日工作,而又不能安排补休的,按照不低于劳动合同规定的劳动者本人日或小时工资标准的200%支付劳动者工资;

(三)用人单位依法安排劳动者在法定休假节日工作的,按照不低于劳动合同规定的劳动者本人日或小时工资标准的300%支付劳动者工资。……

经劳动行政部门批准实行综合计算工时工作制的,其综合计算工作时间超过法定标准工作时间的部分,应视为延长工作时间,并应按本规定支付劳动者延长工作时间的工资。

实行不定时工时制度的劳动者,不执行上述规定。”

7. 实行综合工时工作制的，劳动者能否要求用人单位支付周六、周日上班的加班费？

案情简介

小文于2007年10月25日入职甲公司，岗位为维修工，该岗位经当地劳动和社会保障部门的许可，实行综合计算工时制。2007年双方未订立书面劳动合同。2008年1月1日起双方订立书面劳动合同，期限为1年，2009年续签了一年。2008年劳动合同约定小文月工资为1000元，2009年劳动合同对于工资部分未约定。2008年1月1日至2009年3月31日之间，小文实发月平均工资为1100元，该期间加班情况如下：双休日共计加班120天，即96天（2008年）＋24天（2009年）；延长工作时间加班227天，即183天（2008年）＋44天（2009年），每日延时4小时；法定节假日加班15天，即11天（2008年）＋4天（2009年）。2009年4月1日以后小文没有加班。2009年12月31日，合同到期后双方未再续订合同。因合同到期后的加班费补偿问题，双方产生纠纷，2010年1月8日，小文向当地劳动争议仲裁委员会提起劳动仲裁，要求甲公司支付其解除劳动关系的经济补偿金，2008、2009年度的双休日、法定节假日、超时加班工资。劳动争议仲裁委员会做出裁决：甲公司支付小文经济补偿金4800元，2008年1月1日至2009年3月31日期间双休日加班费12137.93元、法定节假日加班费2275.86元、延长工作时间加班费8610.34元。

专家提示

本案涉及实行综合计算工时的劳动者能否要求用人单位加班费的问题。

根据工资支付暂行规定，用人单位经批准实行综合计算工时工作制的，劳动者总实际工作时间超过总标准工作时间的部分，视为延长工作时间，应当按照不低于小时工资基数的150%支付加班工资。目前，由于工资制度方面我国缺少完善的法律制度，所以各地多根据当地的经济发展水平及实际情况规定地方规定加以限制。就北京而言，《北京市工资支付规定》第十四条、第十六条的规定，实行综合计算工时工作制的单位，用人单位安排劳动者在标准工作时间以外工作的，延长工作时间的，按照不低于小时工资基数的150%支付加班工资；在休息日工作未安排补休的，按照不低于日或者小时工资基数150%支付加班工资；在法定节假日工作的，应当按照不低于日或者小时工资基数300%支付加班工资。从上述规定我们可以看出，实行综合计算工时的劳动者，如果在双休日上班，但是其他时间安排补休了，用人单位是不需要支付加班工资的；但是在法定节假日安排上班的，需要按照劳动法的规定支付相应的加班费。

本案中，小文所在的甲公司岗位实行综合计算工时制。甲公司安排小文在节假日加班，应该支付小文相应的工资，计算方式为：双休日加班费1100元÷21.75天×120天×200%＝12137.93元；法定节假日加班费1100元÷21.75天×15天×300%＝2275.86元；延长工作时间加班费1100元÷21.75天÷8小时×227天×4小时×150%＝8610.34元。

法律依据

《中华人民共和国劳动法》第四十四条规定:“有下列情形之一的,用人单位应当按照下列标准支付高于劳动者正常工作时间工资的工资报酬:

(一)安排劳动者延长工作时间的,支付不低于工资的百分之一百五十的工资报酬;

(二)休息日安排劳动者工作又不能安排补休的,支付不低于工资的百分之二百的工资报酬;

(三)法定休假日安排劳动者工作的,支付不低于工资的百分之三百的工资报酬。”

8. 用人单位能够以经营亏损为由单方降低劳动者的工资吗?

案情简介

2008年10月24日,老马到某商业公司工作,双方签订了期限自2008年10月24日至2010年10月23日的《劳动合同书》,约定月工资标准为2500元。自2009年2月起,商业公司以受金融危机影响,公司经营出现亏损为由将老马工资标准下调,调整后的月工资为2150元。老马对商业公司调整工资的行为不予认可。2009年7月23日,老马向商业公司申请离职,并填写了《员工离职表》,所填写的离职原因为"另谋生路",所填写的基本工资为2150元。此后,老马向商业公司主张6个月工资差额2100元及25%的经济补偿525元。

专家提示

本案涉及用人单位单方面降薪的问题。

劳动者和用人单位之间所订立的劳动合同,建立在双方平等自愿协商的基础上,双方依法达成一致意见而形成的。自合同生效之日起到合同失效之日止对双方就具有法律的约束力,任何一方要想变更合同,均应与对方进行协商,以达成一致意见,方可变更。

本案中,老马对商业公司将其工资从每月2500元变更为每月2150元的情况不予认可,因此应当认为,双方并未就工资的变更事项达成一致意见,所以商业公司还应当按照原劳动合同的约定将老马被克扣的工资予以补齐并依照相关规定支付老马相当于工资报酬25%的经济补偿金。故商业公司应向老马支付工资差额2100元及经济补偿525元。

法律依据

《中华人民共和国劳动法》第十七条规定:“订立和变更劳动合同,应当遵循平等自愿、协商一致的原则,不得违反法律、行政法规的规定。”

《中华人民共和国劳动合同法》第三十五条第一款规定:“用人单位与劳动者协商一致,可以变更劳动合同约定的内容。变更劳动合同,应当采用书面形式。”

《违反和解除劳动合同的经济补偿办法》第三条规定:“用人单位克扣或者无故拖欠劳动者工资的,以及拒不支付劳动者延长工作时间工资报酬的,除在规定的时间内全额支付劳动者工资报酬外,还需加发相当于工资报酬百分之二十五的经济补偿金。”

9. 因劳动者的行为给用人单位造成经济损失的，用人单位能否对劳动者的劳动报酬进行全部扣除？

案情简介

小桃于2002年5月入职某商业中心。2008年1月31日，该商业中心作为甲方与小桃（乙方）续签了劳动合同。合同约定，甲方聘用乙方从事销售业务工作，具体任务是市场销售、市场开发、市场维护负责销售顾客的对账结款工作，乙方正常工作时间的工资组成为基本工资＋岗位工资＋星期六加班费＋提成，约4500元。该合同同时约定因乙方本人原因给甲方造成经济损失需要赔偿的，甲方可以从乙方本人工资中扣除。双方还对其他事项进行了约定。2008年5月30日，小桃在工作中将价值40余万元的原始票据丢失。商业中心未发放小桃2008年6月至12月工资。2009年1月13日，小桃向仲裁委员会提交仲裁申请，要求商业中心返还扣除的工资。

专家提示

本案涉及劳动者给用人单位造成损失的情况下如何赔偿的问题。

本案中，商业中心未支付小桃2008年6月至12月的工资，违反了《中华人民共和国劳动法》第五十条规定“不得克扣或者无故拖欠劳动者的工资”及《工资支付暂行规定》第十六条的规定“因劳动者本人原因给用人单位造成经济损失的，用人单位可按照劳动者合同的约定要求其赔偿经济损失，经济损失的赔偿，可从劳动者本人的工资中扣除。但每月扣除的部分不得超过劳动者当月工资的百分之二十。若扣除后的剩余工资部分低于当地月最低工资标准,则按最低工资标准支付”。故就本案的事实情况而言,商业中心可以从小桃的工资中扣除部分工资作为赔偿,但是其不能扣除小桃的全部工资,因此,商业中心的做法违反相关法律法规的规定,应予改正,商业中心每月扣除小桃的款项不得超过小桃当月工资的20%。

法律依据

《中华人民共和国劳动法》第五十条规定:“工资应当以货币形式按月支付给劳动者本人。不得克扣或者无故拖欠劳动者的工资。”

《工资支付暂行规定》第十六条规定:“因劳动者本人原因给用人单位造成经济损失的,用人单位可按照劳动合同的约定要求其赔偿经济损失。经济损失的赔偿,可从劳动者本人的工资中扣除。但每月扣除的部分不得超过劳动者当月工资的20%。若扣除后的剩余工资部分低于当地月最低工资标准,则按最低工资标准支付。”

10. 用人单位支付的工资低于最低工资标准的，劳动者享有什么权利？

案情简介

小方来自安徽西部的一个农村，在北京一家酒店当杂工，双方签订了劳动合同，约定合同期为 2010 年 8 月 12 日到 12 月 11 日，小方每月的工资为 1200 元。但是，发到小方手里的每个月只有 820 元，小方了解到其工资低于北京市最低工资标准后，向酒店要求增补 4 个月相应的工资。但酒店称北京市最低工资为每月 800 元，酒店给付小方的工资符合相关规定的要求。于是，2011 年 1 月 8 日，小方向仲裁委员会提起仲裁。

专家提示

本案涉及最低工资标准的相关规定。

所谓最低工资标准，是指劳动者在法定工作时间或依法签订的劳动合同约定的工作时间内提供了正常劳动的前提下，用人单位依法应支付的最低劳动报酬。依照《劳动法》的规定，最低工资的具体标准由省、自治区、直辖市人民政府规定，报国务院备案。在劳动者劳动合同履行地与用人单位注册地不一致的时候，有关劳动者的最低工资标准按照劳动合同履行地的有关规定执行；用人单位注册地的有关标准高于劳动合同履行地的有关标准，且用人单位与劳动者约定按照用人单位注册地的有关规定执行的，从其约定。

就本案而言，劳动合同履行地和用人单位注册地均为北京，故应适用北京市的最低工资标准。2010 年 7 月 1 日，北京市人力资源和社会保障局经北京市人民政府批准，执行关于调整北京市

2010 年最低工资标准的通知，其中北京市最低工资标准由每小时不低于 4.6 元、每月不低于 800 元，提高到每小时不低于 5.5 元、每月不低于 960 元。该最低工资标准指的是扣除各项代扣代缴费用以后，实际发放到劳动者手中的数目，故本案中小方每个月实际领取工资为 820 元的情况，是低于北京市最低工资标准的。根据《违反和解除劳动合同的经济补偿办法》的相关规定，小方有权要求酒店每个月补给他 140 元，并可以主张 140 元部分的 25%的经济补偿金 35 元，以上共计 700 元。

法律依据

《中华人民共和国劳动法》第四十八条规定："国家实行最低工资保障制度。最低工资的具体标准由省、自治区、直辖市人民政府规定，报国务院备案。

用人单位支付劳动者的工资不得低于当地最低工资标准。"

《中华人民共和国劳动合同法实施条例》第十四条规定："劳动合同履行地与用人单位注册地不一致的，有关劳动者的最低工资标准、劳动保护、劳动条件、职业危害防护和本地区上年度职工月平均工资标准等事项，按照劳动合同履行地的有关规定执行；用人单位注册地的有关标准高于劳动合同履行地的有关标准，且用人单位与劳动者约定按照用人单位注册地的有关规定执行的，从其约定。"

《最低工资规定》第七条规定："省、自治区、直辖市范围内的不同行政区域可以有不同的最低工资标准。"

《违反和解除劳动合同的经济补偿办法》第四条规定："用人单位支付劳动者的工资报酬低于当地最低工资标准的，要在补足低于标准部分的同时，另外支付相当于低于部分百分之二十五的经济补偿金。"

11. 应申请到法院出庭作证人，单位是否有权以劳动者没有上班而扣除其未上班期间的工资？

案情简介

小刘是一个热心的人。2009 年 10 月 25 日，小刘目睹了一起人身损害事故，该起事故的双方当事人因不能自行协商及通过其他方式予以解决，从而诉至人民法院，小刘作为目击证人，被受害人一方申请出庭作证，小刘便于 2009 年 11 月 19 日上午法庭开庭的时候作为证人出庭。但是，小刘同时也是一个有工作的人，小刘在一家餐饮公司工作，执行标准工时制，每日的工资为 90 元，因出庭作证，耽误小刘半天的时间，于是公司就扣了小刘 45 元。小刘不服，申诉至仲裁委员会，公司认为，小刘在法定工作时间内不干公司的活，公司有权扣除小刘未干活的半天工资。

专家提示

本案涉及劳动者在参加特定社会活动的情况下，用人单位是否有权扣除劳动者工资的问题。

依照《劳动法》及相关规定，劳动者在法定工作时间依法参加特定的社会活动，用人单位仍应视同劳动者提供了正常劳动而依法正常支付工资。本案中，小刘在正常的上班时间到法院作为证人出庭，耽误了半天时间，但出庭作证属于特定社会活动，餐饮公司无权扣除小刘的半天工资。可是，如果小刘不合理地延长参与特定社会活动的时间，如上午开完庭后，下午小刘也不去上班，那么，上午的部分可以算是参加特定社会活动，下午的部分则属于小刘旷工了，公司针对下午的部分可以另行处理。

法律依据

《中华人民共和国劳动法》第五十一条规定："劳动者在法定休假日和婚丧假期间以及依法参加社会活动期间，用人单位应当依法支付工资。"

《工资支付暂行规定》第十条规定："劳动者在法定工作时间内依法参加社会活动期间，用人单位应视同其提供了正常劳动而支付工资。社会活动包括：依法行使选举权或被选举权；当选代表出席乡（镇）、区以上政府、党派、工会、青年团、妇女联合会等组织召开的会议；出任人民法庭证明人；出席劳动模范、先进工作者大会；《工会法》规定的不脱产工会基层委员会委员因工作活动占用的生产或工作时间；其他依法参加的社会活动。"

12. 公司安排周末值班，劳动者是否有权主张支付双倍工资？

案情简介

马某于2008年5月18日与其所居住小区的物业公司签订劳动合同，双方约定，马某作为物业公司的电路维修工，负责小区的电路维修工作，合同期为从2008年5月18日到2009年5月17日，实行标准工时制度，同时，根据工作的需要，物业公司的员工都要服从公司的安排，负责夜晚和周六、周日白天的值班工作，主要工作内容为接电话并做记录，值夜班的值班费为每人每晚30元，周六、周日的值班费为每人每天50元，马某的工资为每月2500元。合同履行期间，马某被安排值周六、周日的班共9日，物业公司支付值班费450元。2009年5月17日，双方合同到期，未再续签劳动合同。后来，马某认为，公司在周六、周日仍安排他工作，他的周六、周日的工作是在进行加班，因此，物业公司应当按照他的日工资的两倍给付工资并支付加班工资25%的经济补偿。公司认为，马某的周六、周日工作的行为虽系公司的安排，但不是加班，而是值班行为，马某已经获得了值班补贴，无权主张加班费。

专家提示

本案涉及用人单位安排劳动者在休息时间值班的，劳动者能否要求支付加班费的问题。

根据相关规定，各个单位因安全、消防、假日看守等需要，会制度性地安排相关人员或者临时安排相关人员从事与其本职无关的工作;或者虽然相关工作与劳动者的本职工作有关联,但工作期间可以休息,这种情况下的工作叫做值班,不是劳动者的加班。加班通常指的是劳动者在平常正常工作时间以外,在自己的岗位上继续从事本职工作,或者是从事公司所安排的具体的生产、经营等任务。

本案中,马某作为物业公司的电路维修工,其本职工作为电路维修;物业公司所安排的周六、周日值班仅仅是接听电话并做记录,与马某的本职工作并无关联,同时,该种工作并非具体的生产、经营任务,强度不大,可以休息。此外,劳动合同中对值班的相关事项也进行了约定。所以,马某虽然周六、周日也上班,但这种班是值班而非加班,故马某无权主张加班费。

当然,如果物业公司假借值班的名义,仍安排马某在周六、周日从事电路维修的工作,那么,马某在能够保留证据对相关事实进行证明的情况下,有权主张要求公司支付加班工资。

法律依据

《工资支付暂行规定》第十三条规定:"用人单位在劳动者完成劳动定额或规定的工作任务后,根据实际需要安排劳动者在法定标准工作时间以外工作的,应按以下标准支付工资:……(二)用人单位依法安排劳动者在休息日工作,而又不能安排补休的,按照不低于《劳动合同》规定的劳动者本人日或小时工资标准的百分之二百支付劳动者工资;……"

13. 用人单位无故克扣或者拖欠劳动者的工资，怎么办？

案情简介

2008年5月10日，小杰入职甲公司担任营业部经理，双方签订了书面劳动合同，合同期限为2008年5月10日至2010年5月10日，并约定小杰转正后月工资5000元。2009年4月，甲公司通知员工于2009年5月1日起实施薪酬管理办法，对员工的工资进行调整。小杰拒绝执行工资调整。2009年5月8日，小杰停止在甲公司工作。同日，小杰向当地劳动争议仲裁委员会提出申诉，要求甲公司开具解除劳动合同通知书、支付解除劳动合同经济赔偿、加班费，补缴社会保险、住房公积金等。仲裁过程中，小杰收到甲公司邮寄的解除劳动合同证明书。后来，该仲裁委裁决甲公司支付小杰休息日加班107小时、工作日延时加班60小时、法定节假日加班1天的加班费9425.3元及经济补偿金2356.33元。甲公司认可小杰的加班事实和小杰主张的加班天数，也同意支付加班工资，但主张企业员工手册规定当月的加班必须当月在人事系统中申报，公司迟延支付加班工资是因为小杰没有按照企业规定按时申报、审批造成的，所以不同意支付加班工资25%经济补偿金。甲公司的说法是否成立呢？

专家提示

本案涉及用人单位无故克扣或者拖延支付工资，劳动者应如何主张自己权利的问题。

根据相关规定，“无故拖欠”是指用人单位无正当理由超过规定付薪时间未支付劳动者工资。不包括：(1)用人单位遇到非人力所能抗拒的自然灾害、战争等原因，无法按时支付工资；(2)用人单位确因生产经营困难、资金周转受到影响，在征得本单位工会同意后，可暂时延期支付劳动者工资，延期时间的最长限制可由各省、自治区、直辖市劳动行政部门根据各地情况确定。其他情况下拖欠工资均属无故拖欠。用人单位无故克扣或者拖欠劳动者工资的以及拒不支付劳动者延长工作时间工资报酬的，除在规定的时间内全额支付劳动者工资报酬外，还需加发相当于工资报酬25%的经济补偿金。

本案中，甲公司认可小杰加班的事实及小杰主张的加班天数，但是主张因为小杰没有按照公司规定按时申报，导致公司没有向小杰支付加班费，并以此为由不同意支付经济补偿金。这种主张不符合法律规定，甲公司不仅应当支付小杰的加班费9425.3元，其中包括工作日延时加班费2586.2元(5000元÷21.75÷8×60小时×150%)，休息日加班费6149.4元(5000元÷21.75÷8×107小时×200%)，法定节假日加班费689.7元(5000元÷21.75×1天×300%)；此外，还应该按照加班费的总额支付25%的经济补偿金2356.33元。

法律依据

《中华人民共和国劳动法》第九十一条规定："用人单位有下列侵害劳动者合法权益情形之一的，由劳动行政部门责令支付劳动者的工资报酬、经济补偿，并可以责令支付赔偿金：(一)克扣或者无故拖欠劳动者工资的；(二)拒不支付劳动者延长工作时间工资报酬的；(三)低于当地最低工资标准支付劳动者工资的；(四)解除劳动合同后，未依照本法规定给予劳动者经济补偿的。"

《工资支付暂行规定》第十五条规定："用人单位不得克扣劳动者工资。有下列情况之一的，用人单位可以代扣劳动者工资：(一)用人单位代扣代缴的个人所得税；(二)用人单位代扣代缴的应由劳动者个人负担的各项社会保险费用；(三)法院判决、裁定中要求代扣的抚养费、赡养费；(四)法律、法规规定可以从劳动者工资中扣除的其他费用。"

《工资支付暂行规定》第十八条规定："各级劳动行政部门有权监察用人单位工资支付的情况。用人单位有下列侵害劳动者合法权益行为的，由劳动行政部门责令其支付劳动者工资和经济补偿，并可责令其支付赔偿金：(一)克扣或者无故拖欠劳动者工资的；(二)拒不支付劳动者延长工作时间工资的；(三)低于当地最低工资标准支付劳动者工资的。经济补偿和赔偿金的标准，按国家有关规定执行。"

14. 实行计件工资制的劳动者，能否要求支付加班费？

案情简介

2007 年 3 月，陈某到甲公司担任运输队司机工作，双方签订了书面劳动合同，合同约定该合同到 2008 年 12 月 31 日终止。陈某在甲公司上班的作息时间为每工作 24 小时，休息 24 小时，每月工作 15 天，每天工作时间从当天上午 7:30 至次日上午 7:30，每月工资采取计件方式计算。甲公司每月给陈某发放全部的计件工资。陈某上班期间，有运输工作就出车，在没有运输工作时在调度室等候。2008 年 5 月，陈某向当地仲裁委员会申请仲裁，要求甲公司支付延长工作时间的劳动报酬，并将工作时间改为每天工作 8 小时。

专家提示

本案涉及实行计件工资的岗位，劳动者能否要求支付加班费的问题。

计件工资是指对已做工作按计件单价支付的劳动报酬。包括：实行超额累进计件、直接无限计件、限额计件、超定额计件等工资制，按劳动部门或主管部门批准的定额和计件单位支付给个人的工资；按工作任务包干方法支付给个人的工资；按营业额提成或利润提成办法支付给个人的工资。根据相关规定，实行计件工资制的，劳动者在完成计件定额任务后，用人单位安排其在标准工作时间以外工作的，分别按照不低于其本人法定工作时间计件单价的150%、200%、300%支付其工资。本案中，陈某的工作时间为每月工作15天，每天24小时，超过了法定标准工作时间，甲公司应当按照陈某法定工作时间内计件工资的基数支付原告延长工作时间的加班费。因为甲公司已经支付了延长工作时间的计件工资，所以甲公司应支付依法计算的陈某延长工作时间的加班费与已经支付的延长工作时间计件工资的差额部分，并支付因拖欠加班费而产生的25%的经济补偿金。

法律依据

《工资支付暂行规定》第十三条规定："用人单位在劳动者完成劳动定额或规定的工作任务后，根据实际需要安排劳动者在法定标准工作时间以外工作的，应按以下标准支付工资：

(一)用人单位依法安排劳动者在日法定标准工作时间以外延长工作时间的，按照不低于劳动合同规定的劳动者本人小时工资标准的150%支付劳动者工资；

(二)用人单位依法安排劳动者在休息日工作，而又不能安排补休的，按照不低于劳动合同规定的劳动者本人日或小时工资标准的200%支付劳动者工资；

(三)用人单位依法安排劳动者在法定休假节日工作的，按照不低于劳动合同规定的劳动者本人日或小时工资标准的300%支付劳动者工资。

实行计件工资的劳动者，在完成计件定额任务后，由用人单位安排延长工作时间的，应根据上述规定的原则，分别按照不低于其本人法定工作时间计件单价的150%、200%、300%支付其工资。……"

15. 最低工资包括哪些内容？

案情简介

高某于2008年5月到北京市某甲公司担任保洁员，双方签订了书面劳动合同，合同约定高某的工资不低于北京最低工资。2009年3月，高某以其每月实发工资在扣除加班费、夜贴、餐补、交洗、房补外低于北京最低工资标准为由，向当地劳动仲裁委员会申请仲裁，要求甲公司支付相应的工资差额，并支付经济补偿金。

专家提示

本案涉及最低工资可以由哪几部分组成的问题。

最低工资是指劳动者在法定工作时间内履行了正常劳动义务的前提下，由其所在单位支付的最低劳动报酬。对于伙食补贴等是否不应算在最低工资内的问题，1995年8月4日，中华人民共和国劳动部下发了《关于贯彻执行〈中华人民共和国劳动法〉若干问题的意见》，其中第五十四条对最低工资问题做出了相关规定。但2004年3月1日开始施行的劳动和社会保障部颁布的《最低工资规定》第十二条规定，在劳动者正常提供劳动的情况下，用人单位应支付给劳动者的工资在剔除延长工作时间的工资；中班、夜班、高温、低温、井下、有毒、有害等特殊工作环境、条件下的津贴；法律、法规和国家规定的劳动者福利待遇等项后，不得低于当地最低工资标准。由于《最低工资规定》是同一部门后颁布的规章，因此关于最低工资标准的问题应当优先适用劳动和社会保障部后颁布的《最低工资规定》中的相关规定。除此以外，各省、地方也根据各地方的实际情况制定了相应的规定，因此在考虑最低工资构成上，还应注意各地方法规对此的规定。就本案而言，高某所在的甲公司位于北京，所以也应适用北京市最低工资的规定。按照北京市的规定，高某所要求的餐补、交洗、房补并不包含在扣除项目当中，所以应该作为最低工资的组成部分。

法律依据

劳动部关于贯彻执行《中华人民共和国劳动法》若干问题的意见第五十四条规定："《劳动法》第四十八条中'最低工资'是指劳动者在法定工作时间内履行了正常劳动义务的前提下，由其所在单位支付的最低劳动报酬。最低工资不包括延长工作时间的工资报酬，以货币形式支付的住房和用人单位支付的伙食补贴，中班、夜班、高温、低温、井下、有毒、有害等特殊工作环境和劳动条件下的津贴，国家法律、法规、规章规定的社会保险福利待遇。"

《最低工资规定》第十二条规定："在劳动者提供正常劳动的情况下，用人单位应支付给劳动者的工资在剔除下列各项以后，不得低于当地最低工资标准：

（一）延长工作时间工资；

（二）中班、夜班、高温、低温、井下、有毒、有害等特殊工作环境、条件下的津贴；

（三）法律、法规和国家规定的劳动者福利待遇等。

实行计件工资或提成工资等工资形式的用人单位，在科学合理的劳动定额基础上，其支付劳动者的工资不得低于相应的最低工资标准。

劳动者由于本人原因造成在法定工作时间内或依法签订的劳动合同约定的工作时间内未提供正常劳动的，不适用于本条规定。"

工作时间和休假

1. 一般劳动者工作标准时间是如何规定的?

案情简介

2009 年 6 月,小刘应聘到一家物流公司做库管,签订的劳动合同约定合同期为两年,自 2009 年 6 月 15 日至 2011 年 6 月 14 日,实行标准工时制,每天上班时间为上午 8 点到 12 点、下午 1 点到 6 点,周一到周五工作、周六日休息,每月工资为 1600 元。工作一段时间后,小刘了解到法律规定劳动者每天工作时间不超过 8 小时,于是便向公司提出要求将每天的工作时间变更为每天 8 小时,公司认为,虽然法律规定了每天不超过 8 小时,但是同时规定了一周不超过 44 小时,所以公司也就是超过了 1 小时,对于这 1 小时公司按加班给付小刘加班工资。小刘不同意,便向劳动争议仲裁委员会提交仲裁申请,要求变更工作时间为每天 8 小时,经审理,仲裁机构支持了小刘的仲裁请求。

专家提示

本案主要涉及一般劳动者的标准工作时间问题。

我国 1994 年的《劳动法》和 2009 年修正后的《劳动法》均规定:“国家实行劳动者每日工作时间不超过八小时、平均每周工作时间不超过 44 小时的工时制度。”但是,在 1994 年《劳动法》颁布后,1995 年 3 月 25 日,国务院颁布了《国务院关于职工工作时间的规定》,其中规定,“职工每日工作 8 小时、每周工作 40 小时”,那么,在劳动法和国务院的规定之间就产生了一个矛盾,每周的工作时间到底是多少? 40 个小时还是 44 个小时。如果按照每天不超过8小时计算，则需要5天多的时间方能达到44个小时。考虑到无论是1994年《劳动法》还是2009年新修正的《劳动法》都是确保劳动者每周一天的休息时间，所以应当理解为用人单位可以安排劳动者每周工作6天。

再回到每周应工作多长时间的事情本身，1995年的《国务院关于职工工作时间的规定》颁布后，原劳动部曾就该规定的相关问题做过一个解答，其中就“企业因生产经营需要延长工作时间是在每周40小时、还是在每周44小时基础上计算”的问题，劳动部答复为“1997年5月1日以前，以企业所执行的工时制度为基础。即实行每周40小时工时制度的企业，以每周40小时为基础计算加班加点时间。实行每周44小时工时制度的企业，以每周44小时为基础计算加班加点时间。上述加班加点，仍然按《劳动法》的有关规定执行。1997年5月1日以后，一律应以每周40小时为基础计算。”也就是说，用人单位可以安排劳动者超过40个小时上班，在不超过44小时的范围内，可以不用依法履行相关程序，也不算违法，但是对于超过40小时的部分，应当按加班计算，由用人单位向劳动者支付加班工资。同时，如果用人单位安排劳动者上班超过44小时，则依法应履行相关协商程序，并应依法向劳动者支付加班工资。本案中，物流公司安排小刘每周的工作时间为45小时，已经超过了44小时，物流公司应当与小刘进行协商，经小刘同意才能安排加班，并且公司应对于超过40小时的部分支付相应的加班工资。

法律依据

《中华人民共和国劳动法》第三十六条规定："国家实行劳动者每日工作时间不超过八小时、平均每周工作时间不超过四十四小时的工时制度。"

《国务院关于职工工作时间的规定》第二条规定："本规定适用于在中华人民共和国境内的国家机关、社会团体、企业事业单位以及其他组织的职工。"

《国务院关于职工工作时间的规定》第三条规定："职工每日工作8小时、每周工作40小时。"

2. 用人单位有权无限制地提高计件工作劳动者的劳动定额吗？

案情简介

小张、小刘于2008年6月与某玩具厂签订劳动合同，成为玩具厂的一名工人，玩具厂与两人约定实行计件工资，月基本工资为1200元，工作定额为每月60个玩具，劳动合同期限为半年，超过工作定额部分另行计算报酬；半年后，双方再次签订劳动合同时，玩具厂将两人的工作定额提高到每个月90个玩具，虽然两人已经成为玩具厂的熟练工，但是完成90个玩具仍然是连轴转，正常的工作时间已经不太够用了。2009年6月，双方第三次签订劳动合同时，玩具厂将两人的工作定额再次调高到110个玩具/月，这下两人真是受不了了，因为需要经常加班加点工作才能完成工作定额，合同签订几天后，两人找到厂方，要求最多只能是每月90个玩具，但是厂方主张两人工作越来越熟练，应当不断提高标准。多次交涉无果后，两人向当地的劳动争议仲裁委员会申请仲裁，要求将每月110个玩具的工作定额降低至每月90个。

专家提示

本案主要涉及用人单位能否无限制地提高劳动定额，变相迫使劳动者加班加点的法律问题。

计件工资是指按照合格产品的数量和预先规定的计件单位来计算的工资。它不直接用劳动时间来计量劳动报酬，而是用一定时间内的劳动成果来计算劳动报酬。计件工资可分个人计件工资和集体计件工资。个人计件工资适用于个人能单独操作而且能够制定个人劳动定额的工种；集体计件工资适用于工艺过程要求集体完成，不能直接计算个人完成合格产品的数量的工种。计件工资制度可以调动劳动者的生产积极性，在完成工作定额的基础上实现多劳多得，在一定程度上达到用人单位和劳动者的双赢。

用人单位有权自主确定实行计件工资制的劳动者的劳动定额和计件报酬的标准，但其制定的劳动定额和计件报酬标准应当遵循科学合理的原则：应当在法定的工时制度内合理地确定生产任务，不论何种工资制度，都应该以法定标准工作时间为基准。一般计件应该以科学的方法，在特定的条件下（熟练度、环境等）进行观测，确定完成产品某一单元的必需时间，从而大概计算出法定工作时间内应当完成的工作量。同时，要通过测算确定一个合理的计件报酬标准，确保劳动者可以获得其应得的报酬。劳动定额和劳动报酬标准确定后应保持稳定，用人单位可以根据生产经营的需要，适当地调整劳动定额，但是也不能无限制地提高工作定额，从而使得劳动者无法在正常的每天 8 小时、每周 40 个小时的范围内完成工作定额，变相地迫使劳动者加班加点。

此外，根据劳动合同法的规定，用人单位在制定、修改或者决定劳动定额标准管理制度时，应当经职工代表大会或者全体职工讨论，提出方案和意见，与工会或者职工代表平等协商确定；如果工会或者职工认为用人单位制定的劳动定额标准不适当的，有权向用人单位提出，通过协商进行修改和完善。

法律依据

《中华人民共和国劳动法》第三十七条规定:"对实行计件工作的劳动者,用人单位应当根据本法第三十六条规定的工时制度合理确定其劳动定额和计件报酬标准。"

《中华人民共和国劳动合同法》第三十一条规定:"用人单位应当严格执行劳动定额标准,不得强迫或者变相强迫劳动者加班。用人单位安排加班的,应当按照国家有关规定向劳动者支付加班费。"

《中华人民共和国劳动合同法》第四条规定:"用人单位应当依法建立和完善劳动规章制度,保障劳动者享有劳动权利、履行劳动义务。

用人单位在制定、修改或者决定有关劳动报酬、工作时间、休息休假、劳动安全卫生、保险福利、职工培训、劳动纪律以及劳动定额管理等直接涉及劳动者切身利益的规章制度或者重大事项时,应当经职工代表大会或者全体职工讨论,提出方案和意见,与工会或者职工代表平等协商确定。

在规章制度和重大事项决定实施过程中,工会或者职工认为不适当的,有权向用人单位提出,通过协商予以修改完善。

用人单位应当将直接涉及劳动者切身利益的规章制度和重大事项决定公示,或者告知劳动者。"

3. 每周不超过 44 小时，用人单位就不算违法吗？

案情简介

经人介绍，小黄于 2009 年 3 月成为一家宾馆的客房服务员，双方所签订的劳动合同中约定，合同期为从 2009 年 3 月 12 日至 2010 年 3 月 11 日，试用期为两个月，小黄的工作时间为从早晨 9 时到下午 3 时，每天 6 小时，每周工作七天，工作内容主要是负责客房清扫工作，工作一段时间后，小黄感觉到每天都工作，实在很累，也没有空间和时间处理自己的家庭和个人事务，便向宾馆提出能不能每周安排一天的休息时间，宾馆对小黄说，劳动法规定劳动者每天工作不超过 8 小时，每周工作不超过 44 小时就是合法的，所以宾馆和小黄签订的劳动合同是合法的，宾馆有权不给小黄安排休息日。小黄不服宾馆的说法，便向仲裁委员会提起仲裁。

专家提示

本案主要涉及劳动者每周是否享有固定休息日的问题。

为了保障劳动者享有更完善的休息的权利，我国劳动法在明确要求每天工作时间不超过八小时、平均每周工作时间不超过 44 小时的工时制度基础上，同时明确规定了“用人单位应当保证劳动者每周至少休息一日”，从而明确了劳动者每周最多只工作六天。也就是说，不管用人单位安排劳动者每天工作几个小时，都必须保证劳动者在一周内至少要有一个连续一天的休息时间。劳动者不仅有每周工作不超过 44 小时的法定权利，同时，还享有每周至少休息一天(昼夜24小时以上)的法定权利。

本案中,宾馆的说法是不对的,小黄虽然每周的工作时间没有超过44个小时,但是宾馆不应当安排小黄每周七天上班,应当保证小黄每周至少一天的休息日。当然,宾馆根据所在地的供电、供水和交通等实际情况,经与工会和职工协商后,可以灵活安排周休息日,并非必须安排小黄在星期六和星期日进行休息。同时,对于小黄已经付出的劳动,宾馆应对超过每周40个小时的部分向小黄支付加班工资。

法律依据

《中华人民共和国劳动法》第三十六条规定:"国家实行劳动者每日工作时间不超过八小时、平均每周工作时间不超过四十四小时的工时制度。"

《中华人民共和国劳动法》第三十八条规定:"用人单位应当保证劳动者每周至少休息一日。"

《国务院关于职工工作时间的规定》第七条规定:"国家机关、事业单位实行统一的工作时间,星期六和星期日为周休息日。

企业和不能实行前款规定的统一工作时间的事业单位,可以根据实际情况灵活安排周休息日。"

《劳动部贯彻〈国务院关于职工工作时间的规定〉的实施办法》第九条规定:"企业根据所在地的供电、供水和交通等实际情况,经与工会和职工协商后,可以灵活安排周休息日。"

4. 用人单位可以自行决定实行不定时工作制或综合计算工时工作制吗？

案情简介

2007 年 6 月，付某被招聘进某食品厂担任门卫一职，开始的时候，担任门卫的一共有三个人，于是三个人轮流换，每人每天 8 小时，原则上每周工作 5 天，周末值班食品厂另行安排。后来在付某的合同履行期间内，有一个门卫因为搬家而辞职走了，但是，食品厂为了节省成本，没有再招新的门卫，于是，付某和另外一名门卫只能每人值守 12 个小时。几个月后，付某受不了这种工作强度，便向食品厂提议再招一名门卫，但是被食品厂拒绝了，还认为付某多管闲事。付某认为自己工作时间太长，食品厂提出付某签的是不定时工作制的合同，没有时间限制。付某不服食品厂对于事情的答复，于是向仲裁委员会提请仲裁。仲裁委员会经审理后认为，食品厂并未就不定时工作制向劳动行政部门依法报批，故食品厂与付某之间所约定的不定时工作制无效，双方所签订的应为标准工作制的合同。

专家提示

本案主要涉及用人单位签订的不定时工作制或者综合计算工时工作制的劳动合同应履行何种法律程序的问题。我国的工作制主要有三种：标准工作制、不定时工作制和综合计算工时工作制。

标准工作制就是本章前面所述的每日工作时间不超过 8 小

时、每周工作时间不超过 44 小时的工时制度。不定时工作制是针对因生产特点、工作特殊需要或职责范围的关系，无法按标准工作时间衡量或需要机动作业的职工所采用的一种工时制度。综合计算工时工作制是针对因工作性质特殊，需连续作业或受季节及自然条件限制的企业的部分职工，采用的以周、月、季、年等为周期综合计算工作时间的一种工时制度，但其平均日工作时间和平均周工作时间应与法定标准工作时间基本相同。

实行不定时工作制和综合计算工时工作制，需要满足以下几个方面的条件：第一，要经过劳动行政部门批准；第二，必须是特定岗位的职工，具体见本案所附的法律依据；第三，对于因工作性质或生产特点的限制，实行不定时工作制或综合计算工时工作制等其他工作和休息办法的职工，企业都应在保障职工身体健康并充分听取职工意见的基础上，采取集中工作、集中休息、轮休调休、弹性工作时间等适当的工作和休息方式，确保职工的休息休假权利和生产、工作任务的完成。因此，本案中的食品厂未履行相关法律手续，不符合法律规定，不能与付某签订不定时工作制的劳动合同。

法律依据

《中华人民共和国劳动法》第三十九条规定:“企业因生产特点不能实行本法第三十六条、第三十八条规定的,经劳动行政部门批准,可以实行其他工作和休息办法。”

《劳动部贯彻〈国务院关于职工工作时间的规定〉的实施办法》第五条规定:“因工作性质或生产特点的限制,不能实行每日工作8小时、每周工作40小时标准工时制度的,可以实行不定时工作制或综合计算工时工作制等其他工作和休息办法,并按照《劳动部关于企业实行不定时工作制和综合计算工时工作制的审批办法》执行。”

《劳动部关于企业实行不定时工作制和综合计算工时工作制的审批办法》第四条规定:“企业对符合下列条件之一的职工,可以实行不定时工作制。

(一)企业中的高级管理人员、外勤人员、推销人员、部分值班人员和其他因工作无法按标准工作时间衡量的职工;

(二)企业中的长途运输人员、出租汽车司机和铁路、港口、仓库的部分装卸人员以及因工作性质特殊,需机动作业的职工;

(三)其他因生产特点、工作特殊需要或职责范围的关系,适合实行不定时工作制的职工。”

第五条规定:“企业对符合下列条件之一的职工,可实行综合计算工时工作制,即分别以周、月、季、年等为周期,综合计算工作时间,但其平均日工作时间和平均周工作时间应与法定标准工作时间基本相同。

(一)交通、铁路、邮电、水运、航空、渔业等行业中因工作性质特殊,需连续作业的职工;

(二)地质及资源勘探、建筑、制盐、制糖、旅游等受季节和自然条件限制的行业的部分职工;

(三)其他适合实行综合计算工时工作制的职工。”

5. 用人单位擅自延长工作时间违法吗？

案情简介

2008 年 7 月，小孙应聘到一家玩具厂工作，双方签订了劳动合同，约定实行标准工时制，小孙每天工作 8 小时，每周工作 40 个小时，合同期间从 2008 年 7 月 20 日至 2010 年 7 月 19 日。小孙刚到厂里工作的时候，由于经济危机，订单比较少，小孙基本上能够准时上下班，也不用加班。进入 2009 年后，随着经济的复苏，小孙所在的玩具厂的订单越来越多，慢慢地，正常的上班时间就不够用了，需要小孙等流水线上的工人加班加点才能完成任务，上下班之间的工作时间也从合同所约定的 8 小时延长至实际上的 11 个小时左右，如果每天完不成规定的数量，玩具厂就按厂里的规定进行扣钱。小孙等人虽然对玩具厂的生意红火感到高兴，但是对于每天工作 11 个小时却是忍受不了，便与玩具厂进行交涉，要求减少工作量。恢复以前每天 8 小时的工作时间。

专家提示

本案主要涉及用人单位能否擅自延长工作时间的问题。

本案中，小孙等人与玩具厂约定的都是实行标准工时制的劳动合同，双方均应按照合同的约定予以履行。但是，随着玩具订单的增加，玩具厂变相以扣钱的方式迫使劳动者加班加点工作，已经构成了违法，且不说玩具厂是否有扣钱的权利，单就延长工作时间而言，玩具厂都应当与工会和劳动者协商，经协商，可以延长工作时间，一般每日不得超过一小时；因特殊原因需要延长工作时间的，在保障劳动者身体健康的条件下延长工作时间每日不得超过3小时，但是每月不得超过36小时。任何单位和个人都不得擅自延长职工工作时间。

用人单位依法延长劳动者工作时间的，应当依法向劳动者支付加班工资；用人单位违法延长劳动者工作时间的，劳动行政部门有权给予警告，责令改正，并可以处以罚款。本案中的玩具厂因生产经营需要，可以延长工作时间，但一定要依法履行程序，并依法在劳动者付出加班劳动时，向劳动者支付加班工资。

法律依据

《中华人民共和国劳动法》第四十一条规定："用人单位由于生产经营需要，经与工会和劳动者协商后可以延长工作时间，一般每日不得超过一小时；因特殊原因需要延长工作时间的，在保障劳动者身体健康的条件下延长工作时间每日不得超过三小时，但是每月不得超过三十六小时。"

《中华人民共和国劳动法》第四十三条规定："用人单位不得违反本法规定延长劳动者的工作时间。"

《中华人民共和国劳动法》第九十条规定："用人单位违反本法规定，延长劳动者工作时间的，由劳动行政部门给予警告，责令改正，并可以处以罚款。"

《国务院关于职工工作时间的规定》第六条规定："任何单位和个人不得擅自延长职工工作时间。因特殊情况和紧急任务确需延长工作时间的，按照国家有关规定执行。"

6. 正常的设备检修，用人单位有权自行决定延长工作时间吗？

案情简介

小尹于2008年应聘到一家印刷厂担任设备维修工，平时的任务就是维护印刷厂的设备，每月第二周的周四、周五是设备整体检修时间。通常情况下，小尹用一天就能检修完毕，但是这个周四上午全厂开会耽误了半天时间，所以小尹就没能够完成工作任务，小尹想，反正还有周五可以继续进行工作，所以就打算正常下班。但是，厂里却命令小尹必须在周四把设备检修完毕，否则扣小尹500元的奖金。小尹认为厂里的命令没有道理，便没有加班。周五上班的时候小尹积极地完成了设备的检修任务。但是，印刷厂仍扣了500元的奖金没有发给小尹，小尹不服，协商无果后，小尹便向劳动争议仲裁委员会提出仲裁申请，要求印刷厂补发所扣的500元奖金。仲裁委员会审理后认为，根据合同的约定及相关法律规定，印刷厂无权扣除小尹500元奖金，裁决印刷厂退还小尹500元奖金。

专家提示

本案主要涉及用人单位在什么情况下可以自行决定让劳动者加班的问题。

依照劳动法及劳动部相关办法的规定，在发生自然灾害、事故或者因其他原因，使人民的安全健康和国家资财遭到严重威胁，需要紧急处理的；生产设备、交通运输线路、公共设施发生故障,影响生产和公众利益,必须及时抢修的;必须利用法定节日或公休假日的停产期间进行设备检修、保养的等特殊情况下,用人单位安排延长劳动时间时,可以不受与工会和劳动者协商的程序限制,也不受每天一小时、三小时,每月不超过 36 小时的时间限制。但是,本案中小尹在印刷厂的设备正常检修并不属于上述范围,而且在小尹和印刷厂的劳动合同约定了小尹可以在周四、周五两天的时间内完成检修,所以印刷厂的命令不符合合同约定和法律规定,无权扣除小尹 500 元奖金。

同时,即使发生了印刷厂可以单方决定让小尹等劳动者加班的情况,印刷厂也应当依照法律规定支付相应的工资报酬或者安排补休:普通延长工作时间的,支付不低于工资的 150%的工资报酬;休息日安排劳动者工作又不能安排补休的,支付不低于工资的 200%的工资报酬;法定休假日安排劳动者工作的,支付不低于工资的 300%的工资报酬。补充说一句,现在的法定节假日主要指元旦、春节、清明节、国际劳动节、端午节、中秋节、国庆节以及法律法规规定的其他休假节日。

法律依据

《中华人民共和国劳动法》第四十二条规定:“有下列情形之一的,延长工作时间不受本法第四十一条规定的限制:

(一)发生自然灾害、事故或者因其他原因,威胁劳动者生命健康和财产安全,需要紧急处理的;

(二)生产设备、交通运输线路、公共设施发生故障,影响生产和公众利益,必须及时抢修的;

(三)法律、行政法规规定的其他情形。”

《劳动部贯彻〈国务院关于职工工作时间的规定〉的实施办法》第七条规定:“有下列特殊情形和紧急任务之一的,延长工作时间不受本办法第六条规定的限制:

(一)发生自然灾害、事故或者因其他原因,使人民的安全健康和国家资财遭到严重威胁,需要紧急处理的;

(二)生产设备、交通运输线路、公共设施发生故障,影响生产和公众利益,必须及时抢修的;

(三)必须利用法定节日或公休假日的停产期间进行设备检修、保养的;

(四)为完成国防紧急任务,或者完成上级在国家计划外安排的其他紧急生产任务,以及商业、供销企业在旺季完成收购、运输、加工农副产品紧急任务的。”

7. 在单位工作时间只有三个月，劳动者是否享有年休假？

案情简介

小李以前是一家连锁饭店的厨师，因厨艺高超，被现在这家酒店的老板看中，在小李的劳动合同到期后，赶紧挖进了自己的酒店中，负责酒店的餐饮。小李在以前的饭店已经工作了3年，应该享有5天的带薪年休假，但是，等到现在这家酒店中的员工纷纷轮流休年休假的时候，却没有小李什么事，小李很纳闷，怎么不给我安排年休假呢？便找到酒店的人力资源部门，管理人员向小李答复，根据法律规定，劳动者连续工作一年以上的才享有带薪年休假，现在小李在酒店工作才只有三个月，不应当享有年休假，所以没有安排小李休假。小李不服，便去找酒店的老总协商，看到自己高薪挖过来的人，才干了三个月就不高兴了，老总也赶忙安排休假事宜。小李终于休上了假。但是，小李有权休假吗？

专家提示

本案主要涉及新进用人单位劳动者享有年休假权利的问题。

年休假，是国家根据劳动者工作年限和劳动繁重紧张程度每年依法给予的一定期间的带薪连续休假。国家法定休假日、每周休息日都是不计入年休假的假期范围的。

根据法律规定，劳动者连续工作一年以上的，享受带薪年休假；要注意的是，劳动者连续工作一年以上的，并非仅指在一家单位连续工作一年以上，劳动者在不同用人单位工作期间，以及依照法律、行政法规或者国务院规定视同工作期间，都应当计为累计工作时间。因此，本案中小李在饭店工作的三年也是计算劳动时间的，虽然小李到酒店工作才三个月，但是按照其累计工作时间计算，小李也应该享有五天的休假期。同时，要注意小李在酒店也只是工作了三个月，如果享用五天的休假期，对于酒店来说也不公平。那么，如何计算小李在酒店的带薪休假期，应当用当年度在本单位剩余日历天数÷365天×职工本人全年应当享受的年休假天数，折算后不足一整天的部分不享受年休假，由此计算，小李应当享有一天的年休假。但是，如果劳动者具有依法享受寒暑假，其休假天数多于年休假天数等特殊情况下，劳动者就不再享有年休假。

当然，劳动者的年休假并非绝对，劳动者因个人原因不能休假的可以书面放弃，用人单位对于劳动者放弃年休假的行为可以准许；用人单位确因工作需要不能安排劳动者休年休假的，经劳动者本人同意，可以不安排休年休假。在前一种情况下，用人单位可以只支付其正常工作期间的工资收入；在后一种情况下，对劳动者应休未休的年休假天数，用人单位应当按照该职工日工资收入的300%支付年休假工资报酬。单位不安排职工休年休假又不依照本条例规定给予年休假工资报酬的，由县级以上地方人民政府人事部门或者劳动保障部门依据职权责令限期改正；对逾期不改正的，除责令该单位支付年休假工资报酬外，单位还应当按照年休假工资报酬的数额向职工加付赔偿金。

法律依据

《中华人民共和国劳动法》第四十五条规定："国家实行带薪年休假制度。

劳动者连续工作一年以上的，享受带薪年休假。具体办法由国务院规定。"

《职工带薪年休假条例》第二条规定："机关、团体、企业、事业单位、民办非企业单位、有雇工的个体工商户等单位的职工连续工作1年以上的，享受带薪年休假(以下简称年休假)。

单位应当保证职工享受年休假。职工在年休假期间享受与正常工作期间相同的工资收入。”

《职工带薪年休假条例》第三条规定:“职工累计工作已满1年不满10年的,年休假5天;已满10年不满20年的,年休假10天;已满20年的,年休假15天。

国家法定休假日、休息日不计入年休假的假期。”

《职工带薪年休假条例》第四条规定:“职工有下列情形之一的,不享受当年的年休假:

(一)职工依法享受寒暑假,其休假天数多于年休假天数的;

(二)职工请事假累计20天以上且单位按照规定不扣工资的;

(三)累计工作满1年不满10年的职工,请病假累计2个月以上的;

(四)累计工作满10年不满20年的职工,请病假累计3个月以上的;

(五)累计工作满20年以上的职工,请病假累计4个月以上的。”

第五条规定:“单位根据生产、工作的具体情况,并考虑职工本人意愿,统筹安排职工年休假。

年休假在1个年度内可以集中安排,也可以分段安排,一般不跨年度安排。单位因生产、工作特点确有必要跨年度安排职工年休假的,可以跨1个年度安排。

单位确因工作需要不能安排职工休年休假的,经职工本人同意,可以不安排职工休年休假。对职工应休未休的年休假天数,单位应当按照该职工日工资收入的300%支付年休假工资报酬。”

第七条规定："单位不安排职工休年休假又不依照本条例规定给予年休假工资报酬的，由县级以上地方人民政府人事部门或者劳动保障部门依据职权责令限期改正；对逾期不改正的，除责令该单位支付年休假工资报酬外，单位还应当按照年休假工资报酬的数额向职工加付赔偿金；对拒不支付年休假工资报酬、赔偿金的，属于公务员和参照公务员法管理的人员所在单位的，对直接负责的主管人员以及其他直接责任人员依法给予处分；属于其他单位的，由劳动保障部门、人事部门或者职工申请人民法院强制执行。"

《企业职工带薪年休假实施办法》第五条："职工新进用人单位且符合本办法第三条规定的，当年度年休假天数，按照在本单位剩余日历天数折算确定，折算后不足一整天的部分不享受年休假。

前款规定的折算方法为：(当年度在本单位剩余日历天数÷365 天)×职工本人全年应当享受的年休假天数。"

8. 劳动者不同意加班的，用人单位能否因此认为劳动者违反了劳动纪律，并以此为由解除劳动合同？

案情简介

曹某于 2008 年 1 月到甲公司上班，双方签订了书面劳动合同，合同约定：曹某所在岗位执行标准工时制度。周一至周五上班，每天工作 8 小时，周末休息。上班刷卡记录考勤，每月 15 日采用工资折的形式发放工资，工资构成包括岗位工资、绩效奖金、全勤工资等。2009 年 5 月，甲公司要求曹某所在的部门进行加班，曹某没有按照公司要求加班。2009 年 6 月 24 日，甲公司张贴了通告，内容是曹某不服从工作安排，影响工作进度，解除曹某的劳动合同。2009 年 6 月 30 日，曹某向当地劳动争议仲裁委员会提出申诉，要求甲公司支付养老保险和失业保险损失费、解除劳动合同经济补偿金和未提前 1 个月通知解除劳动合同的代通知金。曹某不同意加班的行为属于违反公司纪律的行为吗？

专家提示

本案涉及劳动者是否有权利选择加班的问题。

根据劳动法的规定，在正常情况下，用人单位由于生产经营需要，经与工会和劳动者协商后可以延长工作时间，也就是说，劳动者有权利不同意加班。本案中，甲公司与曹某签订的劳动合同约定，曹某所在的岗位执行标准工时制度，甲公司要求曹某在法定工作时间以外工作的，并不是公司对员工进行管理的行为，劳动者有权选择是否延长工作时间，所以甲公司主张曹某未加班的行为违反了公司纪律，公司有权与其解除劳动合同，无须支付经济补偿的意见是违反了相关法律规定的，甲公司应向曹某支付解除劳动合同的经济补偿金。老曹也有权向甲公司主张违法解除劳动合同的经济赔偿金。

法律依据

《中华人民共和国劳动法》第四十三条规定："用人单位不得违反本法规定延长劳动者的工作时间。"

社会保险

1. 进城务工的农民工是否享有社会保险？社会保险制度包括哪些内容？

案情简介

小赵来自某中部省份的农村，以前是美容美发学校的学生，毕业后一直从事美容美发工作。2010 年 8 月份，小赵来到北京一家美发中心担任形象设计师，由于是朋友介绍的，小赵没和美发中心签订劳动合同，美发中心收取小赵 2000 元培训费后，小赵就上岗工作了，每月工资 4000 元，口头约定合同期为一年。由于身处北京，小赵获得信息的渠道大大增加，小赵获知美发中心收取其 2000 元培训费是没有法律依据的，便要求美发中心退还，同时，小赵认为美发中心应当为其缴纳社会保险及签订书面劳动合同，由于是朋友介绍，小赵对第一年的事情就不追究了，小赵要求美发中心在 2011 年 8 月的时候与其签订书面劳动合同并依法缴纳社会保险，美发中心认为，小赵系外省农业户口，农民工不享有社会保险，对于小赵要求签订书面合同和退还 2000 元培训费，美发中心表示同意。

专家提示

本案主要涉及农民工是否享有社会保险及社会保险所包含的内容的问题。

我国社会保险是国家通过立法对劳动者在年老、患病、工伤、失业、生育以及死亡等原因暂时或永久失去生活来源时给予一定物质帮助的保障制度。社会保险制度是社会保障制度的重要组成部分。社会保险制度坚持广覆盖、保基本、多层次、可持续的方针，社会保险水平与经济社会发展水平相适应。社会保险与商业保险虽然都具有互助互济功能，但二者根本不同，不可相互替代。社会保险是国家实施的社会保障，具有强制性和福利性特点；商业保险以保险业金融企业法人为主体实施，具有自愿性、赔偿性和营利性特点，其保障内容由投保人自主选择，待遇标准完全由金融企业根据投保人缴费数额和投保时间长短确定。本案中的小李虽然是农民工，但也是劳动者，应当依法享有社会保险，美发中心的想法是错误的。

至于社会保险的内容，主要包括基本养老保险、基本医疗保险、失业保险、工伤保险和生育保险。养老保险是指国家和社会根据相关法律和法规，为解决劳动者在达到国家规定的解除劳动义务的劳动年龄界限，或因年老丧失劳动能力退出劳动岗位后的基本生活而建立的一种社会保险。医疗保险指的是为补偿疾病所带来的医疗费用的一种保险。失业保险是指国家通过立法强制实行的，由社会集中建立基金，对因失业而暂时中断生活来源的劳动者提供物质帮助的制度。工伤保险是指劳动者在工作中或在规定的特殊情况下，遭受意外伤害或患职业病导致暂时或永久丧失劳动能力以及死亡时，劳动者或其遗属从国家和社会获得物质帮助的一种社会保险制度。生育保险是国家通过立法，在怀孕和分娩的妇女劳动者暂时中断劳动时，由国家和社会提供医疗服务、生育津贴和产假的一种社会保险制度。其中，基本养老保险和基本医疗保险覆盖全体城乡居民，工伤、失业、生育保险覆盖范围仅限于职工和与职工有关人员。

法律依据

《中华人民共和国劳动法》第七十条规定:“国家发展社会保险事业,建立社会保险制度,设立社会保险基金,使劳动者在年老、患病、工伤、失业、生育等情况下获得帮助和补偿。”

《中华人民共和国社会保险法》第九十五条规定:“进城务工的农村居民依照本法规定参加社会保险。”

《中华人民共和国社会保险法》第二条规定:“国家建立基本养老保险、基本医疗保险、工伤保险、失业保险、生育保险等社会保险制度,保障公民在年老、疾病、工伤、失业、生育等情况下依法从国家和社会获得物质帮助的权利。”

2. 用人单位未依法缴纳社会保险，发生的医疗费用由谁承担?

案情简介

2007年12月2日，晓东进入一家大型连锁超市工作，担任收银员，双方签订劳动合同，合同约定的期限为从2007年12月2日至2010年12月1日止。2009年8月28日，该超市以晓东工作失误为由对其作出解除劳动合同的决定。晓东于2009年9月1日向某区劳动争议仲裁委员会申请仲裁，要求恢复与超市之间的劳动关系，劳动争议仲裁委员会于同年10月12日裁决恢复双方的劳动关系。超市对仲裁裁决不服，于2009年10月17日向法院提起诉讼。法院依法审理后，判令撤销超市对晓东作出的退工决定，恢复双方的劳动关系。超市不服该判决，上诉至中级人民法院。中级人民法院于2010年8月16日作出终审民事判决书，驳回上诉，维持原判。2010年8月20日，晓东又向劳动争议仲裁委员会申请仲裁，要求超市补缴2009年8月至2010年8月的社会保险费。仲裁委员会裁决超市为晓东补缴该期间的社会保险费。

另外，在上述劳动争议的仲裁和诉讼期间，晓东曾因病住院，晓东因停缴社会保险而无法享受职工医疗保险待遇，自己承担了全部医疗费用。此后，晓东又申诉至仲裁委员会，要求超市依法赔偿其医疗费用。经审理，仲裁委员会依法支持了晓东的请求。

专家提示

本案涉及用人单位未依法为劳动者缴纳社会保险是否承担赔偿责任的问题。

依据相关法律规定，用人单位应当为劳动者缴纳包括医疗保险在内的各项社会保险费用。用人单位如果没有为劳动者缴纳社会保险费用了，在没有免责事由的情况下，就要承担相应的赔偿责任。本案中，由于晓东因超市违法解除劳动合同导致医保账户被封存而无法享受在职职工医疗保险待遇。即使超市后来为晓东补缴相关保险费用，但根据当地医保政策的现行规定，职工补缴医疗保险后并不能追溯享受之前的医疗保险待遇，故晓东自行支付了在进行诉讼仲裁期间而发生的医疗费用，而该笔费用中的一部分，在正常缴纳社会保险的情况下，是由社会保险负担的。由于超市的不当行为，使得晓东没有享受到医疗保险的待遇，对此，超市有着直接的过错，应当负担晓东因此而发生的损失。同时，缴纳社会保险费是用人单位的法定义务，其如果不缴纳，劳动行政部门有权责令其限期缴纳，并加收滞纳金；逾期仍不缴纳的，有关行政部门还可以进行罚款。

法律依据

《中华人民共和国劳动法》第七十二条规定："社会保险基金按照保险类型确定资金来源，逐步实行社会统筹。用人单位和劳动者必须依法参加社会保险，缴纳社会保险费。"

《中华人民共和国劳动法》第一百条规定："用人单位无故不缴纳社会保险费的，由劳动行政部门责令其限期缴纳；逾期不缴的，可以加收滞纳金。"

3. 参加基本养老保险，何时能够领取基本养老金？

案情简介

小宋来自西部某省份的农村，2010 年高中毕业后没有考上大学，便与同村的同学一起到东部省份打工。在打工期间，他发现大部分的工友都比他收入高，小宋很奇怪，经过打听，发现大家都没有要求办社会保险，而小宋由于具有较高的知识水平，与厂里签订合同时，主张了社会保险，于是在正常缴纳社会保险的情况下，小宋的工资比其他工友的工资低一些。小宋问其他工友为什么不上保险，其他工友告诉他，保险不能跟着人走，尤其是养老保险，得上好几十年才能拿到保险金，不值得，所以不上保险了。小宋也很迷茫，到底上不上保险？社会保险有没有实质的用处？

专家提示

本案主要涉及养老保险的缴纳及待遇问题。

根据法律规定，劳动者只有在退休时才能依法享受养老保险待遇。在一般意义上，劳动者的退休指的是男年满 60 周岁，女干部年满 55 周岁，女工人年满 50 周岁，特殊情况下依照国家相关规定也可以提前。本案中的小宋在正常情况下，到了 60 岁可以享受养老保险金的待遇。

但是根据新颁布的《社会保险法》的规定，享受这种待遇需要一定的前提条件，即达到法定退休年龄时累计缴费满 15 年。如果，达到法定退休年龄时累计缴费不足 15 年的，可以缴费至满 15 年，按月领取基本养老金；也可以转入新型农村社会养老保险或者城镇居民社会养老保险，按照国务院的相关规定享受相应的养老保险待遇。

至于小宋的工友所说的保险不能跟人走的问题，根据相关消息，养老保险正在逐步实现全国统筹，一旦实现，就不存在跨区域移转养老保险的问题。即使在未实现全国统筹的现阶段，劳动者跨统筹地区就业的，其基本养老保险关系随本人转移，缴费年限累计计算。也就是说，养老保险是跟着劳动者走的。

法律依据

《中华人民共和国劳动法》第七十三条第一款规定："劳动者在下列情形下，依法享受社会保险待遇：

（一）退休；

……"

《中华人民共和国社会保险法》第十六条规定："参加基本养老保险的个人，达到法定退休年龄时累计缴费满十五年的，按月领取基本养老金。

参加基本养老保险的个人，达到法定退休年龄时累计缴费不足十五年的，可以缴费至满十五年，按月领取基本养老金；也可以转入新型农村社会养老保险或者城镇居民社会养老保险，按照国务院规定享受相应的养老保险待遇。"

《中华人民共和国社会保险法》第十九条规定："个人跨统筹地区就业的，其基本养老保险关系随本人转移，缴费年限累计计算。个人达到法定退休年龄时，基本养老金分段计算、统一支付。具体办法由国务院规定。"

4. 用人单位未给劳动者办理工伤保险，发生工伤事故后，劳动者怎么办？

案情简介

基于对美术的爱好，小刘从 19 岁高中毕业未考上大学开始就在高先生开办的艺术传播公司上班，2010 年 9 月的一天，小刘上班后，因其办公室隔壁的办公室房门无法打开，高先生指派小刘从办公室窗户爬到隔壁房间取钥匙，在爬楼过程中，小刘摔到楼下。事情发生后，小刘在医院接受治疗支付了大量的医疗费用，同时，小刘获悉因公司未为其办理工伤保险，故其支付的医疗费用没法通过保险机构予以报销。高先生在事故发生后，仅支付了部分医疗费，就没有再过问过小刘，称小刘系自己不注意发生的事故，小刘应当自行承担医疗费用，公司不承担责任。

专家提示

本案主要涉及小刘的事故是否系工伤及公司未给小刘办理工伤保险如何处理的问题。

关于小刘的事故是否构成工伤，根据相关规定，在工作时间和工作场所内，因工作原因受到事故伤害的应当认定为工伤，故小刘于上班时间在办公室为履行公司老总指派的任务而受到了伤害，应为工伤。依照劳动法的规定，因工伤残的应享受工伤保险的待遇。

但是，艺术传播公司并未依法为小刘办理工伤保险，缴纳相应的工伤保险费，因此小刘不能正常地享受工伤保险待遇。按照 2011 年 7 月 1 日开始实施的新《社会保险法》的规定，在这种情况下，小刘可以要求艺术传播公司直接支付工伤保险待遇。如果公司不支付的，小刘可以要求工伤保险基金先行支付，当然，工伤保险基金支付小刘的工伤保险待遇后，社会保险经办机构可以依法要求艺术传播公司偿还；艺术传播公司如果不偿还，社会保险经办机构可以依法追偿。

法律依据

《中华人民共和国劳动法》第七十三条第一款规定："劳动者在下列情形下，依法享受社会保险待遇：

……

（三）因工伤残或者患职业病；

……"

《中华人民共和国社会保险法》第三十三条规定："职工应当参加工伤保险，由用人单位缴纳工伤保险费，职工不缴纳工伤保险费。"

《中华人民共和国社会保险法》第四十一条规定："职工所在用人单位未依法缴纳工伤保险费，发生工伤事故的，由用人单位支付工伤保险待遇。用人单位不支付的，从工伤保险基金中先行支付。

从工伤保险基金中先行支付的工伤保险待遇应当由用人单位偿还。用人单位不偿还的，社会保险经办机构可以依照本法第六十三条的规定追偿。"

《最高人民法院关于审理劳动争议案件适用法律若干问题的解释（三）》第一条规定："劳动者以用人单位未为其办理社会保险手续，且社会保险经办机构不能补办导致其无法享受社会保险待遇为由，要求用人单位赔偿损失而发生争议的，人民法院应予受理。"

5. 失业保险是什么意思？劳动者如何领取失业保险金？

案情简介

周某曾任某食品公司的销售总监，自2002年6月开始，周某就一直在该食品公司工作，双方所签订的劳动合同也是续签了多次，到2010年6月，周某与食品公司所签订的劳动合同再次到期，周某的失业保险费已经依法缴纳了8年。因为食品公司管理高层的更换，公司想更换一个新的销售总监；周某也想换一份新的工作。故在合同到期后，双方未再另行签订新的劳动合同。但是，周某在求职的过程中却不太顺利，没有及时找到合适的工作，生活上出现困难。周某想领取失业保险金，但不知怎样领取。

专家提示

本案主要涉及劳动者失业保险金的领取问题。

失业保险是国家通过立法强制，由社会集中建立基金，对因失业而暂时中断生活来源的劳动者提供物质帮助的一种社会保险制度，使劳动者在失业期间获得必要的社会救助，以保证其基本的生活需要。办理失业保险，由用人单位和劳动者按照国家规定共同缴纳失业保险费，在劳动者失业时可以依法领取失业保险金。

劳动者在同时符合以下条件时可以领取失业保险金：

(1)失业前用人单位和本人已经缴纳失业保险费满一年的。如果未满一年，则不符合失业保险金的领取条件，本案中的周某缴纳失业保险费已经 8 年了，符合该项条件。

(2)非因本人意愿中断就业的。如果系自愿中断就业，如自行辞职的，不能领取。非因本人意愿中断就业，主要包括双方终止劳动合同的，劳动者被用人单位解除劳动合同的，劳动者被用人单位开除、除名和辞退的，用人单位以暴力、威胁或者非法限制人身自由的手段强迫劳动及用人单位未按照劳动合同约定支付劳动报酬或者提供劳动条件的情况下，劳动者要求解除合同的等情况。本案系周某与食品公司之间的劳动合同终止，符合该项条件。

(3)已经进行失业登记，并有求职要求的。在失业后，周某应当持本单位为其出具的终止或者解除劳动关系的证明，及时到指定的公共就业服务机构办理失业登记。凭失业登记证明和个人身份证明，周某可以到社会保险经办机构办理领取失业保险金的手续。失业保险金领取期限自办理失业登记之日起计算。本案中的周某尚未办理失业登记，故周某应当及时依法办理失业登记，然后方能办理领取失业保险金的手续。

那么，周某领取失业保险是否有限制，如果周某一直没有找到工作，是否可以一直领取？新颁布的《社会保险法》明确规定，累计缴费满一年不足五年的，领取失业保险金的期限最长为 12 个月；累计缴费满五年不足十年的，领取失业保险金的期限最长为 18 个月；累计缴费十年以上的，领取失业保险金的期限最长为 24 个月。故本案中的周某缴费为八年，依法可以领取最长期限为 18 个月的失业保险金。失业保险金的标准，由周某所在的省、自治区、直辖市人民政府确定，但不得低于城市居民最低生活保障标准。

可以领取并不意味着一定能够领取到 18 个月的失业保险金，如果周某在这 18 个月的时间发生了下列情况，他就得停止领取失业保险金：①重新就业的；②应征服兵役的；③移居境外的；

④享受基本养老保险待遇的;⑤无正当理由,拒不接受当地人民政府指定部门或者机构介绍的适当工作或者提供的培训的。

法律依据

《中华人民共和国劳动法》第七十三条第一款规定:"劳动者在下列情形下,依法享受社会保险待遇:

……

(四)失业;

……"

《中华人民共和国社会保险法》第四十四条规定:"职工应当参加失业保险,由用人单位和职工按照国家规定共同缴纳失业保险费。"

《中华人民共和国社会保险法》第四十六条规定:"失业人员失业前用人单位和本人累计缴费满一年不足五年的,领取失业保险金的期限最长为十二个月;累计缴费满五年不足十年的,领取失业保险金的期限最长为十八个月;累计缴费十年以上的,领取失业保险金的期限最长为二十四个月。重新就业后,再次失业的,缴费时间重新计算,领取失业保险金的期限与前次失业应当领取而尚未领取的失业保险金的期限合并计算,最长不超过二十四个月。"

《中华人民共和国社会保险法》第四十七条规定:"失业保险金的标准,由省、自治区、直辖市人民政府确定,不得低于城市居民最低生活保障标准。"

6. 用人单位能否以劳动者同意为由不给劳动者缴纳社会保险?

案情简介

赵某系农业户口。2009年7月,赵某进入甲劳务派遣公司,被派遣至乙公司生产车间从事包装作业,2009年8月1日,赵某与甲劳务派遣公司签订了以完成一定工作量标准的劳动合同,双方约定本合同于2009年8月1日起生效,于甲劳务派遣公司与劳务用工单位工作完成时终止。月工资标准不低于当地最低工资标准。工作地点为乙公司生产车间。赵某在乙公司工作期间,甲劳务派遣公司一直没有给赵某缴纳养老保险和失业保险。2009年11月,因为自身能力有限、工作不好找,赵某只得按照甲劳务派遣公司的要求,在不要求公司缴纳保险的申请上签字。此申请载明:今年我与甲劳务派遣公司签订劳动合同时,该公司跟我们讲劳动合同签订后按规定要参加养老、失业、医疗、工伤等四险。我本人考虑,我们家乡没有这方面条件,现没有必要上四项保险。因此,我申请不缴纳养老和失业险,只缴纳工伤和医疗两险,造成后果本人负责,与该公司无关,也不追究公司任何责任。2010年12月,甲劳务派遣公司与乙公司的合作关系终止,赵某与甲劳务派遣公司的劳动合同也因此终止。赵某向当地仲裁委员会申请仲裁,要求甲劳务派遣公司补偿自2009年8月至2010年12月未办理的养老保险金和失业保险金。甲劳务派遣公司认为,实际办理养老保险,是需要本人提供身份证、户口本、照片的,赵某只给公司提交了身份证复印件,所以无法办理且赵某又申请不愿缴纳;所以赵某无权要求公司进行补偿。

专家提示

本案涉及劳动者与用人单位能否协商从而不为劳动者缴纳社会保险的问题。

根据新颁布的《社会保险法》的规定，用人单位应当为职工办理养老保险、失业保险、基本医疗保险和工伤保险。缴纳社会保险是法律、法规规定的强制性义务，是用人单位的法定义务，不能通过与劳动者的协商或者约定而免除。即使劳动者签署了含有同意用人单位不为其办理社会保险条款的劳动合同，该条款或约定也因为违反法律规定而无效。本案中，赵某虽然签署了同意书，同意用人单位不为其办理社会保险，但是该约定因违反了法律规定而不具有法律效力，甲劳务派遣公司仍应当按照法律规定为赵某缴纳社会保险，没有缴纳的则应向赵某支付未缴纳期间的损失补偿。

法律依据

《中华人民共和国社会保险法》第五十八条规定："用人单位应当自用工之日起三十日内为其职工向社会保险经办机构申请办理社会保险登记。未办理社会保险登记的，由社会保险经办机构核定其应当缴纳的社会保险费。

自愿参加社会保险的无雇工的个体工商户、未在用人单位参加社会保险的非全日制从业人员以及其他灵活就业人员，应当向社会保险经办机构申请办理社会保险登记。

国家建立全国统一的个人社会保障号码。个人社会保障号码为公民身份号码。"

《中华人民共和国社会保险法》第六十条规定："用人单位应当自行申报、按时足额缴纳社会保险费，非因不可抗力等法定事由不得缓缴、减免。职工应当缴纳的社会保险费由用人单位代扣代缴，用人单位应当按月将缴纳社会保险费的明细情况告知本人。

无雇工的个体工商户、未在用人单位参加社会保险的非全日制从业人员以及其他灵活就业人员，可以直接向社会保险费征收机构缴纳社会保险费。"

7. 用人单位没有给劳动者办理社会保险，劳动者能否因此解除劳动合同？

案情简介

路某于2008年1月到甲公司工作，双方签订了书面劳动合同，合同有效期自2008年1月11日至2011年1月11日。甲公司一直没有为路某办理社会保险。2009年12月，路某再三要求公司为其办理社会保险，而公司以没有强制性义务为由加以拒绝，路某遂要求与甲公司解除劳动合同。2009年12月19日，双方解除了劳动关系。路某于2009年12月21日向当地仲裁委员会申请仲裁，要求甲公司支付解除劳动合同的经济补偿及未办理社会保险期间的损失补偿。甲公司认为是路某单方面提出解除劳动合同，公司也没有义务为其办理社会保险，所以不同意支付任何补偿。

专家提示

本案涉及用人单位没有依法为劳动者办理社会保险的情况下，劳动者是否有权解除劳动合同的问题。

为劳动者办理社会保险是用人单位的法定义务。根据劳动合同法的规定，用人单位没有为劳动者办理保险的，劳动者有权单方面解除劳动合同，并要求用人单位支付解除劳动合同的经济补偿金。本案中，因为路某提出解除劳动合同，所以双方于2009年12月19日解除了劳动关系。为劳动者缴纳社会保险是用人单位的法定强制性义务，甲公司没有为路某缴纳工作期间的社会保险,应给付相应的补偿。在甲公司没有为路某缴纳社会保险的情况下,路某据此提出解除劳动合同,甲公司应当支付其解除劳动合同的经济补偿金,经济补偿金应从 2008 年 1 月 11 日起依法计算。

法律依据

《中华人民共和国劳动合同法》第三十八条规定:"用人单位有下列情形之一的,劳动者可以解除劳动合同:……(三)未依法为劳动者缴纳社会保险费的;……"

《中华人民共和国劳动合同法》第四十六条规定:"有下列情形之一的,用人单位应当向劳动者支付经济补偿:

(一)劳动者依照本法第三十八条规定解除劳动合同的;……"

8. 认定工伤的范围有哪些?

案情简介

王某是某物业公司保安,2011年2月11日傍晚,在家休息的他接到了单位打来的电话,通知他立即到单位开会。接到通知后王某乘坐公交车往单位赶。下车后王某刚通过非机动车道,后面突然来了一辆自行车,自行车的后座位上带着一个装凉皮的大铁盘,王某被铁盘挂倒,头部受到了严重碰撞,肇事者仓皇逃走,王某所受伤害能否认定为工伤?

专家提示

本案涉及工伤的认定范围问题。

工伤是指劳动者在从事职业活动或者与职业活动有关的活动时所遭受的不良因素的伤害和职业病伤害。原有《工伤保险条例》规定,在上下班途中,受到机动车事故伤害的,可以认定为工伤。但是本案涉及的是在上下班途中,遭遇非机动车事故能否被认定为工伤的问题。如果根据原有的规定,王某所受伤害很难被认定为工伤。但是2011年1月1日起实施的新修订的《工伤保险条例》扩大了认定工伤的范围,规定在上下班途中,受到非本人主要责任的交通事故或者城市轨道交通、客运轮渡、火车事故伤害的,可以认定为工伤。

法律依据

《工伤保险条例》第十四条规定："职工有下列情形之一的，应当认定为工伤：(一)在工作时间和工作场所内，因工作原因受到事故伤害的；(二)工作时间前后在工作场所内，从事与工作有关的预备性或者收尾性工作受到事故伤害的；(三)在工作时间和工作场所内，因履行工作职责受到暴力等意外伤害的；(四)患职业病的；(五)因工外出期间，由于工作原因受到伤害或者发生事故下落不明的；(六)在上下班途中，受到非本人主要责任的交通事故或者城市轨道交通、客运轮渡、火车事故伤害的；(七)法律、行政法规规定应当认定为工伤的其他情形。"

《工伤保险条例》第十五条规定："职工有下列情形之一的，视同工伤：(一)在工作时间和工作岗位，突发疾病死亡或者在48小时之内经抢救无效死亡的；(二)在抢险救灾等维护国家利益、公共利益活动中受到伤害的；(三)职工原在军队服役，因战、因公负伤致残，已取得革命伤残军人证，到用人单位后旧伤复发的。

职工有前款第(一)项、第(二)项情形的，按照本条例的有关规定享受工伤保险待遇；职工有前款第(三)项情形的，按照本条例的有关规定享受除一次性伤残补助金以外的工伤保险待遇。"

《工伤保险条例》第十六条规定："职工符合本条例第十四条、第十五条的规定，但是有下列情形之一的，不得认定为工伤或者视同工伤：(一)故意犯罪的；(二)醉酒或者吸毒的；(三)自残或者自杀的。"

9. 如何认定工伤?

案情简介

常某于2009年10月到甲公司担任运输司机,双方签订了书面劳动合同。2010年7月,常某在送货途中发生交通事故,被送往医院,经诊断为左膝软组织损伤、皮肤挫伤、左髌上囊积液。常某向当地劳动和社会保障局申请认定工伤,劳动局做出了工伤认定结论通知书。甲公司不服该认定结论,向当地政府提起行政复议,当地政府做出了行政复议决定书,维持了工伤认定结论通知;甲公司不服该行政复议决定书,向当地法院提起了行政诉讼,一审法院做出了行政判决书,维持了工伤认定结论;甲公司不服一审法院的行政判决,又向中院提起上诉,中院做出了终审判决,维持了一审判决,再次认定工伤结论成立。那么,正常情况下,常某在受伤之后如何申请认定工伤呢?

专家提示

本案涉及劳动者在工作中受到伤害,如何申请认定工伤的问题。

根据相关规定,劳动者在工作中受到人身伤害,需要申请认定工伤的,要在法定时间内由用人单位或者劳动者一方提出申请。用人单位要在事故发生之日起30日内,向当地社会保险行政部门提出工伤认定申请。如果用人单位没有提出申请的,受到事故伤害的劳动者或者其近亲属、工会组织在事故伤害发生之日起1年内,可以直接向用人单位所在地的社会保险行政部门提出工伤认定申请。在申请时应当提交工伤认定申请表,与用人单位存在劳动关系（包括事实劳动关系）的证明材料，以及医疗诊断证明或者职业病诊断证明书（或鉴定书）。劳动行政部门受理后，应当自受理工伤认定申请之日起60日内作出工伤认定的决定，并书面通知申请工伤认定的劳动者或者其近亲属和用人单位。当事人对劳动行政部门的工伤认定不服的，可以提起行政复议以及提起行政诉讼。劳动者经劳动行政部门认定为工伤后，劳动者及其近亲属，或者用人单位应当向设区的市级劳动能力鉴定委员会申请劳动能力鉴定。用人单位或个人对该鉴定结论不服的，在15日内可以向省级劳动能力鉴定委员会提出再次鉴定申请，省级劳动能力鉴定委员会做出的鉴定结论为最终结论。本案中，因甲公司没有申请认定工伤，所以常某本人向劳动行政部门进行申请。甲公司不服认定结论，所以提起行政复议，对行政复议决定不服，故提起了行政诉讼。

法律依据

《工伤保险条例》第十七条规定："职工发生事故伤害或者按照职业病防治法规定被诊断、鉴定为职业病，所在单位应当自事故伤害发生之日或者被诊断、鉴定为职业病之日起30日内，向统筹地区社会保险行政部门提出工伤认定申请。遇有特殊情况，经报社会保险行政部门同意，申请时限可以适当延长。

用人单位未按前款规定提出工伤认定申请的，工伤职工或者其近亲属、工会组织在事故伤害发生之日或者被诊断、鉴定为职业病之日起1年内，可以直接向用人单位所在地统筹地区社会保险行政部门提出工伤认定申请。……用人单位未在本条第一款规定的时限内提交工伤认定申请，在此期间发生符合本条例规定的工伤待遇等有关费用由该用人单位负担。"

第十八条规定："提出工伤认定申请应当提交下列材料：(一)工伤认定申请表；(二)与用人单位存在劳动关系(包括事实劳动关系)的证明材料；(三)医疗诊断证明或者职业病诊断证明书(或者职业病诊断鉴定书)。

工伤认定申请表应当包括事故发生的时间、地点、原因以及职工伤害程度等基本情况。……"

第十九条规定："……职工或者其近亲属认为是工伤，用人单位不认为是工伤的，由用人单位承担举证责任。"

第二十条规定："社会保险行政部门应当自受理工伤认定申请之日起 60 日内作出工伤认定的决定，并书面通知申请工伤认定的职工或者其近亲属和该职工所在单位。

社会保险行政部门对受理的事实清楚、权利义务明确的工伤认定申请，应当在 15 日内作出工伤认定的决定。"

第二十一条规定："职工发生工伤，经治疗伤情相对稳定后存在残疾、影响劳动能力的，应当进行劳动能力鉴定。"

第二十六条规定："申请鉴定的单位或者个人对设区的市级劳动能力鉴定委员会作出的鉴定结论不服的，可以在收到该鉴定结论之日起 15 日内向省、自治区、直辖市劳动能力鉴定委员会提出再次鉴定申请。省、自治区、直辖市劳动能力鉴定委员会作出的劳动能力鉴定结论为最终结论。"

10. 劳动者发生工伤事故的，可以获得哪些赔偿？

案情简介

张某系甲公司的职工，双方签订了书面劳动合同，其岗位为切菜工。2010 年 9 月，张某在工作中，其右手不慎被皮带卷入运转的机器，致使其右拇指、中环指末节指骨开放性骨折，右拇指末节毁损伤，右中环指屈伸肌腱断裂，右中环指指固有神经、指固有动脉断裂，为此在医院住院治疗了 30 天。2010 年 12 月，当地劳动和社会保障局认定张某为工伤，2011 年 3 月，经当地劳动能力鉴定委员会鉴定，张某所受工伤等级为八级。张某受伤后，就没有再去甲公司上班。那么，根据规定，张某可以获得哪些赔偿呢？

专家提示

本案涉及劳动者在受到工伤后享有什么待遇的问题。

根据 2011 年 1 月 1 日开始实施的《工伤保险条例》的规定，职工因工作遭受事故伤害或者患职业病需要暂停工作接受工伤医疗的，在治疗期间，所在单位需按照原有标准按月支付工资。职工住院治疗工伤的伙食补助费，以及符合规定到所在地区以外就医所需的交通、食宿费用都可以从工伤保险基金中支付。对于在治疗期间，受工伤的职工需要护理的，由用人单位负责。在工伤等级评定后，如果工伤职工需要护理的，从工伤保险基金按月支付生活护理费。对于工伤职工因生活需要配备的辅助器具费，也是按照国家规定的标准从工伤保险基金支付。从上述规定我们可以看出，在职工发生工伤后，可以按照原有工资待遇从用人单位领取治疗期间的工资，同时可以按照法律规定从工伤保险基金中支付所产生的住院伙食补助费、定残后的护理费、交通费、辅助器具费、康复费。此外，根据职工所受工伤程度的不同，按照规定取得的一次性补偿也有所不同。就本案而言，张某所受工伤为八级，可以取得以下一次性补助：按伤残等级支付一次性伤残补助金，八级伤残为 11 个月的本人工资；劳动、聘用合同期满终止，或者职工本人提出解除劳动、聘用合同的，由工伤保险基金支付一次性工伤医疗补助金，由用人单位支付一次性伤残就业补助金。一次性工伤医疗补助金和一次性伤残就业补助金的具体标准由省、自治区、直辖市人民政府规定。也就是说，张某受到工伤后，除已经产生的医药费、护理费等实际损失外，还可以取得一次性伤残补助金、一次性工伤医疗补助金及一次性伤残就业补助金。

法律依据

《中华人民共和国社会保险法》第三十八条规定："因工伤发生的下列费用，按照国家规定从工伤保险基金中支付：(一)治疗工伤的医疗费用和康复费用；(二)住院伙食补助费；(三)到统筹地区以外就医的交通食宿费；(四)安装配置伤残辅助器具所需费用；(五)生活不能自理的，经劳动能力鉴定委员会确认的生活护理费；(六)一次性伤残补助金和一至四级伤残职工按月领取的伤残津贴；(七)终止或者解除劳动合同时，应当享受的一次性医疗补助金；(八)因工死亡的，其遗属领取的丧葬补助金、供养亲属抚恤金和因工死亡补助金；(九)劳动能力鉴定费。"

《中华人民共和国社会保险法》第三十九条规定：“因工伤发生的下列费用，按照国家规定由用人单位支付：（一）治疗工伤期间的工资福利；（二）五级、六级伤残职工按月领取的伤残津贴；（三）终止或者解除劳动合同时，应当享受的一次性伤残就业补助金。”

《工伤保险条例》第三十条规定：“职工因工作遭受事故伤害或者患职业病进行治疗，享受工伤医疗待遇。职工治疗工伤应当在签订服务协议的医疗机构就医，情况紧急时可以先到就近的医疗机构急救。治疗工伤所需费用符合工伤保险诊疗项目目录、工伤保险药品目录、工伤保险住院服务标准的，从工伤保险基金支付。工伤保险诊疗项目目录、工伤保险药品目录、工伤保险住院服务标准，由国务院社会保险行政部门会同国务院卫生行政部门、食品药品监督管理部门等部门规定。职工住院治疗工伤的伙食补助费，以及经医疗机构出具证明，报经办机构同意，工伤职工到统筹地区以外就医所需的交通、食宿费用从工伤保险基金支付，基金支付的具体标准由统筹地区人民政府规定。工伤职工治疗非工伤引发的疾病，不享受工伤医疗待遇，按照基本医疗保险办法处理。工伤职工到签订服务协议的医疗机构进行工伤康复的费用，符合规定的，从工伤保险基金支付。”

《工伤保险条例》第三十二条规定：“工伤职工因日常生活或者就业需要，经劳动能力鉴定委员会确认，可以安装假肢、矫形器、假眼、假牙和配置轮椅等辅助器具，所需费用按照国家规定的标准从工伤保险基金支付。”

《工伤保险条例》第三十三条规定：“职工因工作遭受事故伤害或者患职业病需要暂停工作接受工伤医疗的，在停工留薪期内，原工资福利待遇不变，由所在单位按月支付。停工留薪期一般不超过12个月。伤情严重或者情况特殊,经设区的市级劳动能力鉴定委员会确认,可以适当延长,但延长不得超过12个月。工伤职工评定伤残等级后,停发原待遇,按照本章的有关规定享受伤残待遇。工伤职工在停工留薪期满后仍需治疗的,继续享受工伤医疗待遇。生活不能自理的工伤职工在停工留薪期需要护理的,由所在单位负责。"

《工伤保险条例》第三十四条规定:"工伤职工已经评定伤残等级并经劳动能力鉴定委员会确认需要生活护理的,从工伤保险基金按月支付生活护理费。生活护理费按照生活完全不能自理、生活大部分不能自理或者生活部分不能自理3个不同等级支付,其标准分别为统筹地区上年度职工月平均工资的50%、40%或者30%。"

《工伤保险条例》第三十五条规定:"职工因工致残被鉴定为一级至四级伤残的,保留劳动关系,退出工作岗位,享受以下待遇:(一)从工伤保险基金按伤残等级支付一次性伤残补助金,标准为:一级伤残为27个月的本人工资,二级伤残为25个月的本人工资,三级伤残为23个月的本人工资,四级伤残为21个月的本人工资;(二)从工伤保险基金按月支付伤残津贴,标准为:一级伤残为本人工资的90%,二级伤残为本人工资的85%,三级伤残为本人工资的80%,四级伤残为本人工资的75%。伤残津贴实际金额低于当地最低工资标准的,由工伤保险基金补足差额;(三)工伤职工达到退休年龄并办理退休手续后,停发伤残津贴,按照国家有关规定享受基本养老保险待遇。基本养老保险待遇低于伤残津贴的,由工伤保险基金补足差额。职工因工致残被鉴定为一级至四级伤残的,由用人单位和职工个人以伤残津贴为基数,缴纳基本医疗保险费。"

《工伤保险条例》第三十六条规定："职工因工致残被鉴定为五级、六级伤残的，享受以下待遇：(一)从工伤保险基金按伤残等级支付一次性伤残补助金，标准为：五级伤残为18个月的本人工资，六级伤残为16个月的本人工资；(二)保留与用人单位的劳动关系，由用人单位安排适当工作。难以安排工作的，由用人单位按月发给伤残津贴，标准为：五级伤残为本人工资的70%，六级伤残为本人工资的60%，并由用人单位按照规定为其缴纳应缴纳的各项社会保险费。伤残津贴实际金额低于当地最低工资标准的，由用人单位补足差额。经工伤职工本人提出，该职工可以与用人单位解除或者终止劳动关系，由工伤保险基金支付一次性工伤医疗补助金，由用人单位支付一次性伤残就业补助金。一次性工伤医疗补助金和一次性伤残就业补助金的具体标准由省、自治区、直辖市人民政府规定。"

《工伤保险条例》第三十七条规定："职工因工致残被鉴定为七级至十级伤残的，享受以下待遇：(一)从工伤保险基金按伤残等级支付一次性伤残补助金，标准为：七级伤残为13个月的本人工资，八级伤残为11个月的本人工资，九级伤残为9个月的本人工资，十级伤残为7个月的本人工资；(二)劳动、聘用合同期满终止，或者职工本人提出解除劳动、聘用合同的，由工伤保险基金支付一次性工伤医疗补助金，由用人单位支付一次性伤残就业补助金。一次性工伤医疗补助金和一次性伤残就业补助金的具体标准由省、自治区、直辖市人民政府规定。"

《工伤保险条例》第三十九条规定："职工因工死亡，其近亲属按照下列规定从工伤保险基金领取丧葬补助金、供养亲属抚恤金和一次性工亡补助金：(一)丧葬补助金为6个月的统筹地区上年度职工月平均工资;(二)供养亲属抚恤金按照职工本人工资的一定比例发给由因工死亡职工生前提供主要生活来源、无劳动能力的亲属。标准为:配偶每月40%,其他亲属每人每月30%,孤寡老人或者孤儿每人每月在上述标准的基础上增加10%。核定的各供养亲属的抚恤金之和不应高于因工死亡职工生前的工资。供养亲属的具体范围由国务院社会保险行政部门规定;(三)一次性工亡补助金标准为上一年度全国城镇居民人均可支配收入的20倍。伤残职工在停工留薪期内因工伤导致死亡的,其近亲属享受本条第一款规定的待遇。一级至四级伤残职工在停工留薪期满后死亡的,其近亲属可以享受本条第一款第(一)项、第(二)项规定的待遇。"

11. 在劳务派遣中，劳动者发生工伤致残的，一次性医疗补助金和一次性伤残就业补助金是由劳务派遣单位支付，还是由用工单位来支付？

案情简介

甲劳务派遣公司于2009年3月与乙公司签订了劳务派遣协议，约定由甲劳务派遣公司派遣员工到乙公司工作。同时，在劳务协议书中约定“如被派遣人员发生因公伤亡，乙公司应立即通知甲劳务派遣公司，并由甲劳务派遣公司向有关部门通报，并办理工伤认定、伤残鉴定的手续，工伤医疗费用由乙公司先行垫付，按照当地行政法规的规定，由甲劳务派遣公司办理相关工伤待遇及工伤医疗费的报销，乙公司予以协助解决。工伤保险以外的费用由乙公司承担”。杨某于2009年12月与甲劳务派遣公司签订了劳动合同，后被派遣到乙公司工作。2011年3月，杨某在工作中不慎受伤，经有关部门认定，杨某所受为工伤，伤残等级为九级。事故发生以后，甲劳务派遣公司和乙公司都没有向杨某支付一次性医疗补助金和一次性伤残就业补助金。乙公司和甲劳务派遣公司对由谁支付一次性医疗补助金和伤残就业补助金发生争议。甲劳务派遣公司认为一次性医疗补助金和伤残就业补助金不能算是工伤保险以内的费用，所以应当由乙公司承担。乙公司认为一次性医疗补助金和伤残就业补助金属于工伤保险以内的费用，应当由甲劳务派遣公司承担，劳务协议中工伤保险并不局限于工伤基金内的费用。那么，杨某的补助金应该由谁来支付呢？

专家提示

本案涉及一次性医疗补助金和伤残就业补助金是否属于工伤保险范围内的费用的问题。

根据新修订的《工伤保险条例》，一次性工伤医疗补助金是由工伤保险基金支付的，一次性伤残就业补助金由用人单位支付，这些均为劳动者根据《工伤保险条例》所享有的工伤保险待遇，因此一次性伤残补助金和一次性工伤医疗补助金及伤残就业补助金均属于工伤保险以内的费用。本案中，甲劳务派遣公司与乙公司在协议中约定"工伤保险以外"的费用由乙公司负担，而不是"工伤保险基金以外"的费用由乙公司承担，且甲劳务派遣公司属杨某的用人单位，因此，按照法律的规定和双方的协议约定，双方所争议的一次性工伤医疗补助金及伤残就业补助金应当由用人单位甲劳务派遣公司承担。

法律依据

《中华人民共和国社会保险法》第三十九条规定："因工伤发生的下列费用，按照国家规定由用人单位支付：……（三）终止或者解除劳动合同时，应当享受的一次性伤残就业补助金。"

女职工和未成年工保护

1. 用人单位在招录职工时，对男女职工设定不同的录用标准是否合法？

案情简介

小王大学毕业后，因为工作不好找，便咬着牙继续考试，考上了研究生，眼看研究生就快要毕业，但是工作还是没有着落。这不是因为小王成绩不好，而是很多小王能够喜欢的单位只招录男生，不招录小王这样的女生。终于有一家单位能够招录女生了，小王和其他同班女同学赶紧报名，但等到招录标准一出来，小王等女生就傻眼了，招录标准中写明了男生只要大学本科毕业就行，女生至少得硕士研究生毕业；男性身高不低于 172 厘米，女性身高不得低于 160 厘米；同时，还写明了要采用笔试、面试等综合考试，根据考试成绩，择优录取，在同等成绩的情况下男生优先录取等等。小王等女生认为这家单位明显歧视女性、侵犯小王等女生的平等就业权，要求该单位采用男女平等的标准确定录用条件，不能在成绩相同的情况下优先录用男生。同时，小王等女生向劳动行政部门进行了反映。

专家提示

本案主要涉及男女劳动者的平等就业权问题。

平等就业权是一项国际公认的基本人权。妇女在政治、经济、文化、社会、家庭等领域享有与男子同等权利，其特殊利益应受到保障。世贸组织 1996 年在新加坡发表的声明中的四条“核心劳动标准”的第三条就是“就业无歧视”，就业权作为实现劳动权利的首要权利，不再仅仅是公民个人和家庭的事情，而成为国家有义务提供保障的公民的基本人权。近年来，随着女性就业局势的恶化，如果不能够切实地保护女性的就业权利，为她们实现就业创造条件，传统的建立在男强女弱、男外女内的分工模式上的性别观念就会出现"回调、倒退"，这样势必制约两性的平等发展，导致社会发展进程的倒退。

根据我国《劳动法》等相关法律的规定，女性与男性一样，享有平等的就业权利，除了国家规定的如矿山井下作业等不适合女性的工种或者岗位外，在录用职工时，不得以性别为由拒绝录用女性或者提高对女性的录用标准。本案中，该用人单位在招录职工时，男性是本科就行，女性却是至少研究生以上学历；男性在与女性同等成绩的情况下，却能得到优先录用，这不符合男女平等就业权的理念，存在性别歧视，是不合法的，应当改正。如果该用人单位不自行改正，劳动行政部门可以责令其改正，并可予以罚款。

法律依据

《中华人民共和国劳动法》第十三条规定："妇女享有与男子平等的就业权利。在录用职工时，除国家规定的不适合妇女的工种或者岗位外，不得以性别为由拒绝录用妇女或者提高对妇女的录用标准。"

《中华人民共和国妇女权益保障法》第二十二条规定："国家保障妇女享有与男子平等的劳动权利和社会保障权利。"

《中华人民共和国妇女权益保障法》第二十三条规定："各单位在录用职工时，除不适合妇女的工种或者岗位外，不得以性别为由拒绝录用妇女或者提高对妇女的录用标准。

各单位在录用女职工时，应当依法与其签订劳动（聘用）合同或者服务协议，劳动（聘用）合同或者服务协议中不得规定限制女职工结婚、生育的内容。"

《中华人民共和国就业促进法》第二十七条规定："国家保障妇女享有与男子平等的劳动权利。

用人单位招用人员，除国家规定的不适合妇女的工种或者岗位外，不得以性别为由拒绝录用妇女或者提高对妇女的录用标准。

用人单位录用女职工，不得在劳动合同中规定限制女职工结婚、生育的内容。"

2. 用人单位安排女职工从事建筑业脚手架的组装工作，是否合法？法律对女职工的劳动范围是怎么规定的？

案情简介

小刘来自山区的农村，由于长期从事农业生产活动，身体相当地壮实。为了能够给家庭多挣点收入，2008 年开始，小刘到城市的建筑工地打工，当一名小工，虽然是女性，小刘干起活来可不比男性差，开始的时候，建筑公司还担心小刘干不了工地的活，可一看小刘干活的劲头，真是干什么都干得有模有样，还能够用心学习和琢磨，渐渐地，建筑公司也就忽略了小刘的女性身份和双方劳动合同的约定，小刘也就经常被安排干合同约定外的一些男性工作。有一段时间，负责建筑脚手架组装的师傅请了病假，要休息一段时间，因为小刘曾经协助干过脚手架组装工作，公司为了省钱，便让小刘顶起大梁，独自负责建筑脚手架的组装，毕竟小刘是女性，在工作期间，因技术和力量等多方面原因，小刘不慎受伤，虽然建筑公司对小刘治病是负责到底，不推卸责任。但是，对于这种脚手架组装的强体力劳动，公司让小刘负责是否合法？

专家提示

本案主要涉及女职工的劳动范围问题。

由于女性与男性不同的生理特点，在保证女性与男性平等就业权的同时，国家并不提倡女性与男性从事同样的工作岗位，对女性所从事的工作岗位，即女性的劳动范围做出了保护性限制。根据我国劳动法的规定，用人单位绝对不允许安排女职工从事矿山井下、国家规定的第四级体力劳动强度的劳动和其他禁忌从事的劳动。如果违反这个规定，用人单位轻则负有改正责任、对劳动者进行经济补偿或者赔偿的责任，重则可能被追究刑事责任。

什么叫做国家规定的第四级体力劳动强度的劳动？根据相关规定，我国的劳动强度分为四个等级，其中Ⅰ级体力劳动指的是在8小时工作日内的劳动时间率为61%，即净劳动时间为293分钟，相当于轻劳动；Ⅱ级体力劳动指的是在8小时工作日内的劳动时间率为67%，即净劳动时间为320分钟，相当于中等强度劳动；Ⅲ级体力劳动指的是在8小时工作日内的劳动时间率为73%，即净劳动时间为350分钟，相当于重强度劳动；Ⅳ级体力劳动指的是在8小时工作日内的劳动时间率为77%，即净劳动时间为370分钟，相当于“很重”强度劳动，是最高劳动强度级别的劳动。当然，由于涉及比较专业的知识和专业的计量，在实践中，若需准确了解其工种劳动强度的大小，应到当地劳动部门劳动安全卫生检测站请求实际测量和计算。

什么是女职工其他禁忌从事的劳动？根据现行规定，包括森林业伐木、归楞及流放作业；建筑业脚手架的组装和拆除作业，以及电力、电信行业的高处架线作业；连续负重（指每小时负重次数在6次以上）每次负重超过20公斤，间断负重每次负重超过25公斤的作业等。本案中，虽然小刘具有较好的身体素质，能够从事很多的体力工作，但是，建筑公司不能因此忽视法律的强制性规定，安排小刘从事建筑脚手架的组装工作，建筑公司的这种工作安排是错误的，是违反法律的强制性规定的，同时，也是违反其与小刘之间所签订的劳动合同约定的，应当及时予以改正，并对小刘因伤而产生的损害予以赔偿。

法律依据

《中华人民共和国劳动法》第五十九条规定："禁止安排女职工从事矿山井下、国家规定的第Ⅳ级体力劳动强度的劳动和其他禁忌从事的劳动。"

《中华人民共和国劳动法》第九十五条规定："用人单位违反本法对女职工和未成年工的保护规定，侵害其合法权益的，由劳动行政部门责令改正，处以罚款；对女职工或者未成年工造成损害的，应当承担赔偿责任。"

《中华人民共和国妇女权益保障法》第二十六条规定："任何单位均应根据妇女的特点，依法保护妇女在工作和劳动时的安全和健康，不得安排不适合妇女从事的工作和劳动。

妇女在经期、孕期、产期、哺乳期受特殊保护。"

《女职工劳动保护规定》第十三条规定："对违反本规定侵害女职工劳动保护权益的单位负责人及其直接责任人员，其所在单位的主管部门，应当根据情节轻重，给予行政处分，并责令该单位给予被侵害女职工合理的经济补偿；构成犯罪的，由司法机关依法追究刑事责任。"

3. 女职工在经期期间应受到哪些特殊保护?

案情简介

小郑19岁高中毕业后没有考上大学,带着对大城市的憧憬,小郑离开居住的小镇,到城市里打工,由于没有过硬的学历和专业的技术知识。小郑到了一家酒店当洗碗工,由于小郑是女生,双方在劳动合同中约定,酒店要保证洗碗热水的供应。但是,由于热水管设备的老化,热水供应总是时断时续,不能保证稳定的供应。小郑多次向酒店反映,酒店为了节约成本,一直没有重视这件事情,没有对热水管道进行修理。到了冬天,热水管更加不好用,正好碰上小郑在经期期间,用了几天的冷水洗碗后,小郑就病了,小郑向酒店递交了请假条,并附上了自己的医院诊断证明。酒店这下才意识到保证热水供应的重要性,一方面赶紧派人维修热水管道;另一方面酒店的管理人员到小郑住处去看望小郑。

专家提示

本案主要涉及女职工在经期期间的劳动保护问题。

月经是女性的一种正常生理现象,具有周期性,月经来潮时,可使正常的生理防御机能相对减弱,免疫功能受到破坏,若不注意保护,会引起月经不调和其他各种妇女病。月经期从事高空作业会给妇女带来诸多不便。由于女性本身物理的体温调节机能差,月经期更不能从事低温作业,否则可引起子宫淤血或发生痛经等。月经期若受冷水的刺激,可引起经血减少、痛经、闭经或月经淋漓不断。所以,在女性月经期间必须要禁止从事某些工作,用人单位要为女职工在月经期间提供劳动保护，保证女职工的身心健康。

《女职工劳动保护规定》第六条规定，“女职工在月经期间，所在单位不得安排其从事高空、低温、冷水和国家规定的第三级体力劳动强度的劳动”。《女职工禁忌劳动范围的规定》进一步规定了女职工在月经期间禁忌从事的劳动范围，“1. 食品冷冻库内及冷水等低温作业；2.《体力劳动强度分级》标准中第Ⅲ级体力劳动强度的作业；3.《高处作业分级》标准中第Ⅱ级（含Ⅱ级）以上的作业”。

关于Ⅲ级体力劳动强度的劳动，指的是在 8 小时工作日内的劳动时间率为 73%，即净劳动时间为 350 分钟，相当于重强度劳动，当然，正如上一个案例所述，若需准确了解其工种劳动强度的大小，应到当地劳动部门劳动安全卫生检测站请求实际测量和计算。至于高处作业，指的是在坠落高度基准面 2 米以上（含 2 米）有可能坠落的高处进行的作业，高处作业高度在 2 米至 5 米时，为一级高处作业；5 米以上到 15 米时，为二级高处作业；15 米以上至 30 米时，为三级高处作业；30 米以上为特级高处作业。除了高度标准，《高处作业分级》中还具体规定了风力、高温、低温、降雪、降雨、接近带电体、照明等特殊条件下的高处作业标准。

本案中，小郑与酒店所签订的劳动合同已经明确约定了酒店要为小郑提供热水供应，酒店未能保证热水供应，已经构成违约；同时，小郑在经期期间，酒店仍让小郑使用冷水洗碗，也违反了我国法律法规对女职工的劳动保护规定，酒店应当及时纠正其错误，修理好热水管道，并对小郑所受到的损害承担赔偿责任。

法律依据

《中华人民共和国劳动法》第六十条规定："不得安排女职工在经期从事高处、低温、冷水作业和国家规定的第三级体力劳动强度的劳动。"

《中华人民共和国劳动法》第九十五条规定："用人单位违反本法对女职工和未成年工的保护规定，侵害其合法权益的，由劳动行政部门责令改正，处以罚款；对女职工或者未成年工造成损害的，应当承担赔偿责任。"

4. 女职工在孕期期间应受到哪些特殊保护?

案情简介

2007 年 8 月,24 岁的小何被某纺织厂招录为纺织女工,劳动期为三年。在劳动合同履行期间,小何的个人生活经历了谈恋爱、结婚、怀孕的三部曲,尤其是在怀孕期间,按照医生的嘱咐,小何多次在工作时间请假去医院进行产前检查,纺织厂便以小何进行产前检查没有全勤为由多次扣除了小何的全勤奖金。小何开始认为自己确实没有保证上班时间,虽然扣了奖金,也没有提出反对意见,但是,后来小何了解到法律对怀孕的女工有特殊规定,怀孕女工的产前检查时间也算作劳动时间,因此,纺织厂不应当扣除小何的全勤奖金。在与单位协商未果后,小何向单位所在地的劳动争议仲裁委员会提请仲裁。

专家提示

本案主要涉及女职工孕期期间的劳动保护问题。

女职工孕期保护是保证女职工身体健康和胎儿正常发育的重要环节,而产前检查是保护女职工和胎儿身心健康的重要程序。产前检查是在女性妊娠期对孕妇和胎儿所做的临床检查。由于胎儿的生长发育,孕妇身体各系统出现一系列相适应的变化,若超越生理范围或孕妇本身患有某种疾病不能适应妊娠的改变,则孕妇和胎儿都可出现病理情况。通过产前检查,能够及早发现并防治合并症(孕妇原有疾病如心脏病等)和并发症(孕期后发生的疾病如妊娠高血压综合征),及时纠正异常胎位和发现胎儿异常,确定分娩方式。产前检查时间一般应从确诊妊娠后开始,孕 28 周前每月一次,孕 28—36 周时每 2 周一次,末一个月每周一次,若有异常情况,酌情增加检查次数。具体医生根据孕妇的各种情况予以确定。

根据相关规定,怀孕女职工在劳动时间进行产前检查,应当算作劳动时间;为了保证孕妇和胎儿的健康,怀孕女职工应按卫生部门的要求做产前检查。女职工产前检查应按出勤对待,不能按病假、事假、旷工处理。对在生产第一线的女职工,要相应地减少生产定额,以保证产前检查时间。因此,本案中的小何在工作时间按照医生的嘱咐进行产前检查,是符合相关规定的,纺织厂无权扣除小何的全勤奖金,应当予以纠正。

另外,根据《女职工劳动保护规定》的规定,"女职工在怀孕期间,所在单位不得安排其从事国家规定的第三级体力劳动强度的劳动和孕期禁忌从事的劳动,不得在正常劳动日以外延长劳动时间;对不能胜任原劳动的,应当根据医务部门的证明,予以减轻劳动量或者安排其他劳动。怀孕七个月以上(含七个月)的女职工,一般不得安排其从事夜班劳动,在劳动时间内应当安排一定的休息时间。"

根据《女职工禁忌劳动范围的规定》的相关规定,"已婚待孕女职工禁忌从事的劳动范围包括铅、汞、苯、镉等作业场所属于《有毒作业分级》标准中第Ⅲ、Ⅳ级的作业";怀孕女职工禁忌从事的劳动范围包括:"1.作业场所空气中铅及其化合物、汞及其化合物、苯、镉、铍、砷、氰化物、氮氧化物、一氧化碳、二硫化碳、氯、己内酰胺、氯丁二烯、氯乙烯、环氧乙烷、苯胺、甲醛等有毒物质浓度超过国家卫生标准的作业;2.制药行业中从事抗癌药物及己烯雌酚生产的作业;3.作业场所放射性物质超过《放射防护规定》中规定剂量的作业;4.人力进行的土方和石方作业;5.《体力劳动强度分级》标准中第Ⅲ级体力劳动强度的作业;6.伴有全身强烈振动的作业，如风钻、捣固机、锻造等作业，以及拖拉机驾驶等；7. 工作中需要频繁弯腰、攀高、下蹲的作业，如焊接作业；8.《高处作业分级》标准所规定的高处作业。”

法律依据

《中华人民共和国劳动法》第六十一条规定：“不得安排女职工在怀孕期间从事国家规定的第Ⅲ级体力劳动强度的劳动和孕期禁忌从事的活动。对怀孕七个月以上的女职工，不得安排其延长工作时间和夜班劳动。”

《中华人民共和国劳动法》第九十五条规定：“用人单位违反本法对女职工和未成年工的保护规定，侵害其合法权益的，由劳动行政部门责令改正，处以罚款；对女职工或者未成年工造成损害的，应当承担赔偿责任。”

5. 女职工休产假期间，用人单位如何支付工资？

案情简介

小张于2008年3月10日与某汽车技术服务公司签订劳动合同，入职该汽车技术服务公司工作，月薪3000元，由于怀孕生产，小张向公司递交了请假审批单、假条，于2009年8月19日至12月31日休了135天的产假。但是，公司认为，小张虽然属于晚育，应当只能享受120天的产假，公司也批准其休假120天并按照基本工资标准发放产假期间的工资，小张休假135天属于擅自主张，没有经过公司批准，也没有法律依据，应当扣除小张的部分奖金和工资；对此，小张称，虽然单位只批准了120天的产假假期，但是自己在生产过程中系剖腹产，属于难产，依法应享受增加15天的假期，故公司应当按照135天计算产假假期，不能算我擅自违法休假。双方就应当休假的天数发生争议，公司并因此未发放产假期间小张的全部工资，小张向劳动争议仲裁委员会提请仲裁，经仲裁，判令公司给付小张135天的产假工资差额并给付25％的经济补偿金。

专家提示

本案主要涉及产假期间的确定及工资的给付问题。

产假是指在职妇女产期前后的休假待遇，一般从分娩前半个月至产后两个半月，共计为90天。晚育（即男25周岁，女23周岁以上结婚为晚婚，已婚妇女24周岁以上或晚婚后怀孕生育第一个孩子为晚育）的，增加30天产假；难产的，增加产假15天。多胞胎生育的，每多生育一个婴儿，增加产假15天。即使女职工怀孕流产的，其所在单位应当根据医务部门的证明，给予一定时间的产假，但是，该种产假不同于正常生产时的产假，不是90天以上。

本案中，基于小张系晚育，小张请了120天的产假，单位也批准了120天的产假，如果小张顺利生产，那自然没有争议；而小张在生产过程中发生困难，进行了剖腹生产，根据相关规定，剖腹产属于难产，小张自然依法享有难产假15天，这是双方在请假期间无法预测到的，所以在发生难产的情况下，单位应当批准相应延长的假期，本案中该公司的做法是错误的，公司应当按照135天的产假计算并给付小张相应的工资或者生育津贴，由于公司未依法给付，公司同时还要承担25%的经济补偿金的给付责任。

法律依据

《中华人民共和国劳动法》第六十二条规定："女职工生育享受不少于九十天的产假。"

《女职工劳动保护规定》第八条规定："女职工产假为九十天，其中产前休假十五天。难产的，增加产假十五天。多胞胎生育的，每多生育一个婴儿，增加产假十五天。

女职工怀孕流产的，其所在单位应当根据医务部门的证明，给予一定时间的产假。"

6. 女职工在哺乳期期间应受到哪些特殊保护？

案情简介

小李于2008年4月14日入职某洁具公司，双方签订了《劳动合同书》，约定小李担任公司会计，实行标准工时制，合同期为一年。2009年5月2日，小李在医院顺利生产了一个孩子。2009年8月9日，公司给小李发出《解除劳动合同通知书》，要求解除与小李之间的劳动合同。小李签收了该通知书，但同时表明不同意解除与公司之间的劳动合同，小李找到公司协商，表示根据法律规定，用人单位与小李之间的劳动合同应当延续至哺乳期满，故双方劳动关系仍在存续之中等等。公司认为，双方之间的劳动合同已经到期，考虑到小李在合同期内怀孕生产，故没有计较，等小李休满产假后才解除合同已经对小李很宽容了等等。双方协商未果，小李向仲裁委员会提请仲裁。

专家提示

本案主要涉及女职工在哺乳期的特殊劳动保护问题。

哺乳期是指生产后，产妇用自己的乳汁喂养婴儿的时期，一般是开始哺乳到停止哺乳的这段时间，根据相关规定，我国女职工依法享有的哺乳期为生产后至孩子满周岁的一年时间。本案中，小李系2009年5月2日生产，故小李依法应享有的哺乳期到2010年5月1日终止。

根据劳动合同法的规定，女职工在孕期、产期、哺乳期的，用人单位不得解除劳动合同；同时，如果在孕期、产期、哺乳期期间，劳动合同期满，那么，劳动合同应当延续至孕期、产期、哺乳期等情形消失时终止。故小李与公司之间的劳动合同虽然已经到期，但是小李与公司之间的劳动合同仍应当依法到 2010 年 5 月 1 日终止。公司向小李发出《解除劳动合同书》以解除双方之间的劳动合同的行为时不符合法律规定的，应当改正。

另外，根据《女职工劳动保护规定》，“女职工在哺乳期内，所在单位不得安排其从事国家规定的第Ⅲ级体力劳动强度和哺乳期禁忌从事的劳动，不得延长其劳动时间，一般不得安排其从事夜班劳动”；“有不满一周岁婴儿的女职工，其所在单位应当在每班劳动时间内给予其两次哺乳（含人工喂养）时间，每次三十分钟。多胞胎生育的，每多哺乳一个婴儿，每次哺乳时间增加三十分钟。女职工每班劳动时间内的两次哺乳时间，可以合并使用。哺乳时间和在本单位内哺乳往返途中的时间，算作劳动时间”。根据《女职工禁忌劳动范围的规定》，乳母禁忌从事的劳动范围包括：作业场所空气中铅及其化合物、汞及其化合物、苯、镉、铍、砷、氰化物、氮氧化物、一氧化碳、二硫化碳、氯、己内酰胺、氯丁二烯、氯乙烯、环氧乙烷、苯胺、甲醛等有毒物质浓度超过国家卫生标准的作业；《体力劳动强度分级》标准中第Ⅲ级体力劳动强度的作业；作业场所空气中锰、氟、溴、甲醇、有机磷化合物、有机氯化合物的浓度超过国家卫生标准的作业。

法律依据

《中华人民共和国劳动法》第六十三条规定：“不得安排女职工在哺乳未满一周岁的婴儿期间从事国家规定的第Ⅲ级体力劳动强度的劳动和哺乳期禁忌从事的其他劳动，不得安排其延长工作时间和夜班劳动。”

《中华人民共和国劳动法》第二十九条规定:“劳动者有下列情形之一的,用人单位不得依据本法第二十六条、第二十七条的规定解除劳动合同:

(一)患职业病或者因工负伤并被确认丧失或者部分丧失劳动能力的;

(二)患病或者负伤,在规定的医疗期内的;

(三)女职工在孕期、产期、哺乳期内的。”

《中华人民共和国劳动合同法》第四十二条规定:“劳动者有下列情形之一的,用人单位不得依照本法第四十条、第四十一条的规定解除劳动合同:

(一)从事接触职业病危害作业的劳动者未进行离岗前职业健康检查,或者疑似职业病病人在诊断或者医学观察期间的;

(二)在本单位患职业病或者因工负伤并被确认丧失或者部分丧失劳动能力的;

(三)患病或者非因工负伤,在规定的医疗期内的;

(四)女职工在孕期、产期、哺乳期的;

(五)在本单位连续工作满十五年,且距法定退休年龄不足五年的;

(六)法律、行政法规规定的其他情形。”

《中华人民共和国劳动合同法》第四十五条规定:“劳动合同期满,有本法第四十二条规定情形之一的,劳动合同应当延续至相应的情形消失时终止。但是,本法第四十二条第二项规定丧失或者部分丧失劳动能力劳动者的劳动合同的终止,按照国家有关工伤保险的规定执行。”

7. 不满14岁童工在用人单位受伤的，用人单位应负什么责任？

案情简介

因家庭生活困难，不满14岁的小刘初中没毕业就辍学回家。为了能早日挣钱帮助家用，小刘经同村乡亲介绍到某服装公司上班。进厂后，未经过必需的技能培训，小刘就被安排在摇绊车间做摇绊工。做工期间，小刘私自到该厂络丝车间工作，服装公司发现后，也没有严格制止，工作时，因络丝解结，小刘的右手大拇指被机器截落。经住院治疗后，虽然右拇指再植成活，但其伸张活动有障碍。后在当地劳动鉴定委员会鉴定后，结论为七级伤残。由于小刘手指再植手术的费用较高，小刘要求服装公司为其支付。服装公司却以小刘私自串岗、责任自负为由，拒付这笔费用。家境困难的小刘在走投无路的情况下，经朋友帮助，向当地争议仲裁委员会提起了申诉。

专家提示

本案主要是涉及童工在用人单位受伤后怎么办的问题。

根据法律规定，除了文艺、体育和特种工艺单位依照国家有关规定履行审批手续后可以招用未满16周岁的未成年人外，任何组织和个人不得招用未满16周岁的未成年人。用人单位招用人员时，必须核查被招用人员的身份证；对不满16周岁的未成年人，一律不得录用。用人单位录用人员的录用登记、核查材料应当妥善保管，并不得伪造相关材料。使用未满16岁的未成年人作为工人，就是使用童工。

本案中，服装公司在招用小刘时，应当仔细核查小刘的身份证，发现小刘不满 16 周岁时，就不应当使用小刘作为工人。但是，服装公司并未尽到这种核查义务，导致童工小刘进入工厂，并在工作中受伤，应承担相应的法律责任。根据《禁止使用童工规定》第十条的规定，“童工患病或者受伤的，用人单位应当负责送到医疗机构治疗，并负担治疗期间的全部医疗和生活费用。童工伤残或者死亡的，用人单位由工商行政管理部门吊销营业执照或者由民政部门撤销民办非企业单位登记；用人单位是国家机关、事业单位的，由有关单位依法对直接负责的主管人员和其他直接责任人员给予降级或者撤职的行政处分或者纪律处分；用人单位还应当一次性地对伤残的童工、死亡童工的直系亲属给予赔偿，赔偿金额按照国家工伤保险的有关规定计算。”因此，本案中的服装公司不能以小刘串岗致残、责任自负为由拒付任何费用，而应当负责将小刘送到医疗机构治疗，并负担治疗期间的全部医疗和生活费用；另外，小刘经鉴定为七级伤残，因此，服装公司还应按照国家工伤保险的有关规定计算发给小刘一定数额的赔偿金。

法律依据

《中华人民共和国劳动法》第十五条规定："禁止用人单位招用未满十六周岁的未成年人。

文艺、体育和特种工艺单位招用未满十六周岁的未成年人，必须依照国家有关规定，履行审批手续，并保障其接受义务教育的权利。"

《中华人民共和国劳动法》第九十四条规定："用人单位非法招用未满十六周岁的未成年人的，由劳动行政部门责令改正，处以罚款；情节严重的，由工商行政管理部门吊销营业执照。"

《中华人民共和国未成年人保护法》第三十八条第一款规定："任何组织或者个人不得招用未满十六周岁的未成年人，国家另有规定的除外。"

《中华人民共和国未成年人保护法》第六十八条规定："非法招用未满十六周岁的未成年人，或者招用已满十六周岁的未成年人从事过重、有毒、有害等危害未成年人身心健康的劳动或者危险作业的，由劳动保障部门责令改正，处以罚款；情节严重的，由工商行政管理部门吊销营业执照。"

8. 未成年工应受到哪些特殊保护?

案情简介

2007年7月,将满17周岁的小孙被某煤矿招为合同制工人,双方签订了为期三年的劳动合同,煤矿安排小孙在矿办公室当通信员。在办理招用手续时,经过了当地劳动部门审批,并对小孙进行了健康检查。2008年5月,该矿因精简机构,压缩非生产部门工作人员,安排小孙下井到采掘面工作,小孙当即拒绝。矿方也认为安排其从事井下工作不妥,并于同月12日安排小孙到锅炉房干司炉工作,也被小孙拒绝。于是,矿方认为小孙不服从分配,决定于5月28日辞退小孙,于同日贴了公告并向小孙送达了辞退通知书。小孙不服,向当地劳动争议仲裁委员会提出申诉,要求撤销对其辞退决定,安排力所能及的工作。矿方认为,虽然小孙未年满18周岁,但身体健壮,有力气从事一些体力劳动,何况矿上正在精简机构,压缩非生产部门的人员,充实一线工人,在此情况下,调整小孙工作,先后两次小孙都不服从,在矿上造成不良影响,因此,该矿才对其作出辞退处理。

专家提示

本案主要涉及未成年工的特殊保护问题。

未成年工不同于童工,未满16周岁的未成年人参加工作的叫做童工,年满16周岁未满18周岁的劳动者叫做未成年工,童工为法律所禁止,未成年工为法律所允许,但是,由于该种劳动者仍属未成年人,其身体和智力尚未完全发育成熟,故法律仍对其进行特殊保护。

根据劳动法和未成年人保护法的相关规定，用人单位不得安排未成年工从事矿山井下、有毒、有害、国家规定的第Ⅳ级体力劳动强度的劳动和其他禁忌从事的劳动；用人单位应当执行国家在工种、劳动时间、劳动强度和保护措施等方面的规定，不得安排未成年工从事过重、有毒、有害等危害未成年人身心健康的劳动或者危险作业；用人单位应当对未成年工定期进行健康检查，包括安排工作岗位之前、工作满1年和年满18周岁，距前一次的体检时间已超过半年等。具体到本案，煤矿安排小孙的三个工作岗位，矿办公室的通信员是不违反规定的，但是下井采掘面工作和锅炉房司炉这两个岗位，根据《未成年工特殊保护规定》第三条的规定，是不得安排未成年工从事的。故煤矿不能仅仅以小孙身体强壮为由安排未满18周岁的小孙从事其不应从事的工作岗位，煤矿的行为是错误的，应当予以改正。

法律依据

《中华人民共和国劳动法》第五十八条规定："国家对女职工和未成年工实行特殊劳动保护。

未成年工是指年满十六周岁未满十八周岁的劳动者。"

《中华人民共和国劳动法》第六十四条规定："不得安排未成年工从事矿山井下、有毒有害、国家规定的第Ⅳ级体力劳动强度的劳动和其他禁忌从事的劳动。"

《中华人民共和国劳动法》第六十五条规定："用人单位应当对未成年工定期进行健康检查。"

《中华人民共和国未成年人保护法》第三十八条第二款规定："任何组织或者个人按照国家有关规定招用已满十六周岁未满十八周岁的未成年人的，应当执行国家在工种、劳动时间、劳动强度和保护措施等方面的规定，不得安排其从事过重、有毒、有害等危害未成年人身心健康的劳动或者危险作业。"

《中华人民共和国未成年人保护法》第六十八条规定："非法招用未满十六周岁的未成年人，或者招用已满十六周岁的未成年人从事过重、有毒、有害等危害未成年人身心健康的劳动或者危险作业的，由劳动保障部门责令改正，处以罚款；情节严重的，由工商行政管理部门吊销营业执照。"

9. 女职工产假期满后，因身体原因仍不能工作的，用人单位能否按旷工处理？

案情简介

马某系某超市收银员，2008 年 7 月与超市签订劳动合同，合同期为 3 年，2009 年 10 月，刚满 22 周岁的马某生育一女，马某休产假到 2010 年 1 月。90 天的产假期满后，马某感到肺部不适，经医院诊断为慢性肺炎，系因感冒发烧所致，与马某生育无关，但是医院让其休息治疗一个月，于是马某又向超市要求休假一个月。休假结束后，超市以马某旷工为由扣发其全月工资。为此双方发生争议，马某向当地劳动争议仲裁委员会提出申诉，认为自己系产假期间恢复得不好，所以得再休息一个月，这个月的休假期间也算是产假，单位不仅不能算她旷工，而且还应当支付她产假工资；超市认为，产假就是 90 天，马某超过 90 天还不上班，口头说一声请假就不来了，这就是旷工行为，超市的处罚没有错。

专家提示

本案主要涉及女职工产假结束后，因身体原因仍不能工作的情况下，还能享受什么特殊保护的问题。

女职工产假期间和产假期满后的工资待遇，国家有明确规定，女职工生育，可享受不少于 90 天的产假，一般为产前假 15 天，产后假 75 天；如果是晚育的，加 30 天产假；难产的，再加 15 天产假；产假期间工资照发，女工享受产假工资照发的待遇是在产假假期内，超过产假假期则不应再享受产假工资。产假期满后，如果女职工因身体原因仍不能工作，那么怎么办？劳动部《关于女职工生育待遇若干问题的通知》（劳险字〔1988〕2号）第三条规定，女职工产假期满，因身体原因仍不能工作的，由医务部门证明，其超过产假期间的待遇，按照职工患病的有关规定处理。《企业职工生育保险试行办法》（劳部发〔1994〕504号）第六条也规定，女职工生育出院后，因生育引起疾病的医疗费，由生育保险基金支付；其他疾病的医疗费，按照医疗保险的有关规定办理。女职工产假期满，因病需要休息治疗的，按照有关病假待遇和医疗保险待遇规定办理。

本案中，马某在90天产假期满后，因感冒发烧引起了肺炎，确实有病需要休息治疗，应当依法享有病假，同时享受病假工资和医疗保险待遇也是合法、合理的。但是马某主张产假期间恢复得不好，从而要求享受产假工资待遇则没有法律依据。超市对马某产假满后患病休假以旷工论处，扣发其全部工资，也违反了国家规定。

法律依据

《中华人民共和国劳动法》第六十二条规定："女职工生育享受不少于九十天的产假。"

《女职工劳动保护规定》第八条规定："女职工产假为九十天，其中产前休假十五天。难产的，增加产假十五天。多胞胎生育的，每多生育一个婴儿，增加产假十五天。

女职工怀孕流产的，其所在单位应当根据医务部门的证明，给予一定时间的产假。"

《女职工劳动保护规定》第四条规定："不得在女职工怀孕期、产期、哺乳期降低其基本工资，或者解除劳动合同。"

10. 女职工在劳动合同中做出“不结婚、不怀孕”的承诺，用人单位能否以女职工违反承诺为由解除劳动合同？

案情简介

2009 年 6 月，小苏成功签约了一家证券公司，担任秘书一职，并签订了为期一年的劳动合同。合同中约定，小苏承诺入职一年内不结婚、不怀孕，否则公司有权解除合同，一切责任由小苏承担。但是，在不耽误工作的情况下，小苏悄悄地领取了结婚证，并于 2009 年 9 月怀孕，2010 年 2 月起，小苏因怀孕而遵医嘱开始休病假，始终未到公司上班。公司对小苏怀孕是否需要长期休病假的合理性提出质疑，同时以劳动合同有约定为理由，于 2010 年 3 月作出解除劳动合同的决定。小苏不服，向仲裁委员会提起仲裁要求单位支付病假期间工资及生育医疗费用。公司认为，女职工由于生育子女而离岗、抚养孩子影响企业工作的连续性，增加了单位的成本支出，所以在录用前已经说明并在劳动合同中与小苏约定在先，另外，双方在劳动合同中对职工结婚、怀孕做出了明确约定，且公司已经为小苏缴纳了社保及医保，小苏的医疗费应当由社保中心发放，不应由公司承担。

专家提示

本案主要涉及劳动合同中“不结婚、不怀孕”承诺的效力问题。

首先要明确的一点是，如前述案例所述，不论是否做出何种承诺，根据法律规定，用人单位在女职工的孕期、产期、哺乳期期间不仅不能解除合同，而且即使劳动合同期届满，劳动合同也应当延续到哺乳期结束时（即生产之日起一周年）终止。

至于劳动合同中“不结婚、不怀孕”的承诺，《中华人民共和国妇女权益保障法》第二十三条对用人单位提出了明确的要求，“劳动（聘用）合同或者服务协议中不得规定限制女职工结婚、生育的内容”；《中华人民共和国就业促进法》第二十七条也规定，“用人单位录用女职工，不得在劳动合同中规定限制女职工结婚、生育的内容”。基于上述理念，《中华人民共和国妇女权益保障法》第二十七条规定，“任何单位不得因结婚、怀孕、产假、哺乳等情形，降低女职工的工资，辞退女职工，单方解除劳动（聘用）合同或者服务协议。但是，女职工要求终止劳动（聘用）合同或者服务协议的除外”，除非女职工要求解除劳动合同，或者是用人单位要求解除劳动合同并与女职工达成一致意见，否则用人单位无权辞退女职工，单方解除劳动（聘用）合同或者服务协议。

本案中，证券公司要求小苏在劳动合同中做出“不结婚”、“不怀孕”等承诺，否则单位有权解除劳动合同的约定是明显违反强制性法律规范的，是无效的合同条款。因此，证券公司无权以小苏违反上述承诺为由单方解除劳动合同。至于小苏休病假，因为小苏是按照医嘱进行的休假，在持有医院出具的应休病假的证明的前提下，证券公司应按照相关规定支付小苏病假工资。同时，虽然证券公司已经为小苏办理了相关社会保险，但仍负有协助小苏到社会保险经办机构办理生育津贴的申领手续以及医疗费报销手续的义务，并有义务将申领到的生育津贴、医疗费足额支付给小苏。

法律依据

《中华人民共和国妇女权益保障法》第二十三条第二款规定:"各单位在录用女职工时,应当依法与其签订劳动(聘用)合同或者服务协议,劳动(聘用)合同或者服务协议中不得规定限制女职工结婚、生育的内容。"

《中华人民共和国就业促进法》第二十七条第三款规定:"用人单位录用女职工,不得在劳动合同中规定限制女职工结婚、生育的内容。"

《中华人民共和国妇女权益保障法》第二十七条规定:"任何单位不得因结婚、怀孕、产假、哺乳等情形,降低女职工的工资,辞退女职工,单方解除劳动(聘用)合同或者服务协议。但是,女职工要求终止劳动(聘用)合同或者服务协议的除外。

各单位在执行国家退休制度时,不得以性别为由歧视妇女。"

《女职工劳动保护规定》第四条规定:"不得在女职工怀孕期、产期、哺乳期降低其基本工资,或者解除劳动合同。"

11. 女职工休产假期间，用人单位有权单方变更女职工的工作岗位和工资待遇吗？

案情简介

2008年8月29日，某餐饮公司与小金签订了期限为3年的劳动合同，劳动合同约定小金从事会计工作，每月税后基本工资2700元。劳动合同履行期间，小金于2009年2月生育一子，并休产假至2009年6月。餐饮公司于2009年2月向小金发放调岗通知书，将小金由公司的会计岗位调整至营业部门岗位，并按照营业部门岗位的每月工资1500元支付小金工资待遇。2009年6月，因与餐饮公司就工作岗位及产假工资等产生争议，小金产假期满后未再到餐饮公司工作，在与公司协商无果后，小金于2009年6月26日向劳动争议仲裁委员会提出申诉，要求解除与公司之间的劳动合同并要求公司按照每月2700元补齐4个月的产假工资并支付相应的经济补偿金。餐饮公司认为，小金休产假后不能上班，会计岗位是公司的重要岗位，不能空缺，必须要有人负责，所以公司基于公司运营的客观情况，将小金调整岗位并根据岗位调整工资是没有错误的。

专家提示

本案主要涉及用人单位在女职工产假期间调整女职工的工作岗位和工资待遇是否合法的问题。

根据法律，任何用人单位不得因女职工结婚、怀孕、产假、哺乳等情形，降低女职工的工资，辞退女职工，单方解除劳动（聘用）

合同或者服务协议,正常情况下,劳动合同应当依约定履行,即使劳动合同到期,也应该到哺乳期届满方能终止。但是,女职工要求终止劳动(聘用)合同或者服务协议的除外。

本案中,如果小金不要求解除劳动合同,则公司无权要求解除劳动合同。小金因为公司调整其工作岗位并且不按照劳动合同的约定支付劳动报酬,有权要求解除双方之间的劳动合同,并在解除合同后有权要求经济补偿。餐饮公司与小金在劳动合同中约定小金的工作岗位是会计,每月工资为 2700 元,但却在小金休产假后,在未与小金协商一致的情况下,以发出调岗通知书的形式,单方变更了小金的工作岗位和工资待遇,违反法律对女性孕期、产期、哺乳期的保护。餐饮公司应当按照劳动合同的约定为小金提供劳动条件并支付劳动报酬,但是其违反了该种义务,应当补齐小金的工资并支付解除劳动合同经济补偿金。目前,很多用人单位非常熟悉劳动法的相关规定,并不会在“三期”内与女职工解除劳动关系,但是往往会通过“只发基本工资”、“孕期调岗待岗”、“哺乳期调休”等理由扣减女职工工资,在单位不能提供充分证据的情况下,无论以何种理由扣减女职工工资的行为都是不合法的,女职工可以要求单位足额支付“三期”期间的工资。

法律依据

《中华人民共和国劳动法》第三十二条规定："有下列情形之一的，劳动者可以随时通知用人单位解除劳动合同：（三）用人单位未按照劳动合同约定支付劳动报酬或者提供劳动条件的。"

《中华人民共和国劳动法》第五十条规定："工资应当以货币形式按月支付给劳动者本人。不得克扣或者无故拖欠劳动者的工资。"

《中华人民共和国劳动合同法》第三十八条规定："用人单位有下列情形之一的，劳动者可以解除劳动合同：

（一）未按照劳动合同约定提供劳动保护或者劳动条件的；

（二）未及时足额支付劳动报酬的。"

《中华人民共和国劳动合同法》第四十六条规定："有下列情形之一的，用人单位应当向劳动者支付经济补偿：

（一）劳动者依照本法第三十八条规定解除劳动合同的；

……"

《中华人民共和国妇女权益保障法》第二十七条规定："任何单位不得因结婚、怀孕、产假、哺乳等情形，降低女职工的工资，辞退女职工，单方解除劳动（聘用）合同或者服务协议。但是，女职工要求终止劳动（聘用）合同或者服务协议的除外。

各单位在执行国家退休制度时，不得以性别为由歧视妇女。"

《女职工劳动保护规定》第四条规定："不得在女职工怀孕期、产期、哺乳期降低其基本工资，或者解除劳动合同。"

12. 女职工怀孕保胎需请假，用人单位能否停发工资？

案情简介

小张来自中部某省的农村，到大城市打工后，与同乡的小李相识、相知、相恋，两人结婚后，生儿育女的事情就顺其自然了。但是，由于种种原因，小张两次怀孕都流产了，第三次怀孕后，在例行的产前检查中，医生经诊断，建议小张休息保胎 3 个月，小张所在的公司见到医院的诊断证明后，同意小张在家休息 3 个月。不过，小张在家休息的 3 个月时间内，公司可没有给小张发工资。3 个月后，小张找到公司要求公司给她发工资，公司称，小张为保胎而休息的 3 个月不是法定假，公司没有对小张进行处分就不错了，发工资是没有法律依据的。小张向仲裁委员会提起申诉。

专家提示

本案主要涉及女职工因保胎而请假期间是否享有工资待遇的问题。“保胎假”并非我国劳动法所明文规定的假期。

但是，从医学和生理角度来说，女性怀孕时孕妇体内的黄体酮分泌量应该增加，这样才能刺激和保证免疫细胞生成一种能保护胚胎的物质，从而保证胎儿在母体内的正常发育。但是，由于作为职业女性的孕妇承受各方面压力，会使体内黄体酮的分泌水平下降，导致孕妇体内免疫系统排斥胎儿发育，情况严重还会由此而引发流产，因此孕妇在孕期应尽量保证情绪平稳，使胎儿在母体中正常发育。因此，适当的休息休假对孕妇和胎儿的身心健康又是必需的。

因此，1982 年我国就针对国营企业单位的女职工需要保胎休息，以及保胎休息和病假连续停止工作超过六个月后生育时的待遇问题做出了明确规定，“女职工按计划生育怀孕，经过医师开据证明，需要保胎休息的，其保胎休息的时间，按照本单位实行的疾病待遇的规定办理”；“保胎休息和病假超过六个月后领取疾病救济费的女职工，按计划生育时可以从生育之日起停发疾病救济费，改发产假工资，并享受其他生育待遇。产假期满后仍需病休的，从产假期满之日起，继续发给疾病救济费”。虽然该规定在发布之时仅适用于国营企业单位的女职工，但现在都应当按照该精神予以办理。本案中，小张经诊断需要休息 3 个月保胎，并向公司请假，公司应当准许小张休假并按照病假工资向小张支付工资。公司认为保胎请假并非劳动法明文规定的假期从而拒发工资的行为是错误的。

法律依据

《国家劳动总局保险福利司关于女职工保胎休息和病假超过六个月后生育时的待遇问题给上海市劳动局的复函》：“一、女职工按计划生育怀孕，经过医师开据证明，需要保胎休息的，其保胎休息的时间，按照本单位实行的疾病待遇的规定办理。二、保胎休息和病假超过六个月后领取疾病救济费的女职工，按计划生育时可以从生育之日起停发疾病救济费，改发产假工资，并享受其他生育待遇。产假期满后仍需病休的，从产假期满之日起，继续发给疾病救济费。”

劳动安全卫生

1. 劳动工作场所的安全卫生一般应符合什么标准？

案情简介

小刘系某电器公司的职工，在生产车间负责流水线上的工作，电器公司生产车间厂房近600平方米，四周墙壁只有一排不到1米高的小窗户且用塑料板遮挡着，同时，工作台与成品、半成品、废料的堆放杂乱；没有通风设施；没有洗手的水龙头。小刘工作一段时间后，感觉工作场所的环境太恶劣，便联合车间的其他职工向电器公司所在地的劳动争议仲裁委员会提起仲裁，要求电器公司改变工作场所采光差、通风差、卫生条件差的现状，公司不同意，认为工作场所的劳动安全卫生设施没有问题，不会影响到劳动者的身体健康。仲裁委经审理后认为，电器公司生产车间的劳动条件确实太差，不仅工作场地脏乱，且采光和通风都不好，必然影响工人身体健康，电器公司应在一个月内安装通风装置，并采取有效措施改善采光条件，为职工提供整洁的劳动环境。

专家提示

本案主要涉及劳动者工作场所的一般劳动安全卫生标准问题。

根据相关法律、法规、规章等规定，结合现实实践，应当认为，劳动者工作场所的一般劳动安全卫生标准应当达到如下要求：

第一，劳动者的工作场所必须符合国家规定的劳动安全卫生标准。如工作场所的光线应当充足，噪声、有毒有害气体和粉尘浓度不得超过国家规定的标准；工作场所地面应当保持平整，因生产需要设置的坑、壕和池，应当有围栏或盖板，物品的堆放不得妨碍通行；工作车间应当根据需要设置饮水和洗手设备，在高温或粉尘、易脏和有关化学物品或毒物作业场所，应当设置淋浴设备或冲洗设备、更衣室等辅助设备、设施；建筑施工、易燃易爆和有毒有害等危险作业场所应当设置相应的防护设施、报警装置、通信装置、安全标志，以及在紧急情况下进行抢救和安全疏散的设施。

第二，劳动者工作场所所使用的生产设备必须符合国家规定的标准。所有的机械设备传动件及易造成人身伤害的外传动部件，如转轴、齿轮、传动轴和传送带等，都必须安装保护职工人身不受伤害的安全防护装置；各种起重、升降作业所用的绳索、吊具及附件，都应当按规定配备使用，保证安全可靠；用人单位厂区内铁路道口设置安全标志，应当符合企业铁路道口安全标准；起重、电梯、冲压设备、剪切设备和企业内的机动车辆等，必须经过安全检验和安全认证，符合技术标准的，方可使用。

第三，用人单位的电气设备必须符合国家规定的标准。电气设备的安装、运行、维修等都必须严格遵守操作规程，保证安全运行。电气设备的金属外壳，必须根据技术条件，采取保护性接地或者接零的措施。电气设备和线路的绝缘必须良好，裸露的带电导体应当保持规定的安全距离；在产生大量的蒸汽、气体、粉尘的作业场所，应当使用密闭式电气设备；有爆炸危险的的气体或粉尘的作业场所，必须使用防爆型电气设备；因生产急需而装置的临时电气设备和线路，必须绝缘良好，妥善安装，用后及时拆除。

第四，对特殊的作业场所，如密闭设备内和狭小空间作业的，用人单位应当提供特殊的劳动条件。在船舱、储罐、反应塔等密闭设备内的作业及地下管道、地下室 、地下仓库等狭小空间内的作业，应当先进行检测，确认有害气体低于国家标准的，在采取措施后方可进行作业；在密闭设备内和狭小空间作业，不能采取通风换气措施的，必须给工作人员配备空气呼吸器或氧气呼吸器。

当然，以上的一些规定只是部分和通常的安全卫生标准，并非全部。本案中小刘等职工在电器公司工作的车间在通风、采光和卫生等方面均不达标，存在着危害职工身体健康的风险，电器公司应当对劳动安全卫生设施予以改善，如其不改善，该公司将有可能不能再从事生产经营活动。对于劳动安全卫生设施，新建、改建、扩建工程的劳动安全卫生设施必须与主体工程同时设计、同时施工、同时投入生产和使用。

法律依据

《中华人民共和国劳动法》第三条第一款规定："劳动者享有平等就业和选择职业的权利、取得劳动报酬的权利、休息休假的权利、获得劳动安全卫生保护的权利、接受职业技能培训的权利、享受社会保险和福利的权利、提请劳动争议处理的权利以及法律规定的其他劳动权利。"

《中华人民共和国劳动法》第五十二条规定："用人单位必须建立、健全劳动安全卫生制度，严格执行国家劳动安全卫生规程和标准，对劳动者进行劳动安全卫生教育，防止劳动过程中的事故，减少职业危害。"

《中华人民共和国劳动法》第五十三条规定："劳动安全卫生设施必须符合国家规定的标准。

新建、改建、扩建工程的劳动安全卫生设施必须与主体工程同时设计、同时施工、同时投入生产和使用。"

《中华人民共和国安全生产法》第十六条规定："生产经营单位应当具备本法和有关法律、行政法规和国家标准或者行业标准规定的安全生产条件；不具备安全生产条件的，不得从事生产经营活动。"

2. 劳动者违反安全操作规程，用人单位是否承担赔偿责任？

案情简介

小周是一名建筑公司的工人，在建筑公司已经工作好几年了，建筑公司每个月开会的时候都强调安全，要求工人进入施工场地的时候必须要戴安全帽。2009 年的一天，小周在进入某工程施工现场时，未戴安全帽，现场安全监护人员发现后，告知小周要立即离开施工工地，小周自己认为是老职工了，几年来也没有出过什么事，便没有在意，于是，小周就继续留在施工现场清理杂物。此时，在施工场地的建筑上掉下一个小配件，正好打在小周的脑袋上，致使小周受到了很大的伤害。小周要求公司承担赔偿责任。

专家提示

本案主要涉及劳动者自己的过错导致损害发生，公司应否承担赔偿责任的问题。

劳动者进入用人单位后，用人单位不仅要为劳动者提供符合标准的劳动安全设施，配备必需的劳动保护用品。而且，用人单位应当依照法律规定，建立、健全劳动安全卫生制度，严格执行国家劳动安全卫生规程和标准，对劳动者进行劳动安全卫生教育，防止劳动过程中的事故，减少职业危害。在履行上述等义务后，如果劳动者因自己的原因发生损害，用人单位就不应承担赔偿责任。

本案中，小周所在的公司已经多次宣传进入工地就要戴安全帽，并且在发现小周未戴安全帽的情况下，告知小周要离开工地。但是，小周没有严格遵守安全操作规程，粗心大意导致恶性事故的发生。对此，小周是有重大过失的，作为劳动者，在作业过程中，小周必须按照安全生产规章制度和劳动防护用品使用规则，正确佩戴和使用劳动防护用品；未按规定佩戴和使用劳动防护用品的，不得上岗作业；在劳动过程中，应听从生产指挥，不得随意行动；发现不安全因素或危及健康安全的险情时，应向管理人员报告。因此，对于该事故的发生，小周所在的建筑公司没有责任。但是，由于小周也是在工作时间在施工现场因履行职务所发生的事故，建筑公司可以为其申报工伤。

法律依据

《中华人民共和国劳动法》第三条第二款规定："劳动者应当完成劳动任务，提高职业技能，执行劳动安全卫生规程，遵守劳动纪律和职业道德。"

《中华人民共和国劳动法》第五十二条规定："用人单位必须建立、健全劳动安全卫生制度，严格执行国家劳动安全卫生规程和标准，对劳动者进行劳动安全卫生教育，防止劳动过程中的事故，减少职业危害。"

《中华人民共和国劳动法》第五十六条第一款规定："劳动者在劳动过程中必须严格遵守安全操作规程。"

3. 试用期的劳动者能否要求用人单位为其配备劳动防护用品?

案情简介

小赵于2006年8月被一家木材加工厂招聘,双方签订了5年劳动合同,合同约定小赵担任电锯工,实行综合计算工时制,试用期五个月,合同对双方之间的其他事项也进行了约定。劳动合同履行过程中,小赵看到同班组的其他老职工都戴着防护眼镜和手套,于是要求木材加工厂也为其配备防护眼镜和手套,但木材加工厂认为小赵还在试用期,还没有成为正式职工,加工厂没有义务为小赵配备劳动保护用品。为此,小赵向劳动合同履行地的劳动争议仲裁委员会提出仲裁申请。仲裁委员会受理此案后,经审查,指出企业的做法不对,应予纠正。木材厂接受了仲裁委员会的意见,表示同意按规定发给小赵劳动防护用品,于是小赵撤回了仲裁申请。

专家提示

本案主要涉及劳动防护用品的发放问题。

所谓劳动防护用品,是指由用人单位为劳动者配备的,保护劳动者在劳动过程中免遭或者减轻事故伤害及职业危害的个人防护装备。用人单位必须为劳动者提供符合国家规定的劳动安全卫生条件和必要的劳动防护用品。《工厂安全卫生规程》第七十四条和第七十七条也分别规定,在有灼伤、烫伤,或者容易发生机械外伤等危险场所进行操作;在有噪声、强光、辐射热和飞溅火花、碎片、刨屑的场所操作的工人，工厂应供给工人工作服、工作帽、口罩、手套、护腿、鞋盖、护耳器、防护眼镜、面具等防护用品。

在生产劳动过程中，用人单位给劳动者配备劳动防护用品，是以国家法律、法规规定，劳动场所和生产条件需要，保护劳动者健康为依据的，是以预防事故和职业伤害为目的的。凡是在规定的应当发放劳动防护用品场所工作的劳动者，应当不区分是否在试用期等外在条件，都应发给。本案中小赵的工作岗位是电锯工，符合劳动法律、法规规定的应当得到劳动保护待遇的条件，他应当和其他已经过了试用期的电锯工一样，享有获得劳动防护用品的权利。至于双方所约定的试用期，只是用人单位和劳动者之间为了相互了解，考察对方是否符合录用条件，能否适应工作岗位，能否完成工作任务，从而决定是否继续保持劳动关系的一段时间。劳动者从与用人单位签订劳动合同那天起，就有权享有劳动保护。即使尚未经过试用期，只要其所从事的劳动应发给防护用品，用人单位必须按规定发给劳动者个人劳动防护用品，而且不得用货币或其他物品替代。故本案中的木材加工厂以小赵还在试用期，不是正式职工为由不发给劳动防护用品是错误的，是没有法律依据的，侵犯了劳动者获得劳动安全卫生保护的权利。

法律依据

《中华人民共和国劳动法》第五十四条规定："用人单位必须为劳动者提供符合国家规定的劳动安全卫生条件和必要的劳动防护用品，对从事有职业危害作业的劳动者应当定期进行健康检查。"

4. 不合格劳动防护用品导致劳动者受到伤害，后果谁来承担？

案情简介

为了节省成本，获得更多的经济收益，小黄所在的木材加工厂经常从一家小店购进防护眼镜和手套等劳动防护用品，由于事故很少发生，小黄等工厂职工也就没怎么在意劳动防护用品的质量问题。但是，某日，工厂的电锯工所戴的防护眼镜在工作中突然被飞溅起的火花和木柴碎片打坏了，导致该名电锯工眼睛受伤。经过调查，小黄等人发现，原来木材加工厂进货的那家小店所卖的劳动防护用品为劣质物品，木材加工厂之所以从小店进货主要就是因为便宜，而且从形式上也满足了法律法规对劳动防护用品的要求。于是，小黄等人向劳动行政部门反映情况，要求进行调查处理。

专家提示

本案主要涉及不合格劳动防护用品造成劳动者损害的，应由用人单位承担法律后果的问题。

发放劳动防护用品是以预防事故和职业伤害为目的的，事故并非能够得到百分之一百的预防，但是合格的劳动防护用品能够最大限度地预防事故和损害的发生。因此，用人单位应当按照《劳动防护用品选用规则》(GB11651)和国家颁发的劳动防护用品配备标准以及有关规定，为劳动者配备劳动防护用品。用人单位要根据所属行业和作业环境，选用具有相应防护作用的产品；用人单位应当到正规的劳防用品商店，采购证照齐全的制造商生产的产品。另外，采购时应尽量要求经销商出示该批商品的检测报告，以及该制造商的生产许可证，并查看有效期，不得采购超过使用期限的劳动防护用品；用人单位还应当注意查看产品标识。合格的劳防产品上必须有制造商名称、安全鉴定证（标贴）、生产许可证编号、生产日期等必备信息，还必须附有产品合格证和使用说明书等。

本案中的木材加工厂为了最大限度地获取经营利益，购进不合格的劳动防护用品配备给劳动者，从而导致劳动者受到不应该受到的伤害，木材加工厂对此应当承担责任。同时劳动行政部门和其他有关部门对于配发不合格或者是超过使用期限劳动防护用品的木材加工厂，有权予以查处，责令限期改正，可以处以罚款；情节严重的，可以提请县级以上人民政府决定责令停产整顿；对事故隐患不采取措施，致使发生重大事故，造成劳动者生命和财产损失的，对责任人员依照刑法有关规定追究刑事责任。

法律依据

《中华人民共和国劳动法》第五十四条规定:“用人单位必须为劳动者提供符合国家规定的劳动安全卫生条件和必要的劳动防护用品,对从事有职业危害作业的劳动者应当定期进行健康检查。”

《中华人民共和国劳动法》第九十二条规定:“用人单位的劳动安全设施和劳动卫生条件不符合国家规定或者未向劳动者提供必要的劳动防护用品和劳动保护设施的,由劳动行政部门或者有关部门责令改正,可以处以罚款;情节严重的,提请县级以上人民政府决定责令停产整顿;对事故隐患不采取措施,致使发生重大事故,造成劳动者生命和财产损失的,对责任人员依照刑法有关规定追究刑事责任。”

《中华人民共和国安全生产法》第四十八条规定:“因生产安全事故受到损害的从业人员,除依法享有工伤社会保险外,依照有关民事法律尚有获得赔偿的权利的,有权向本单位提出赔偿要求。”

5. 特种作业人员在劳动合同期满后变动工作单位的，原单位是否有权扣押其特种作业操作证？

案情简介

小赵职高毕业后，经培训，在参加了笔试和相关操作考试后，取得了相关行业的特种作业操作证。此后，小赵被招聘到一家煤矿企业从事煤矿井下安全监测监控系统的安装、调试、巡检、维修，保证相关设备安全运行的煤矿安全监测监控工作，双方签订的劳动合同约定的合同期为 3 年，自 2007 年 12 月 1 日至 2010 年 11 月 30 日，每月工资为 3400 元。劳动合同快到期的时候，小赵又找到了新的工作，每月工资 5000 元，但是原来的煤矿企业仍然只给付每月 3400 元。于是，小赵在劳动合同到期后，就与第二家企业签订了劳动合同。但是，由于原来的工作单位扣留了小赵的操作证，给小赵的工作带来了很多不便。小赵找原单位索要，单位称小赵应当继续与其签订合同，小赵不和单位签订合同，反而和其他单位签订劳动合同，存在违约，该单位有权扣留小赵的特种作业操作证。

专家提示

本案主要涉及用人单位扣留劳动者的特种作业操作证涉嫌违法问题。

所谓特种作业，是指容易发生事故，对操作者本人、他人的安全健康及设备、设施的安全可能造成重大危害的作业。特种作业的范围由特种作业目录规定。根据特种作业目录的规定，电工作业、焊接和热切割作业以及本案所涉及的煤矿安全监测监控等都属于特种作业。

本案中的小赵作为特种作业人员，直接从事特种作业，必须持有《中华人民共和国特种作业操作证》，只有在持有该证后，方可上岗作业。而取得该证，必须要通过安全技术理论考试和实际操作考试；经考试合格的相关特种作业人员，应当向其户籍所在地或者从业所在地的安全生产监督管理部门申请办理特种作业操作证，该证有效期为 6 年，在全国范围内有效。用人单位也必须安排相关人员持证上岗，否则安全生产监督管理部门有权责令限期改正；逾期未改正的，可以责令停产停业整顿，可以并处 2 万元以下的罚款。

本案中，煤矿企业使用持证的小赵上岗作业，这是符合法律规定的。但是，双方合同到期后，煤矿企业不能强求小赵继续与其签订劳动合同，小赵有签不签劳动合同、与谁签劳动合同的自由，小赵未与煤矿企业继续签订劳动合同，并不构成违约。煤矿企业更不能扣留小赵的特种作业操作证，该扣留行为是违法行为。因此，企业应当尽快将小赵的特种作业操作证退还给小赵。

法律依据

《中华人民共和国劳动法》第五十五条规定："从事特种作业的劳动者必须经过专门培训并取得特种作业资格。"

《特种作业人员安全技术培训考核管理规定》第三十六条规定："特种作业人员在劳动合同期满后变动工作单位的，原工作单位不得以任何理由扣押其特种作业操作证。"

6. 用人单位管理人员违章指挥、强令冒险作业，劳动者拒绝执行后，用人单位有权解除劳动合同吗？

案情简介

老曹与一家用人单位签订了劳动合同，约定合同期为3年，工作岗位为“现场施工”，工作内容中有借助机械进行登高和起重。老曹还被任命为施工班长。2009年10月9日，老曹带领施工班组来到现场，但是发现施工任务有困难，现场缺少起重设备，而单位里的起重机因为司机休探亲假无法启动。在这种情况下，老曹马上向单位领导报告情况，请求调派起重设备。单位从一家建筑公司租来一台起重机，但是老曹发现租来的起重机是长期停用的老设备，起重机上的很多地方已经出现锈蚀，钢丝绳也有损伤，经与建筑公司了解，该起重机已经停用两年多了。于是又请求单位另换一台起重机，或者请专业机构对这台起重机进行检查后再确定是否能使用。单位负责人却说要注重工作效率，要求老曹带领班组赶紧施工，否则解除和老曹之间的劳动合同。老曹一下子懵了，但为了自己班组成员的生命安全，老曹最后还是坚持“不检查起重机，我们坚决不用”的态度，任凭单位负责人怎么催促、怎么作出安全的保证，也不启用那台租来的起重机。最后，单位只好借用了附近工地正在使用的一台起重机完成了施工任务。老曹回到单位后不久，单位以老曹未完成聘用合同约定的工作任务为由，强行解除了与老曹之间的劳动合同。

专家提示

本案涉及劳动者拒绝执行用人单位管理人员违章指挥、强令冒险作业的命令后，用人单位解除与劳动者之间的合同属违法解除劳动合同的问题。

因为根据《起重机械安全监察规定》的有关规定，对停用 1 年以上的起重机械，使用前应做全面检查。检查内容包括钢丝绳、吊链等有无损伤，升降机的安全钩或其他防断绳装置的安全性能，钢丝绳的安全性能等。本案中，老曹发现设备安全隐患后，及时向单位反映，其行为符合《安全生产法》所规定的“从业人员发现事故隐患或者其他不安全因素，应当立即向现场安全生产管理人员或者本单位负责人报告”的规定。在该种情况下，单位领导仍命令老曹带领班组冒险作业，老曹等人有权拒绝违章指挥和强令冒险作业。老曹等人拒绝用人单位管理人员违章指挥、强令冒险作业的，不视为违反劳动合同。

同时，在用人单位以威胁的手段强迫劳动者劳动的，或者用人单位违章指挥、强令冒险作业危及劳动者人身安全的，劳动者可以立即解除劳动合同，不需事先告知用人单位，这是劳动者依法所享有的权利。但是，用人单位不得因劳动者拒绝违章指挥、强令冒险作业而降低其工资、福利等待遇或者解除与其订立的劳动合同，如果用人单位在该种情况下解除劳动合同就涉嫌违法，本案中的用人单位解除与老曹之间的劳动合同就是违法解除劳动合同的行为。

违章指挥或者强令冒险作业危及劳动者人身安全的情况下，根据其情节、性质和危害后果等的不同，行政机关有权进行行政处罚；如果强令违章冒险作业，因而发生重大伤亡事故或者造成其他严重后果，危害到了公共安全，就有可能构成强令违章冒险作业罪。

法律依据

《中华人民共和国劳动法》第五十六条规定:“劳动者在劳动过程中必须严格遵守安全操作规程。

劳动者对用人单位管理人员违章指挥、强令冒险作业,有权拒绝执行;对危害生命安全和身体健康的行为,有权提出批评、检举和控告。”

《中华人民共和国劳动法》第九十三条规定:“用人单位强令劳动者违章冒险作业,发生重大伤亡事故,造成严重后果的,对责任人员依法追究刑事责任。”

《中华人民共和国劳动合同法》第三十八条第二款规定:“用人单位以暴力、威胁或者非法限制人身自由的手段强迫劳动者劳动的,或者用人单位违章指挥、强令冒险作业危及劳动者人身安全的,劳动者可以立即解除劳动合同,不需事先告知用人单位。”

《中华人民共和国劳动合同法》第八十八条规定:“用人单位有下列情形之一的,依法给予行政处罚;构成犯罪的,依法追究刑事责任;给劳动者造成损害的,应当承担赔偿责任:

(一)以暴力、威胁或者非法限制人身自由的手段强迫劳动的;

(二)违章指挥或者强令冒险作业危及劳动者人身安全的;

(三)侮辱、体罚、殴打、非法搜查或者拘禁劳动者的;

(四)劳动条件恶劣、环境污染严重,给劳动者身心健康造成严重损害的。”

《中华人民共和国安全生产法》第四十六条规定："从业人员有权对本单位安全生产工作中存在的问题提出批评、检举、控告；有权拒绝违章指挥和强令冒险作业。

生产经营单位不得因从业人员对本单位安全生产工作提出批评、检举、控告或者拒绝违章指挥、强令冒险作业而降低其工资、福利等待遇或者解除与其订立的劳动合同。"

《中华人民共和国安全生产法》第四十七条规定："从业人员发现直接危及人身安全的紧急情况时，有权停止作业或者在采取可能的应急措施后撤离作业场所。

生产经营单位不得因从业人员在前款紧急情况下停止作业或者采取紧急撤离措施而降低其工资、福利等待遇或者解除与其订立的劳动合同。"

7. 签订“公司概不负责死伤病残”的劳动合同后，发生了工伤事故，劳动者怎么办？

案情简介

小金来自重庆，高中毕业后没有考上大学，后外出打工，2008年5月进入某建筑工程公司，并与该建筑工程公司签订了1年的劳动合同。合同中规定：“合同履行期间，发生死伤病残，公司概不负责。”2008年10月，小金在施工中被钢筋砸伤骨折，致其左腿残废。小金要求建筑工程公司给予工伤待遇。公司经理却以合同已有规定为由置之不理。小金无奈，向劳动争议仲裁委员会申请仲裁，请求裁决建筑工程公司给予其工伤待遇。仲裁委员会经审理，裁决建筑工程公司依法给予小金相应的工伤待遇并负担仲裁费用。

专家提示

本案主要涉及“生死条款”的效力及相关劳动者的保护问题。

劳动合同中的“工伤概不负责”、“伤亡概由本人负责”等条款，往往被称作“生死合同”或“生死条款”。在我国现阶段，由于劳动力众多，就业市场上供大于求，用人单位经常趁劳动者求职心切的急迫心情，包办劳动合同的签订，强行约定一些不利于劳动者的条款。“生死条款”常见于建筑行业，尤其是一些私营或乡镇企业性质的建筑公司，在招用临时工时常签订“生死条款”。但是，根据《劳动法》第七十三条规定：“劳动者在下列情形下，依法享受社会保险待遇：（一）退休；（二）患病、负伤；（三）因工伤残或者患职业病;(四)失业;(五)生育。劳动者死亡后,其遗属依法享受遗属津贴。”另外,劳动部所发布的《企业职工工伤保险试行办法》也对职工因工死亡、因工伤残所应享受的待遇做了具体规定。很显然,建筑工程公司在与小金的劳动合同中做出“合同履行期间,发生死伤病残,公司概不负责”的约定,是与上述法律法规相违背的。根据《劳动法》第十八条的规定,“下列劳动合同无效:(一)违反法律、行政法规的劳动合同;(二)采取欺诈、威胁等手段订立的劳动合同。无效的劳动合同,从订立的时候起,就没有法律约束力。确认劳动合同部分无效的,如果不影响其余部分的效力,其余部分仍然有效。”由此可见,建筑工程公司与小金劳动合同中的生死条款是没有法律效力的,当然,该条款的无效不影响其他不违法条款的效力。建筑工程公司应当依法给予小金相应的工伤待遇。

综上所述,该建筑公司与劳动者在劳动合同或劳动者中约定的“生死条款”无效,必须按有关规定向因工伤亡劳动者家属支付各种待遇及赔偿。如果该建筑公司未按有关社会保险规定为劳动者办理社会保险,应由人力资源及社会保障部门责令其补缴,并予以相应处罚。

另外,需要提醒用人单位的是,签订有包括“生死免责”等损害劳动者合法权益的劳动合同,不但起不到降低成本的作用,还会因这种违法行为而付出更多的经济赔偿。而劳动者一定要学会识别哪些内容是劳动合同中存在的无效条款,一旦合法权益受到侵害,一定要在第一时间运用法律武器维护自己的合法权益。

法律依据

《中华人民共和国劳动法》第十八条规定："下列劳动合同无效：

（一）违反法律、行政法规的劳动合同；

（二）采取欺诈、威胁等手段订立的劳动合同。

无效的劳动合同，从订立的时候起，就没有法律约束力。确认劳动合同部分无效的，如果不影响其余部分的效力，其余部分仍然有效。

劳动合同的无效，由劳动争议仲裁委员会或者人民法院确认。"

《中华人民共和国劳动合同法》第二十六条规定："下列劳动合同无效或者部分无效：

（一）以欺诈、胁迫的手段或者乘人之危，使对方在违背真实意思的情况下订立或者变更劳动合同的；

（二）用人单位免除自己的法定责任、排除劳动者权利的；

（三）违反法律、行政法规强制性规定的。

对劳动合同的无效或者部分无效有争议的，由劳动争议仲裁机构或者人民法院确认。"

《中华人民共和国劳动合同法》第二十七条规定："劳动合同部分无效，不影响其他部分效力的，其他部分仍然有效。"

企业劳动管理

1. 劳动者不服从企业正常的安排管理，企业能否解除劳动合同?

案情简介

2009年7月1日，小龙与某物业管理公司的第一分公司签订了劳动合同，合同约定，小龙在该分公司担任技工，合同有效期至2011年12月31日。2010年4月28日，因该物业管理公司所属的第二分公司管理的某小区公寓办理收楼入住，需人员支持，第一分公司经研究安排小龙到该项目支援，小龙予以拒绝。后第一分公司于2010年5月6日、7月7日按照员工手册的规定给予小龙丙类过失处分两次。2010年9月23日，第一分公司与小龙解除劳动合同。2010年12月2日，小龙向当地劳动仲裁委员会申请劳动争议仲裁，要求物业管理公司第一分公司支付工资、违法解除劳动合同的赔偿金等。

专家提示

本案涉及劳动者如果不服从用人单位的安排，严重违反企业章程的，企业能否解除劳动合同的问题。

根据劳动合同法的规定，职工严重违反用人单位规章制度的，用人单位可以解除劳动合同。本案中，物业管理公司第一分公司根据工作需要临时性安排小龙到同级公司支援工作，属于正常的工作安排，是企业行使自主权的范围。临时抽调去同级公司做短暂支援，不属于岗位调整，也并非对劳动合同的变更，但小龙却拒绝履行正常的工作安排，同时，小龙多次违反了员工手册及岗位安全责任书的规定。物业管理公司第一分公司据此与小龙解除劳动合同符合法律的规定。小龙认为这是违法解除劳动合同是没有依据的。

法律依据

《中华人民共和国劳动合同法》第三十九条规定:“劳动者有下列情形之一的,用人单位可以解除劳动合同:……(二)严重违反用人单位的规章制度的;……。”

2. 劳动者严重违反企业的规章制度，用人单位能否以此解除劳动合同？

案情简介

2007 年 5 月 16 日，小东与甲商业大厦签订劳动合同，约定：小东的岗位是甲商业大厦安保部的中控室消防员，其职责为看管甲商业大厦所有监控系统，在正常范围内是否出现安全隐患，且必须 24 小时在岗；合同期限为 2007 年 5 月 16 日至 2008 年 5 月 16 日；小东严重违反劳动纪律及其他规章制度的，甲商业大厦可即刻解除该合同。2008 年 5 月 17 日，双方续订该劳动合同，合同期限改为无固定期限。2008 年 10 月 5 日，甲商业大厦召开了三届一次职工代表会议，会议表决通过了《员工手册》，并决定将该规定作为公司的规章制度加以实施。代表会议结束后，商业大厦通过问卷的形式组织员工学习了该规定。小东参加了职工代表大会，也填写了学习《员工手册》的回执及问卷。2009 年 3 月 15 日 14 时 30 分至 21 时 30 分，小东在甲商业大厦一层监控室上班。2009 年 3 月 16 日下午 13 时许，驻该大厦的某银行北京市分行保卫部监控值班人员发现一楼营业部外厅一台摄像机于 3 月 15 日被盗丢失，甲商业大厦安保部负责人随后通过查看银行内部监控录像资料，确认是甲商业大厦员工小东将摄像机拿走了。2009 年 4 月 2 日，小东写《检查》一份，内容为：2009 年 3 月 15 日晚上发生的事情，自己实属不应该，自己甚至还脱岗，给支行造成损失，自己也承认，此事很严重，领导处理也不过分，自己应该从此事中吸取教训，因为人家再没用，那也不是自己的，平时对自己思想教育不严，放松了对自己的管理和要求。2009 年 4 月 15 日，小东书写

《检查》一份，内容为：2009年3月15日晚上发生在自己身上的事，感到后悔，很自责、无颜面对同事和朋友，家人也无法交代，工作也没了，其实说什么也没用，只能自己从中吸取更多教训，改造思想，重新做人。2009年5月25日，甲商业大厦作出《解除劳动合同通知书》，内容为：鉴于小东本人在劳动合同履行期间，违反了我公司的规章制度，公司决定解除与小东的劳动合同，公司将在规定的期限内办理退档手续。同日，小东收到《解除劳动合同通知书》。小东向当地劳动争议仲裁委员会申请仲裁，要求撤销甲商业大厦作出的解除劳动合同的决定，继续履行劳动合同。

专家提示

本案涉及劳动者严重违反企业规章制度，用人单位能否因此解除劳动合同的问题。

根据法律的规定，用人单位通过民主程序制定的规章制度，不违反国家法律、行政法规及政策规定，并已向劳动者公示的，可以作为用人单位进行企业管理的内部规范。在本案中，甲商业大厦通过职工代表大会颁布实施了《员工手册》，并且通过问卷的形式组织员工学习，小东参加了该次职工代表大会，并填写了《员工手册》回执及问卷，这些均表明小东已经了解《员工手册》的内容。该《员工手册》符合法律要求的制定条件，经过公示，可以作为企业的规章制度，对小东具有约束力。职工严重违反用人单位的规章制度的，或严重失职，营私舞弊，给用人单位造成严重损害的，用人单位可以解除劳动合同。小东作为消防安全人员，在上班期间擅自脱岗，未经允许私自处置客户的财物，且事后亦未及时与客户或大厦反映该情况，小东在自己书写的检查中也承认自己的行为性质严重，小东的行为严重违反甲商业大厦的规章制度，甲商业大厦有权解除与小东的劳动合同。小东无权要求商业大厦继续履行劳动合同。

法律依据

《中华人民共和国劳动合同法》第四条规定:"用人单位应当依法建立和完善劳动规章制度,保障劳动者享有劳动权利、履行劳动义务。

用人单位在制定、修改或者决定有关劳动报酬、工作时间、休息休假、劳动安全卫生、保险福利、职工培训、劳动纪律以及劳动定额管理等直接涉及劳动者切身利益的规章制度或者重大事项时,应当经职工代表大会或者全体职工讨论,提出方案和意见,与工会或者职工代表平等协商确定。

在规章制度和重大事项决定实施过程中,工会或者职工认为不适当的,有权向用人单位提出,通过协商予以修改完善。

用人单位应当将直接涉及劳动者切身利益的规章制度和重大事项决定公示,或者告知劳动者。"

《中华人民共和国劳动合同法》第三十九条规定:"劳动者有下列情形之一的,用人单位可以解除劳动合同:……(二)严重违反用人单位的规章制度的;……。"

3. 劳动者将用人单位的重要信息泄露给竞争对手，怎么办？

案情简介

姜某于 2007 年 6 月与甲公司签订为期一年的劳动合同。2008 年 6 月，双方续订了 2008 年 6 月 1 日至 2010 年 5 月 30 日的劳动合同、派遣协议，甲公司派遣姜某在乙地产公司担任物业顾问，月薪人民币 8676 元，由甲公司发放。劳动合同约定，姜某严重违反乙地产公司劳动纪律或规章制度，被乙地产公司退回的，甲公司可以解除劳动合同。姜某于 2009 年 3 月 26 日签收了乙地产公司行为准则规定，其中关于员工保密协议约定，员工要始终对乙地产公司的业务和客户信息进行保密，不得将材料、非公开信息泄露给乙地产公司外部人士，违反此行为准则者，乙地产公司有理由在无通知或代通知的情况下将其立即免职。2009 年 12 月初，乙地产公司通过监控软件发现姜某将乙地产公司邮箱内大量的客户、房源信息发送至三个私人邮箱内。2010 年 1 月 16 日乙地产公司以严重违纪为由将姜某退回甲公司，甲公司以相同理由与姜某解除了劳动关系。姜某于 2010 年 2 月 7 日向当地劳动争议仲裁委员会申请仲裁，要求乙地产公司支付解除劳动合同赔偿金，甲公司承担连带责任。仲裁裁决未支持姜某的诉请。

专家提示

本案涉及劳动者向竞争对手泄露用人单位重要信息的，用人单位能否以此解除劳动关系的问题。

劳动者与用人单位建立劳动关系后，除了按约定提供服务外，还应遵守国家法律、法令、政策，遵守劳动纪律、职业道德和用人单位的各项规章制度。《劳动法》及《劳动合同法》规定，劳动者严重违反劳动纪律或者用人单位规章制度的，用人单位可以解除劳动合同。本案中，乙地产公司系从事房地产咨询及中介、投资咨询等业务的企业，房源信息、客户信息等资料是其经过长期搜集、整理的重要资料，是不为公众所知悉、能为权利人带来经济利益的商业秘密。这些资料关乎企业的竞争力，对企业的发展至关重要。姜某作为甲公司派遣至乙地产公司工作的员工，理应保守乙地产公司的商业秘密，且姜某在乙地产公司的行为准则上签字，也表明姜某对乙地产公司的业务和信息进行保密是清楚的。姜某在未征得乙地产公司同意的情况下，擅自将乙地产公司邮箱内大量客户、房源信息发送至姜某的3个私人邮箱，使乙地产公司一些不为公众所知的信息处于公开状态，给乙地产公司的经营带来不利，所以乙地产公司依照行为准则与姜某解除劳动关系是符合法律规定的。因劳动者违反用人单位规章制度，用人单位与劳动者解除劳动合同的，无须支付经济赔偿金，所以姜某不能以违法解除劳动合同为由，要求甲公司及乙地产公司支付经济赔偿金。

法律依据

《中华人民共和国劳动法》第二十二条规定："劳动合同当事人可以在劳动合同中约定保守用人单位商业秘密的有关事项。"

《中华人民共和国劳动法》第一百零二条规定："劳动者违反本法规定的条件解除劳动合同或者违反劳动合同中约定的保密事项，对用人单位造成经济损失的，应当依法承担赔偿责任。"

《中华人民共和国劳动合同法》第三十九条规定："劳动者有下列情形之一的，用人单位可以解除劳动合同：……(二)严重违反用人单位的规章制度的；……。"

劳动争议仲裁调解

1. 发生劳动争议了，该怎么办？

案情简介

小李高中毕业后没有考上大学，到深圳市某公司当了一名工人，双方签订了规范的劳动合同，其中约定按每小时10元计算劳动报酬，合同履行期间，因公司的业务量逐渐增大，但是人员并未因此增多，于是工厂经常安排小李在休息日加班，加班工资却和平时工资一样，10元每小时，累计加班达60个小时，也不安排补休，小李认为不合理，与公司因加班报酬的事发生了争议，但是不知道该怎么解决。

专家提示

本案涉及发生劳动争议后如何处理的问题。

劳动争议是劳动关系的双方当事人，也就是劳动者和用人单位之间因劳动权利的行使和劳动义务的履行而发生的争议。根据相关法律规定，主要包括几个方面：①因确认劳动关系发生的争议；②因订立、履行、变更、解除和终止劳动合同发生的争议；③因除名、辞退和辞职、离职发生的争议；④因工作时间、休息休假、社会保险、福利、培训以及劳动保护发生的争议；⑤因劳动报酬、工伤医疗费、经济补偿或者赔偿金等发生的争议；⑥法律、法规规定的其他劳动争议。

劳动者与用人单位之间发生劳动争议，解决的方式主要有以下几种：①积极协商。双方可自行协商解决，也可以请工会或者第三方共同与用人单位协商，达成和解协议。②申请调解。当事人之间不愿协商、协商不成或者达成和解协议后不履行的，可以向调解组织申请调解。③申请仲裁。双方之间不愿调解、调解不成或者达成调解协议后不履行的，可以向劳动争议仲裁委员会申请仲裁。④法院诉讼。对仲裁裁决不服的，除《中华人民共和国劳动争议调解仲裁法》另有规定的外，可以向人民法院提起诉讼。

因此，就本案而言，小李可以通过协商与公司达成和解协议；或者可以依法申请调解和仲裁；在上述手段均不能实现解决纠纷的情况下，小李还可以向法院提起诉讼。当然，协商和调解并非必经程序，小李可以进行协商和申请调解，也可以直接申请仲裁。另外，小李在休息日加班，根据法律的规定，“休息日安排劳动者工作又不能安排补休的，支付不低于工资的百分之二百的工资报酬”，因此小李有权主张不低于 20 元每小时的劳动报酬。

法律依据

《中华人民共和国劳动法》第四十四条规定："有下列情形之一的，用人单位应当按照下列标准支付高于劳动者正常工作时间工资的工资报酬：……(二)休息日安排劳动者工作又不能安排补休的，支付不低于工资的百分之二百的工资报酬……"

《中华人民共和国劳动法》第七十七条第一款规定："用人单位与劳动者发生劳动争议，当事人可以依法申请调解、仲裁、提起诉讼，也可以协商解决。"

《中华人民共和国劳动法》第七十九条规定："劳动争议发生后，当事人可以向本单位劳动争议调解委员会申请调解；调解不成，当事人一方要求仲裁的，可以向劳动争议仲裁委员会申请仲裁。当事人一方也可以直接向劳动争议仲裁委员会申请仲裁。对仲裁裁决不服的，可以向人民法院提起诉讼。"

《中华人民共和国劳动争议调解仲裁法》第四条规定："发生劳动争议，劳动者可以与用人单位协商，也可以请工会或者第三方共同与用人单位协商，达成和解协议。"

《中华人民共和国劳动争议调解仲裁法》第五条规定："发生劳动争议，当事人不愿协商、协商不成或者达成和解协议后不履行的，可以向调解组织申请调解；不愿调解、调解不成或者达成调解协议后不履行的，可以向劳动争议仲裁委员会申请仲裁；对仲裁裁决不服的，除本法另有规定的外，可以向人民法院提起诉讼。"

2. 发生劳动争议后,劳动者(或者用人单位)如何申请调解?

案情简介

小张是某制衣厂的职工。2009 年 5 月 14 日,小张在上班期间与同事打牌,被厂长发现了,厂长当即对小张等打牌的人进行了批评教育,并让小张等人作出书面检查。不久,厂里的人事部门向小张等人发出了解除劳动合同的决定,认为小张等人上班期间打牌的行为,严重违反了厂里的规章制度。小张不服,认为自己的打牌行为性质并不严重,只是轻微违纪,而且此后再也没有打牌行为,并已经深刻反省,作出了书面的检查,厂里不该因此解除双方之间的劳动合同。小张找厂长协商没有结果后,小张想申请调解,但是,小张不知道该向哪个机构申请调解,也不知道如何申请调解。

专家提示

本案涉及劳动争议发生后怎样申请调解的问题。

劳动争议调解是指在劳动争议处理机构的主持下,依照法律、法规、政策和道德规范,在查明事实、明辨是非、分清责任的基础上,通过民主协商,劝说争议双方当事人互谅互让,达成协议,从而解决矛盾的一种方式。《中华人民共和国劳动法》中只规定发生劳动争议后,当事人可以向劳动争议调解委员会申请调解;为了尽最大可能将劳动争议案件解决在基层,以最少的社会成本对劳动争议当事人提供法律救济,《中华人民共和国劳动争议调解仲裁法》对进行劳动争议调解的组织进行了扩张，能够处理劳动争议的调解组织包括有：①企业劳动争议调解委员会；②依法设立的基层人民调解组织；③在乡镇、街道设立的具有劳动争议调解职能的组织。当然，广义的劳动争议调解是指各种组织以各种方式对劳动争议案件进行调解，包括仲裁委员会处理劳动争议时的仲裁庭调解，人民法院审判中的调解，政府有关行政部门的调解等。但是，严格意义上的劳动争议调解组织仅指以上三种组织。

在明确向哪个组织提出调解申请的情况下，如何提出申请，小张也不清楚。根据法律规定，当事人申请劳动争议调解可以书面申请，也可以口头申请。口头申请的，调解组织应当当场记录申请人基本情况、申请调解的争议事项、理由和时间。同时，根据《企业劳动争议调解委员会组织及工作规则》第十四条的规定："当事人申请调解，应当自知道或应当知道其权利被侵害之日起30日内，以口头或书面形式向调解委员会提出申请，并填写《劳动争议调解申请书》。"

小张要是向劳动争议调解委员会等调解组织提出调解申请，由小张或者他的委托代理人向调解组织提交的书面申请一般主要包括以下内容：①申请人的姓名、工作岗位和部门、工种或职务；②被申请人的名称、住所地、法定代表人及其他必要的情况；③调解请求，即通过调解请求维护自己的哪些权利，要求另一方履行哪些义务；④事实和理由，即自己提出请求所依据的主要事实与理由，如发生争议的时间、地点、证据等，这是调解申请书的主要部分。总之，调解申请书必须有明确的被申请人、调解请求、事实和理由，这样调解委员会才能考虑是否受理。如果是口头申请，则调解组织应对小张口述的上述情况予以记录。

法律依据

《中华人民共和国劳动法》第七十九条规定:"劳动争议发生后,当事人可以向本单位劳动争议调解委员会申请调解……"

《中华人民共和国劳动争议调解仲裁法》第十条规定:"发生劳动争议,当事人可以到下列调解组织申请调解:(一)企业劳动争议调解委员会;(二)依法设立的基层人民调解组织;(三)在乡镇、街道设立的具有劳动争议调解职能的组织。"

《中华人民共和国劳动争议调解仲裁法》第十二条规定:"当事人申请劳动争议调解可以书面申请,也可以口头申请。口头申请的,调解组织应当当场记录申请人基本情况、申请调解的争议事项、理由和时间。"

3. 调解组织对劳动争议进行调解的结果有哪些?

案情简介

刘某是某单位的门卫,开始的时候刘某和另一名门卫李某一起在传达室值班,两人分别值八小时,晚上则轮流值班。2009 年 6 月,李某因违反单位的劳动纪律被开除了,只剩刘某一人负责传达室的值班工作,每天都是 24 小时,没法休息,刘某值了一周后,实在受不了了,便要求单位按照以前的情况再安排一个值班人员。厂里不同意,刘某便向劳动争议调解委员会提起调解申请。那么,刘某有可能得到什么样的结果?

专家提示

本案主要涉及劳动争议调解所可能产生的结果问题。

经过调解组织调解,调解后的结果主要有以下几种:拒绝调解;在调解过程中,企业和员工自行和解,申请人撤回调解申请;企业和员工达成调解协议;因达不成调解协议而终结调解。如果在调解过程中,企业和员工双方自行协商解决争议,双方和解达成协议的,劳动争议即告终结,双方可以不签订书面形式的协议书;如果双方经过调解委员会的调解达成了调解协议,则调解协议必须采用书面的形式。

根据《企业劳动争议调解委员会组织及工作规则》第十七条第四项及第五项的规定:"经调解达成协议的,制作调解协议书,双方当事人应自觉履行,协议书应写明争议双方当事人的姓名(单位、法定代表人)、职务、争议事项、调解结果及其他应说明的事项，由调解委员会主任（简单争议由调解员）以及双方当事人签名或盖章，并加盖调解委员会印章，调解协议书一式三份（争议双方当事人、调解委员会各一份）”。“调解不成的，应作记录，并在调解意见书上说明情况，由调解委员会主任签名、盖章，并加盖调解委员会印章，调解意见书一式三份（争议双方当事人、调解委员会各一份）。”

同时，调解协议书需要采用法定的形式才能发生法律效力，即双方当事人都需要签名或者盖章，而且调解员也需要签名，并加盖调解组织的印章后才发生法律效力，三个条件缺一不可，没有调解员的签名或者调解组织的印章，调解协议书都不能发生法律效力。

另外，根据《劳动部关于印发关于贯彻执行〈中华人民共和国劳动法〉若干问题的意见的通知》中规定：“劳动争议当事人向企业劳动争议调解委员会申请调解，从当事人提出申请之日起，仲裁申诉时效中止，企业劳动争议调解委员会应当在 30 日内结束调解，即中止期间最长不得超过 30 日。结束调解之日起，当事人的申诉时效继续计算。调解超过 30 日的，申诉时效从 30 日之后的第一天继续计算。”根据该规定，企业调解组织进行调解的期限为 30 日，如果在 30 日之内无法达成调解协议，当事人就可以申请仲裁。当然，即使在调解期限未结束时，当事人也可以拒绝调解而径直提起仲裁。《中华人民共和国劳动争议调解仲裁法》将调解组织进行调解工作的时间缩短为 15 天，缩短了调解周期，有利于解决劳动争议案件拖延、处理时间过长的现象，避免久调不决。

法律依据

《中华人民共和国劳动争议调解仲裁法》第十四条规定："经调解达成协议的，应当制作调解协议书。

调解协议书由双方当事人签名或者盖章，经调解员签名并加盖调解组织印章后生效，对双方当事人具有约束力，当事人应当履行。

自劳动争议调解组织收到调解申请之日起十五日内未达成调解协议的，当事人可以依法申请仲裁。"

4. 用人单位不履行调解组织制作的调解协议书怎么办？调解协议书有什么法律效力？

案情简介

晓东是一家食品厂的工人，2006 年入职时双方签订了为期 3 年的劳动合同，2009 年合同到期后，食品厂提出因经济危机，厂里效益不好，要和晓东按照以前工资的 70%继续签订劳动合同，晓东不同意，未和食品厂再续签劳动合同。但是，食品厂认为，是晓东不与食品厂续签劳动合同，过错在于晓东一方，于是在劳动合同到期后未给付晓东经济补偿，晓东与食品厂协商未果，便提起调解申请，经调解，双方达成“食品厂应在 2009 年 10 月 1 日前给付晓东 5100 元经济补偿”的调解协议。但是，直到 2009 年 10 月底，食品厂也未向晓东给付 5100 元的经济补偿款。晓东不知道该怎么办。

专家提示

本案涉及经调解组织调解而达成的调解协议的法律效力问题。

经调解组织调解而达成的调解协议，是双方当事人在自愿的基础上形成的，是双方当事人真实的意思表示，对劳动者和用人单位双方都具有一定的法律约束力，一经签订，当事人都应当自觉履行。但是调解结果一般不具有强制执行的法律效力。在调解协议履行期间，调解委员会等调解组织有监察和督促当事人履行调解协议的权利和责任，但是没有权利采取强制履行措施。当事人一方或者双方翻悔，不予履行调解协议，调解委员会等调解组织可以重新审查，如果调解协议确实有不当之处，可以撤销原调解协议，重新调解。当事人也可以不再进行调解，直接申请仲裁。

但是，根据《中华人民共和国劳动争议调解仲裁法》第十六条的规定，“因支付拖欠劳动报酬、工伤医疗费、经济补偿或者赔偿金事项达成调解协议，用人单位在协议约定期限内不履行的，劳动者可以持调解协议书依法向人民法院申请支付令。人民法院应当依法发出支付令”，因此，对于本案中晓东所碰见的情况，在食品厂不履行调解协议的情况下，晓东可以依法申请仲裁；同时，由于晓东要求的是经济补偿，属于法律特殊保护的权益，晓东也可以不经仲裁而直接向人民法院直接申请支付令，人民法院有义务依法根据劳动者的申请向食品厂发出支付令。支付令是《民事诉讼法》规定的督促程序，即食品厂所在地的基层人民法院可以根据晓东的申请，向食品厂发出限期履行给付 5100 元经济补偿款的法律文书，食品厂在收到支付令之日起 15 日内不提出异议又不履行支付令所规定的事项的，晓东可直接申请人民法院强制执行。如食品厂在 15 日内提出异议，经人民法院审查符合异议条件的，支付令失效，督促程序终结；如果对债务本身没有异议，只是提出缺乏偿付能力的，不影响支付令的效力，人民法院可以强制执行。

另外，根据《最高人民法院关于审理劳动争议案件适用法律若干问题的解释(二)》第十七条之规定，“当事人在劳动争议调解委员会主持下达成的具有劳动权利义务内容的调解协议，具有劳动合同的约束力，可以作为人民法院裁判的根据”；《最高人民法院关于审理劳动争议案件适用法律若干问题的解释(三)》第十七条第三款规定：“依据调解仲裁法第十六条规定申请支付令被人民法院裁定终结督促程序后，劳动者依据调解协议直接向人民法院提起诉讼的，人民法院应予受理。”由上述论述可见，调解协议书的效力主要有四个方面：参照据以履行力、特定情况下的支付令申请力、民事诉讼中的起诉依据和证据效力。

法律依据

《中华人民共和国劳动合同法》第四十六条规定：“有下列情形之一的，用人单位应当向劳动者支付经济补偿：……(五)除用人单位维持或者提高劳动合同约定条件续订劳动合同，劳动者不同意续订的情形外，依照本法第四十四条第一项规定终止固定期限劳动合同的；……”

《中华人民共和国劳动争议调解仲裁法》第十五条规定：“达成调解协议后，一方当事人在协议约定期限内不履行调解协议的，另一方当事人可以依法申请仲裁。”

《中华人民共和国劳动争议调解仲裁法》第十六条规定：“因支付拖欠劳动报酬、工伤医疗费、经济补偿或者赔偿金事项达成调解协议，用人单位在协议约定期限内不履行的，劳动者可以持调解协议书依法向人民法院申请支付令。人民法院应当依法发出支付令。”

5. 发生劳动争议后，应该向什么地方的劳动争议仲裁委员会申请仲裁？

案情简介

顾某是北京某公交公司职工，2000 年 8 月前顾某在该公交公司从事驾驶员工作。2000 年 9 月起，顾某未再上班。2001 年 8 月，顾某领取了该公交公司返还的承包押金，顾某的准营证、服务卡等也被注销。2005 年 10 月 1 日，顾某与北京某劳务有限公司签订劳动合同，由北京某劳务有限公司安排顾某至北京某公交公司从事驾驶员工作。期满后又续签，最后一份合同期限至 2010 年 9 月 31 日止。现顾某想要求北京某公交公司补缴 2005 年 10 月至 2010 年 9 月期间的城镇职工社会保险费。顾某不愿意进行协商或者调解，但是不知道应当找哪个劳动争议仲裁委员会提交仲裁申请。

专家提示

本案涉及劳动仲裁委员会的地域管辖问题。

劳动争议仲裁委员会是国家授权，依法独立处理劳动争议案件的专门机构。劳动争议仲裁委员会是劳动争议仲裁的主要载体，没有劳动争议仲裁委员会，就不能形成一个权威的第三方居中对劳动争议进行公断和处理的机制，但是，劳动争议仲裁委员会的设立遵循统筹规划、合理布局和适应实际需要的原则，省、自治区人民政府可以决定在市、县设立；直辖市人民政府可以决定在区、县设立。直辖市、设区的市也可以设立一个或者若干个劳动争议仲裁委员会。劳动争议仲裁委员会不按行政区划层层设立。

具体到本案所说的北京而言，有市一级的劳动争议仲裁委员会，各个区县也设立有劳动争议仲裁委员会，除特殊规定的案件以外，各个区县的劳动争议仲裁委员会管辖本区域内发生的劳动争议。从原则上说，顾某可以向其劳动合同履行地或者某公交公司所在地的劳动争议仲裁委员会提交仲裁申请。比如说顾某的劳动合同履行地为北京市海淀区，某公交公司所在地为北京市朝阳区，则顾某可以向海淀区或者是朝阳区的劳动争议仲裁委员会提交仲裁申请；但是，如果顾某向海淀区劳动争议仲裁委员会提交仲裁申请，某公交公司向朝阳区劳动争议仲裁委员会提交仲裁申请，则应由海淀区劳动争议仲裁委员会对劳动争议进行处理，即在劳动合同履行地或用人单位所在地发生冲突时，以劳动合同履行地为准。另外，在本案中，因为顾某是由某劳务有限公司派遣到某公交公司的，顾某与某劳务有限公司形成劳动关系，而与某公交公司并不形成劳动关系，因此，顾某应当向某劳务有限公司主张自己的权利，而不能要求某公交公司补缴社会保险。

法律依据

《中华人民共和国劳动争议调解仲裁法》第二十一条规定："劳动争议仲裁委员会负责管辖本区域内发生的劳动争议。

劳动争议由劳动合同履行地或者用人单位所在地的劳动争议仲裁委员会管辖。双方当事人分别向劳动合同履行地和用人单位所在地的劳动争议仲裁委员会申请仲裁的，由劳动合同履行地的劳动争议仲裁委员会管辖。"

6. 劳动者应在劳动争议发生后多长时间内申请仲裁?

案情简介

小孙于2008年10月18日与北京市丰台区某贸易公司签订劳动合同,成为某贸易公司的一名普通工人,双方约定劳动合同的起止期限为2008年10月18日至2009年10月17日,每月工作24天,每月基本工资为1400元。2009年6月15日,贸易公司以提前30日书面通知的形式将小孙辞退,但未向小孙支付经济补偿。小孙对辞退虽然不服,但没有向贸易公司主张,也没有主张其依法应得的经济补偿。但到了2010年12月份,小孙向丰台区劳动争议仲裁委员会提交仲裁申请,要求贸易公司给付1400元的经济补偿。

专家提示

本案主要涉及申请仲裁的时效问题,即在什么时间段内申请仲裁是有效的。

按照《劳动法》第八十二条的规定,"提出仲裁要求的一方应当自劳动争议发生之日起六十日内向劳动争议仲裁委员会提出书面申请"。但是,这个时间段比较短,不利于全面维护劳动者的合法权益,在《劳动争议调解仲裁法》中,仲裁申请的时间段变成了一年,从当事人知道或者应当知道其权利被侵害时起计算。所谓的"应当知道",是一种法律上的推定,不管当事人实际上是否知道权利受到侵害,只要客观上存在知道的条件和可能,即使当事人因主观过错，应当知道而没有知道其权利受到侵害的，也应当开始计算仲裁时效的期间。当事人知道或者应当知道其权利被侵害之日，即时效的起算点不是凭空设定的，而是有证据表明当事人知道自己的权利被侵害的日期，或者根据常理可以推断当事人应当知道自己的权利被侵害的日期。根据《劳动部关于对〈中华人民共和国企业劳动争议处理条例〉第二十三条如何理解的复函》，“权利被侵害之日”指侵权行为开始的时间，而不应理解为侵权行为终止的时间。此外，对于一些特殊的劳动争议的申诉时效的起算时间，法律也作了规定。例如，用人单位开除、除名职工应发给通知书，辞退职工应发给证明书，被开除、除名的职工如果对开除、除名不服，一般情况下，申诉时效应从用人单位公布决定之日起计算。如果被开除、除名的职工不在，则从职工接到通知之日或用其他送达方式将通知送达之日起算起。被辞退的劳动者应当在收到辞退通知之日起一年内申请劳动争议仲裁。故本案中的小孙应自 2009 年 6 月 15 日起的一年内提起仲裁申请。

当然，这个一年的时间段并非是固定不变的，可因在一年的时间内当事人一方向对方当事人主张权利，或者向有关部门请求权利救济，或者对方当事人同意履行义务而中断；也可因不可抗力或者有其他正当理由而中止（注意：相关事由必须是发生在一年内，否则不会发生相应的中止和中断）。以本案来说，小孙如果在 2010 年 1 月向贸易公司讨要经济补偿，或者是申请调解，或者是 2010 年 1 月贸易公司承认给付经济补偿，那么一年时效的起算点就会发生改变，不再是 2009 年 6 月 15 日，而是 2010 年的 1 月，从 2010 年 1 月重新计算一年的期间；如果发生了地震、火山爆发等不可抗力事件，导致小孙不能主张其权利，则产生时效中止的法律效果，待中止原因消除后，一年的时效期间才继续计算。但是，本案中，小孙未在自 2009 年 6 月 15 日起的一年内申请仲裁，且该期间也未发生中断、中止的事由，故小孙要求 1400 元经济补偿的请求不会得到劳动争议仲裁委员会的支持。

另外,《最高人民法院关于审理劳动争议案件适用法律若干问题的解释》第三条规定,“对确已超过仲裁申请期限,又无不可抗力或者其他正当理由的,依法驳回其诉讼请求”,因此,对于超过一年法定仲裁时效期间的劳动争议请求,法院也不予保护。当然,如果贸易公司自愿给付,则又另当别论了。

法律依据

《中华人民共和国劳动争议调解仲裁法》第二十七条规定,“劳动争议申请仲裁的时效期间为一年。仲裁时效期间从当事人知道或者应当知道其权利被侵害之日起计算。

前款规定的仲裁时效,因当事人一方向对方当事人主张权利,或者向有关部门请求权利救济,或者对方当事人同意履行义务而中断。从中断时起,仲裁时效期间重新计算。

因不可抗力或者有其他正当理由,当事人不能在本条第一款规定的仲裁时效期间申请仲裁的,仲裁时效中止。从中止时效的原因消除之日起,仲裁时效期间继续计算。”

7. 拖欠劳动报酬的情况下，一年的仲裁时效期间如何计算？

案情简介

魏某是一家广告公司的员工，与广告公司签订了为期四年的劳动合同，期限自 2006 年 9 月 1 日起至 2010 年 8 月 31 日止，第一年的月工资为 3000 元，以后每年月工资增加 500 元。合同履行期间，魏某勤勤恳恳地工作，广告公司也按照约定的数额支付劳动报酬，但是，广告公司并未完全支付劳动报酬，每年都会有两三个月没有给清，合同到期后，魏某向广告公司主张四年来未结清的劳动报酬，公司不同意给付，双方协商未果，2010 年 10 月中旬，魏某申请仲裁。仲裁期间，公司主张申请仲裁的时效为一年，因此同意给付自 2010 年 10 月中旬往前一年以内的劳动报酬，对超过一年的不同意给付。

专家提示

本案主要涉及对一年仲裁时效期间在拖欠劳动报酬情况下的适用问题。

原则上，自劳动争议事实发生之时一年以后，在无中止、中断等事由的情况下，法律就不再保护。但是，为了体现对劳动报酬的特殊保护，我国法律规定，用人单位应当按照劳动合同约定和国家规定，向劳动者及时足额支付劳动报酬；用人单位拖欠或者未足额支付劳动报酬的，劳动者可以依法向当地人民法院申请支付令，人民法院应当依法发出支付令。同时，如果用人单位拖欠劳动者工资等劳动报酬的，只要劳动关系存续期间内，劳动者申请仲裁的时效不受一年的限制，即使拖欠的是一年以前的工资，劳动者仍然可以申请劳动仲裁要求用人单位支付劳动报酬。但是，如果劳动者和用人单位之间的劳动关系已经终止的，劳动者向用人单位追讨劳动报酬就要在劳动合同或者用人协议终止之日起一年内向劳动争议仲裁委员会申请仲裁，该种情况适用一年的仲裁时效。劳动关系终止后超过一年的原则上不受法律保护。故本案中魏某在 2010 年 10 月中旬提起仲裁主张其劳动关系存续期间所拖欠的劳动报酬是具有法律依据的，公司的说法不符合法律规定。但是，如果魏某在 2011 年 10 月后申请仲裁，则原则上不受法律保护。

法律依据

《中华人民共和国劳动争议调解仲裁法》第二十七条第四款规定："劳动关系存续期间因拖欠劳动报酬发生争议的，劳动者申请仲裁不受本条第一款规定的仲裁时效期间的限制；但是，劳动关系终止的，应当自劳动关系终止之日起一年内提出。"

8. 仲裁申请书包括哪些内容?

案情简介

小黄在2005年6月与某设备制造厂订立了3年的劳动合同,期限自2005年6月15日起至2008年6月14日止,工作岗位是设备铸造车间的车工。合同履行期间,因小黄表现良好、技术过硬,同时由于该工种优秀人才难以招聘。制造厂的人事部门向厂领导汇报后,将小黄等一批车工人才的合同均作了三年的延期。但是,在合同快到期的时候,小黄又应聘了一家新的单位,新单位的薪酬要好于设备制造厂的薪水。于是,合同到期后,小黄到厂人事部门,表示不再续订劳动合同,要求将自己的档案材料等移交到新签订的工作单位,人事部门答复称,因设备厂与小黄之间的劳动合同已经延期至2011年6月14日,所以不能给小黄办理档案转移手续,双方因此发生争议。小黄于是向设备制造厂所在地的劳动争议仲裁委员会申请仲裁,并提交仲裁申请书。经仲裁委员会仲裁,确认小黄和设备制造厂之间所签订的劳动合同至2008年6月14日终止;设备制造厂应当依法为小黄办理档案移转手续。

专家提示

本案主要涉及仲裁申请书的内容。

在《中华人民共和国企业劳动争议处理条例》第二十四条规定申请劳动争议仲裁的文书名称是"申诉书",但是依照《中华人民共和国劳动争议调解仲裁法》的规定,该种文书应当命名为"申请仲裁书”。

以本案为例，小黄的“申请仲裁书”应当包括以下几个方面的内容：一是申请人和被申请人的自然情况，也就是小黄的姓名、性别、年龄、职业、工作单位和住所，还有设备制造厂的名称、住所和法定代表人或者主要负责人的姓名、职务。二是申请人的仲裁请求，即写明请求劳动争议仲裁委员会解决争议的权益和事项，本案中就表现为确认小黄和设备制造厂之间所签订的劳动合同已经于2008年6月14日终止以及设备制造厂应当依法为小黄办理档案移转手续。三是事实和理由，这些事实应当是能够用证据来证明的事实，不能用相应证据证明的事实是没有意义的，本案中小黄应当以劳动合同等证据为基础，写明其与设备制造厂之间存在劳动合同，双方之间的劳动合同已经到期，小黄已经被新的单位录用等事实和理由，为支持仲裁请求打下坚实的基础，如果小黄没有证据证明上述事实，就存在其仲裁请求不被支持的风险。四是证据和证据来源、证人姓名和住所。发生劳动争议后，小黄对自己提出的主张，有责任提供证据。但是与争议事项有关的证据属于用人单位掌握管理的，用人单位应当提供；用人单位不提供的，应当承担不利后果。另外，《最高人民法院关于民事诉讼证据的若干规定》中第六条规定：“在劳动争议纠纷案件中，因用人单位作出开除、除名、辞退、解除劳动合同、减少劳动报酬、计算劳动者工作年限等决定而发生的劳动争议，由用人单位负举证责任。”

再说说该种文书的格式，除了刚才所说的核心四大内容外，在申请书的首部应写明“申请仲裁书”，在申请书的尾部应写明“此致，某某劳动争议仲裁委员会”，同时申请人应在最后部签名或盖章，并写明制作申请仲裁书的时间。以本案为例，被申请人只有一个，故小黄只要提交两份申请仲裁书就可以了；但是，被申请人的人数若增加，则小黄应按增加的人数补充提供相应的副本。同时，若小黄书写仲裁申请确有困难的，可以口头申请；口头申请的情况下，由劳动争议仲裁委员会记入笔录，申请人应在笔录上签名或者捺手印，并由劳动争议仲裁委员会告知对方当事人。另外，本案中设备制造厂若想要变更劳动合同，应当与小黄进行协商，其单方面变更劳动合同时间的行为是违反劳动法的规定的，是无效的行为。

法律依据

《中华人民共和国劳动争议调解仲裁法》第二十八条规定："申请人申请仲裁应当提交书面仲裁申请，并按照被申请人人数提交副本。

仲裁申请书应当载明下列事项：

(一)劳动者的姓名、性别、年龄、职业、工作单位和住所，用人单位的名称、住所和法定代表人或者主要负责人的姓名、职务；

(二)仲裁请求和所根据的事实、理由；

(三)证据和证据来源、证人姓名和住所。

书写仲裁申请确有困难的，可以口头申请，由劳动争议仲裁委员会记入笔录，并告知对方当事人。"

9. 劳动争议仲裁委员会对申请是否受理要审查哪些内容？如果不受理仲裁申请或者逾期不作出受理与否的决定，申请人该怎么办？

案情简介

小王因其所在的单位北京市东城区某快递公司没有依法及时为其缴纳社会保险发生纠纷，小王与公司协商未果，便作为申请人，将该快递公司作为被申请人，写出书面的仲裁申请，并准备好相关材料，于 2010 年 8 月 18 日递交给劳动争议仲裁委员会。但是，一直到 2010 年 8 月 30 日，仲裁委员会都没有给小王答复。那么，仲裁委员会要审查哪些内容，需要多长时间处理呢？如果一直没有答复，小王该怎么办？

专家提示

本案涉及劳动仲裁委员会审查的内容及所需时间的问题。

接受仲裁申请并依法受理劳动争议案件是劳动争议仲裁委员会的法定职责。当然，一般而言，劳动争议仲裁委员会除了对申请人所提交的仲裁申请及相关材料进行形式审查外，还会进行法律上的审查，主要包括以下几个方面：

一是申请人与案件是否有直接的利害关系。所谓直接的利害关系是指申请人对请求劳动争议仲裁委员会予以仲裁的法律关系，拥有实际的权利，也就是说，申请人必须是争议的直接利害关系人。以本案为例，快递公司没有依法缴纳小王的社会保险，小王的爱人小程不高兴了，于是小程以自己作为申请人提起仲裁申请，这里，小王是直接利害关系人，小程只是受到影响的间接利害关系人，小程提起申请是不适格的。

二是申请仲裁的争议是否属于劳动争议。劳动者与用人单位之间可能会发生多种争议，有的属于劳动争议，有的属于民事争议，有的可能属于内部管理上的争议，但是只有劳动争议才能申请仲裁，即只有属于《中华人民共和国劳动争议调解仲裁法》第二条所规定的劳动争议才能申请仲裁。

三是相关劳动争议是否属于接受申请的劳动争议仲裁委员会管辖。依照本书前面所述，只有劳动合同履行地或者用人单位所在地的劳动争议仲裁委员会才有权管辖，不是这两个地方的仲裁委员会，则无权管辖。以本案为例，快递公司所在地为北京市东城区，小王的劳动合同履行地为北京市大兴区，则北京市东城区和北京市大兴区的劳动争议仲裁委员会有权管辖小王与快递公司之间的劳动争议，其他地方的劳动争议仲裁委员会无权管辖。

在进行上述审查的基础上，对于申请人仲裁申请中所存在的瑕疵，能够补正的就要求申请人予以补正；无法补正的则不能补正。最后，劳动争议仲裁委员会自收到仲裁申请之日起五日内，结合本案来说，也就是 2010 年 8 月 19 日到 2010 年 8 月 23 日的时间段内，如果小王的申请符合受理条件，则仲裁委员会应当受理并通知小王，在受理的情况下，书面通知或者口头通知都可以；但是，如果认为小王的申请不符合受理条件，则必须书面通知小王不予受理并说明不受理的理由。如果仲裁委员会不受理小王的仲裁申请，小王可以就其与快递公司之间的争议向法院提起诉讼。本案中仲裁委员会超过五日没有给小王任何通知，在这种情况下，小王也可以就其与快递公司之间的争议向法院提起诉讼。

不论是上述哪种情况下的诉讼，都必须要注意两个方面：一是原、被告分别为小王和快递公司，劳动争议仲裁委员会既不是原告，也不是被告；二是小王必须提交能够证明劳动争议仲裁委员会不予受理或者逾期未作出决定的凭据，否则法院可能不会受理小王的起诉。

法律依据

《中华人民共和国劳动争议调解仲裁法》第二十九条规定："劳动争议仲裁委员会收到仲裁申请之日起五日内，认为符合受理条件的，应当受理，并通知申请人；认为不符合受理条件的，应当书面通知申请人不予受理，并说明理由。对劳动争议仲裁委员会不予受理或者逾期未作出决定的，申请人可以就该劳动争议事项向人民法院提起诉讼。"

10. 在仲裁员与当事人有特殊关系的情况下，劳动者或者用人单位有权提出回避申请吗？

案情简介

小黄因和公司之间发生劳动争议，向公司所在地的劳动争议仲裁委员会提请仲裁。仲裁审理期间，仲裁委员会向小黄告知了仲裁庭的组成人员情况，小黄得知仲裁员的姓名后，通过打听，了解到公司的代理人是仲裁庭的一名仲裁员的岳父。于是，小黄心里不踏实，她想要求换人对案件进行处理，但又不知道是否可以，也不知道如何提出换人的申请。

专家提示

本案主要涉及仲裁员的回避问题。

回避作为一个法律术语，指的是仲裁庭的组成人员在对劳动争议案件进行审理时，遇有法律规定的特殊情形，应当主动退出案件的审理，当事人及其代理人也有权请求更换仲裁庭的组成人员。用一个通俗的词来说，就是“换人”。

一般情况下，劳动争议仲裁委员会裁决劳动争议案件实行仲裁庭制，仲裁庭由三名仲裁员组成（作为例外，简单劳动争议案件可以由一名仲裁员独任仲裁）。劳动争议仲裁委员会应当在受理仲裁申请之日起五日内将仲裁庭的组成情况书面通知当事人。知道仲裁庭的组成情况是当事人行使“回避”权利的前提和基础。

那么，小黄在哪些情况下可以申请仲裁员回避呢？依据法律规定，主要有四种情况：①仲裁员是本案当事人或者当事人、代理人的近亲属的。近亲属指的是与当事人、代理人有直系血亲、三代以内旁系血亲及姻亲关系，存在该种关系的情况下，就存在偏袒一方当事人而损害对方当事人的合法权益的可能性。本案中，公司一方的代理人与仲裁员就存在姻亲关系，符合申请回避的条件，当然，该名仲裁员也可以自行回避。②仲裁员与本案有利害关系。这种利害关系表现为仲裁员将因案件的审理的结果而获得利益或者导致其利益受损。③仲裁员与本案当事人、代理人有其他关系，可能影响公正裁决的。这里的其他关系，是指上述两种关系以外的其他特殊关系，如老同学、老朋友，或者是仇人等，不论是好的或者是坏的，基于感情因素的影响，都有可能影响案件的公正审理和裁决。④仲裁员私自会见当事人、代理人，或者接受当事人、代理人的请客送礼的。

因此，本案中的小黄可以提出回避申请，要求换掉那名不适宜作为仲裁庭组成人员的仲裁员，其提出的申请，可以是书面申请，也可以是口头申请，口头申请的，仲裁委员会应当书面记录在案。仲裁委员会对于回避申请，应及时作出同意或者驳回的决定，并将该决定以口头或者书面的形式通知小黄及公司。

法律依据

《中华人民共和国劳动争议调解仲裁法》第三十一条规定:“劳动争议仲裁委员会裁决劳动争议案件实行仲裁庭制。仲裁庭由三名仲裁员组成,设首席仲裁员。简单劳动争议案件可以由一名仲裁员独任仲裁。”

《中华人民共和国劳动争议调解仲裁法》第三十二条规定:“劳动争议仲裁委员会应当在受理仲裁申请之日起五日内将仲裁庭的组成情况书面通知当事人。”

《中华人民共和国劳动争议调解仲裁法》第三十三条规定:“仲裁员有下列情形之一,应当回避,当事人也有权以口头或者书面方式提出回避申请:

(一)是本案当事人或者当事人、代理人的近亲属的;

(二)与本案有利害关系的;

(三)与本案当事人、代理人有其他关系,可能影响公正裁决的;

(四)私自会见当事人、代理人,或者接受当事人、代理人的请客送礼的。

劳动争议仲裁委员会对回避申请应当及时作出决定,并以口头或者书面方式通知当事人。”

11. 仲裁委员会受理仲裁申请已经三个多月了，尚未作出仲裁裁决，申请人应该怎么办？

案情简介

小刘是一家物流公司的员工，双方所签订的劳动合同直到2011年3月15日方到期。在双方劳动合同履行期间，2009年10月12日，物流公司名称发生了变更。小刘一直在这家物流公司工作，但是劳动合同并未重新签订。2010年6月，小刘因患病住院治疗，医疗期满后，小刘和公司协商，签订了补充协议，约定因身体原因，小刘的工作制由以前的全日制改为半日制，薪金也只是以前的一半。2010年8月15日，公司以小刘无法适应和胜任公司给他安排的工作为由，解除了与小刘之间的劳动合同。小刘对此表示反对，双方协商未果，2010年9月1日，小刘向劳动争议仲裁委员会申请仲裁，仲裁委员受理后，依法组成仲裁庭开庭进行了审理，但是直到2010年12月中旬，小刘尚未收到仲裁委员会的裁决结果，于是给仲裁机构打电话，仲裁员告诉他再等等。那么，仲裁委员会的做法是否合法？小刘该怎么办？

专家提示

本案主要涉及仲裁审理期限的问题。

仲裁审理期限，指的是劳动争议仲裁委员会就劳动争议案件自受理至作出仲裁裁决的法定审理期间。一般而言，仲裁委员会应当自受理仲裁申请之日起45日内审理结束；即使案情复杂需要延期的，经劳动争议仲裁委员会主任批准，也最多只能延期15

日，即最长应当在受理仲裁申请之日起60日内审理结束。结合本案而言，小刘的仲裁申请是2010年9月1日受理的，仲裁委员会原则上应在2010年10月17日之前将案件审理完毕并作出仲裁裁决；即使经主任批准延长了审理期限，最迟也应于2010年11月1日之前作出仲裁裁决。那么，仲裁委员会三个多月未作出仲裁裁决，已经逾期，小刘有权就该劳动争议向人民法院提起诉讼。但是，应当注意的是，如果仲裁委员会具有合法的事由，比如说劳动争议案件所涉相关事项正在鉴定过程中，这个鉴定就是一个合法事由，鉴定时间是不计入仲裁审理期限的，应当从仲裁审理期限中扣除。在这种情况下，并非是仲裁委员会的原因导致时限上的拖延，小刘尚不能向法院起诉。

另外，一般情况下，仲裁庭是在查清劳动争议案件全部事实的基础上作出裁决，从而结束整个仲裁程序。但是，如果尚不能查清案件全部事实，而且有可能和有必要对已经查清的一部分事实进行裁决时，仲裁庭可以就已经查清的一部分事实作出裁决。

法律依据

《中华人民共和国劳动争议调解仲裁法》第四十三条规定："仲裁庭裁决劳动争议案件，应当自劳动争议仲裁委员会受理仲裁申请之日起四十五日内结束。案情复杂需要延期的，经劳动争议仲裁委员会主任批准，可以延期并书面通知当事人，但是延长期限不得超过十五日。逾期未作出仲裁裁决的，当事人可以就该劳动争议事项向人民法院提起诉讼。

仲裁庭裁决劳动争议案件时，其中一部分事实已经清楚，可以就该部分先行裁决。"

12. 经济困难的情况下，能否在仲裁裁决结果出来之前让用人单位先给一定的财物？

案情简介

小孙家一共有四口人，小孙、小孙的老婆和两个孩子，小孙的老婆由于身体的原因，一直没有工作，两个孩子也都上着小学，所以小孙一家就靠着小孙每个月2000元左右的工资维持生活。然而，小孙所在的物业公司发工资可不太准时，经常会拖欠好几个月工资不发，2009年8月，公司已经拖欠了8个月的工资没有发给小孙，小孙多次向公司索要工资，但是，公司只给小孙打了个条，写明“欠小孙8个月的工资16336元”，一分钱都没有给付，小孙便于2009年8月15日向仲裁委员会提交了仲裁申请，要求公司给付其拖欠的8个月工资16336元。同时，小孙还面临着生活的压力，不知道家庭生活费和孩子教育费的问题怎么解决。于是，小孙向仲裁机构同时提出申请，请求仲裁机构让公司先给付其一半的工资报酬8168元。仲裁机构收到申请后，向小孙表示需要进行审查。

专家提示

本案主要涉及先予执行的问题。

为了全面及时地保护劳动者的权益，《中华人民共和国劳动争议调解仲裁法》明确规定了先予执行制度，所谓先予执行，指的是仲裁机构对劳动争议案件作出裁决前，为解决劳动者一方生活上的需要，在特定案件中，根据劳动者的申请裁定用人单位给付劳动者一定的财物，并立即执行的一种制度。

在《中华人民共和国劳动争议调解仲裁法》发布之前，2006 年 7 月 10 日通过的《最高人民法院关于审理劳动争议案件适用法律若干问题的解释(二)》中的第八条规定："当事人不服劳动争议仲裁委员会作出的预先支付劳动者部分工资或者医疗费用的裁决，向人民法院起诉的，人民法院不予受理。用人单位不履行上述裁决中的给付义务，劳动者依法向人民法院申请强制执行的，人民法院应予受理。"但是，该条并未对先予执行作出明确而详细的规定。

依照《劳动争议调解仲裁法》的规定，先予执行的适用范围是受到限定的，只能是"追索劳动报酬、工伤医疗费、经济补偿或者赔偿金的案件"，其他类型的案件是不能申请先予执行的。同时，先予执行还必须满足一个程序要件和两个实体要件：一个程序要件，指的是劳动者提出申请，仲裁庭不能依职权启动先予执行程序；两个实体要件，指的是当事人之间权利义务关系明确和不先予执行将严重影响申请人的生活，如本案中的小孙持有公司出具的欠条，满足了权利义务关系明确的条件；小孙的家庭状况和面临的困难，不先予执行将可能导致小孙的家庭生活无法维持，满足了不先予执行将严重影响申请人生活的条件。因此，小孙的申请将能获得仲裁庭的准许。

那么，仲裁庭处理小孙所提出的先予执行申请，是否需要小孙提供担保？在民事诉讼中，如果当事人提出先予执行申请的，"人民法院可以责令申请人提供担保，申请人不提供担保的，驳回申请"，主动权在人民法院一方；在劳动争议仲裁中，"劳动者申请先予执行的，可以不提供担保"，主动权在劳动者一方，而非仲裁委员会一方。所以，小孙不用提供担保。仲裁庭针对小孙的申请作出先予执行的裁决后，应当立即移送人民法院予以强制执行。

法律依据

《中华人民共和国劳动争议调解仲裁法》第四十四条规定:“仲裁庭对追索劳动报酬、工伤医疗费、经济补偿或者赔偿金的案件,根据当事人的申请,可以裁决先予执行,移送人民法院执行。

仲裁庭裁决先予执行的,应当符合下列条件:

(一)当事人之间权利义务关系明确;

(二)不先予执行将严重影响申请人的生活。

劳动者申请先予执行的,可以不提供担保。”

13. 哪些案件的仲裁裁决一作出就具有法律效力？当事人要是对仲裁裁决不服怎么办？

案情简介

晓春是一家织袜厂的工人，因为干活不积极，而且总是粗心大意，给织袜厂的工作增加了不少麻烦，并险些造成重大损失。2009年12月底，双方之间的劳动合同一到期，织袜厂就将晓春的岗位安排了另外一个人顶替。晓春离开织袜厂后，也没有找到其他工作，加上对织袜厂怀有怨恨，便找人刻了织袜厂的公章和财务专用章，手写了一张欠条，并加盖了私刻的公章和财务专用章。晓春的劳动合同履行地和织袜厂的所在地均为北京市A区，但是由于晓春和北京市B区的劳动争议仲裁委员会比较熟悉，便以织袜厂拖欠其三个月的劳动报酬6600元未支付为由向B区的劳动争议仲裁委员会申请仲裁。仲裁过程中，织袜厂提出晓春所持欠条上的公章及合同专用章系伪造，并提出鉴定申请。但是，仲裁庭不理睬织袜厂的鉴定申请，经审理，裁决织袜厂给付晓春劳动报酬6600元。织袜厂不服裁决，向B区劳动争议仲裁委员会所在地的中级人民法院提出撤销仲裁裁决的申请。

专家提示

本案主要涉及"一裁终局"案件及该类案件中当事人的救济渠道问题。

所谓"一裁终局"，指的是仲裁裁决书一经作出即发生法律效力。那么，哪些案件适用"一裁终局"，根据法律规定，一类是追索劳动报酬、工伤医疗费、经济补偿或者赔偿金，不超过当地月最低工资标准12个月金额的争议；另一类是因执行国家的劳动标准在工作时间、休息休假、社会保险等方面发生的争议。这里要补充说明两点：一是关于月最低工资标准，根据《劳动法》第四十八条第一款的规定，“国家实行最低工资保障制度。最低工资的具体标准由省、自治区、直辖市人民政府规定，报国务院备案”，因此，月最低工资标准各个省、自治区、直辖市都会存在不同，同时，关于第一类案件，要注意到“不超过当地月最低工资标准12个月金额”，超过了就不应适用“一裁终局”了。二是如何理解“执行国家的劳动标准在工作时间、休息休假、社会保险等”，应当认为还包括最低工资标准、劳动安全卫生技术规程、劳动保护管理制度、女职工和未成年人特殊保护制度等等。对于上述两类案件的仲裁裁决，除了劳动者依据《劳动争议调解仲裁法》第四十八条规定提起诉讼和人民法院依法予以撤销后，仲裁裁决书一经作出，就对劳动者和用人单位发生法律效力。

一般的仲裁裁决书，不论是劳动者或是用人单位，双方都有权向法院提起诉讼。但是对于“一裁终局”类案件的仲裁裁决，用人单位无权再向法院起诉，只有劳动者有权向法院起诉。劳动者在不服仲裁裁决的情况下，自收到仲裁裁决书之日起15日内可以向人民法院提起诉讼。

那么，用人单位不服仲裁裁决怎么办？根据法律规定，用人单位不服的，自收到仲裁裁决书之日起30日内可以向劳动争议仲裁委员会所在地的中级人民法院申请撤销仲裁裁决。但是，用人单位“撤销仲裁裁决”的申请受到了严格的限制：第一是时间限制，自收到仲裁裁决书之日起30日内，超期就不能再申请了；第二是理由限制，只能是法律所规定的六种情形，包括仲裁裁决适用法律法规确有错误的、劳动争议仲裁委员会无管辖权的、仲裁庭审理违反法定程序的、裁决所根据的证据是伪造的、对方当事人隐瞒了足以影响公正裁决的证据的、仲裁员在仲裁案件时有索贿受贿、徇私舞弊、枉法裁决行为的；第三是证明力限制，即用人单位必须提交证据证明仲裁裁决存在应予撤销的上述六种情形。

本案中，出具仲裁裁决的B区劳动争议仲裁委员会既非晓春的劳动合同履行地，也不是织袜厂的所在地，故其属于无权管辖；同时，仲裁裁决所依据的证据"欠条"系晓春伪造。故中级人民法院经组成合议庭，审理查明了上述事实后，裁定撤销了B区劳动争议仲裁委员会的仲裁裁决。仲裁裁决撤销后，晓春和织袜厂都有权自收到裁定书之日起15日内就该劳动争议事项向人民法院提起诉讼。

法律依据

《中华人民共和国劳动争议调解仲裁法》第四十七条规定:"下列劳动争议,除本法另有规定的外,仲裁裁决为终局裁决,裁决书自作出之日起发生法律效力:

(一)追索劳动报酬、工伤医疗费、经济补偿或者赔偿金,不超过当地月最低工资标准十二个月金额的争议;

(二)因执行国家的劳动标准在工作时间、休息休假、社会保险等方面发生的争议。"

《中华人民共和国劳动争议调解仲裁法》第四十八条规定:"劳动者对本法第四十七条规定的仲裁裁决不服的,可以自收到仲裁裁决书之日起十五日内向人民法院提起诉讼。"

《中华人民共和国劳动争议调解仲裁法》第四十九条规定:"用人单位有证据证明本法第四十七条规定的仲裁裁决有下列情形之一,可以自收到仲裁裁决书之日起三十日内向劳动争议仲裁委员会所在地的中级人民法院申请撤销裁决:

(一)适用法律、法规确有错误的;

(二)劳动争议仲裁委员会无管辖权的;

(三)违反法定程序的;

(四)裁决所根据的证据是伪造的;

(五)对方当事人隐瞒了足以影响公正裁决的证据的;

(六)仲裁员在仲裁该案时有索贿受贿、徇私舞弊、枉法裁决行为的。

人民法院经组成合议庭审查核实裁决有前款规定情形之一的,应当裁定撤销。

仲裁裁决被人民法院裁定撤销的,当事人可以自收到裁定书之日起十五日内就该劳动争议事项向人民法院提起诉讼。"

14. 仲裁庭制作的调解书、仲裁裁决书何时发生法律效力？如果负有义务的一方不履行其义务怎么办？

案情简介

2005年6月，老哈与一家外贸公司签订了一份为期六年的劳动合同，合同签订后，老哈入职这家公司，公司也依照合同的约定支付劳动报酬。2008年10月份时，外贸公司的经理发生变更，新换的经理对以前的职员进行了一定的更换，老哈也被以不适合继续工作为由，从而被要求解除劳动合同，老哈不同意解除劳动合同，公司便采用增加老哈的工作量，减少老哈的奖金等种种手段进行刁难。老哈坚持了几个月，再也坚持不下去了，便同意了公司解除劳动合同的要求。但是，公司并非采取与老哈签协议的方式解除劳动合同，而是要求老哈自己提交辞职报告。无奈之下，老哈于2009年4月份递交了辞职报告，但是老哈应得到的经济补偿公司并未支付。老哈找公司索要经济补偿，公司却称老哈系自动辞职，依法不应获得经济补偿。老哈向公司所在地的劳动争议仲裁委员会申请仲裁，并提交了其与公司经理谈论解除劳动合同的录音作为证据，以证明并非主动辞职，而是老哈被迫以协商一致的方式解除劳动合同，故公司应依法给付经济补偿。仲裁庭先对老哈和外贸公司的争议进行了调解，外贸公司在调解过程中与老哈达成一致意见，同意给付老哈4个月工资的经济补偿。仲裁庭制作了调解书，老哈签收了，但外贸公司未签收。2009年8月10日，仲裁庭在依法开庭的基础上又依法制作了仲裁裁决书，裁决外贸公司自仲裁裁决书生效后三日内支付老哈4个月工资的经济补偿，并依法向双方进行了送达。老哈拿着两份文书，不知道以哪份为准？而且直到 2009 年 10 月中旬，外贸公司也未履行其给付 4 个月工资的经济补偿金的义务，老哈真不知道下一步该怎么办。

专家提示

本案主要涉及调解书、仲裁裁决书的生效条件问题和义务人不履行其义务如何处理的问题。

对于调解书，系仲裁庭在对劳动者和用人单位晓之以情、动之以理、明之以法的情况下，在双方当事人意思一致的基础上，依法制作的。调解书通常写明仲裁请求和当事人协商的结果，由仲裁员签名，并加盖劳动争议仲裁委员会印章，但是这种法律文书只有在双方当事人都签收的情况下才能发生法律效力，如果有一方当事人不签收，则不发生法律效力。本案中，外贸公司虽然与老哈达成一致意见，同意给付老哈 4 个月工资的经济补偿，但公司对记载相关内容的调解书未签收，故该份调解书不能发生法律效力。

对于仲裁裁决书，除了本书前边所说的“一裁终局”类型的案件以外，原则上都是以收到仲裁裁决书之日起 15 日后仍未向人民法院起诉为前提而发生法律效力，因为老哈和外贸公司都有权自收到仲裁裁决书之日起 15 日内向人民法院提起诉讼，收到仲裁裁决书的 15 天内，该仲裁裁决书不发生法律效力；15 天内提起诉讼的，仲裁裁决书不发生法律效力；过了 15 天未提起诉讼的，仲裁裁决书发生法律效力。本案中，仲裁庭制作的仲裁裁决书，外贸公司在 2009 年 8 月 10 日收到后，如果在 2009 年 8 月 26 日前未向人民法院提起诉讼，则该份仲裁裁决书就发生法律效力了。

对于已经发生法律效力的调解书、裁决书，相关义务人应当按照法律文书确定的时间、内容等事项予以履行。如果外贸公司未按照仲裁裁决书的要求,在2009年8月29日前给付老哈4个月工资的经济补偿,则老哈有权向人民法院申请强制执行。当然,申请强制执行得注意两个方面:一是应当从规定履行期间的最后一日,即从2009年8月28日开始的两年内申请执行,最迟应在2011年8月28日前申请执行,过期则不能申请;二是要向外贸公司的住所地或者外贸公司的财产所在地的中级人民法院申请,其他地方、其他层级的人民法院没有管辖权。

说到强制执行,就得谈谈"不予执行"的问题,对于仲裁庭所制作的发生法律效力的调解书,不存在不予执行的情况;但是,对于仲裁裁决书,就本案而言,外贸公司可以依法申请不予执行,如果其请求成立,则法院不能强制执行;如果其请求不成立,法院则继续进行强制执行。

法律依据

《中华人民共和国劳动争议调解仲裁法》第四十二条规定:“……调解达成协议的,仲裁庭应当制作调解书。调解书应当写明仲裁请求和当事人协议的结果。调解书由仲裁员签名,加盖劳动争议仲裁委员会印章,送达双方当事人。调解书经双方当事人签收后,发生法律效力。调解不成或者调解书送达前,一方当事人反悔的,仲裁庭应当及时作出裁决。”

《中华人民共和国劳动争议调解仲裁法》第五十条规定:“当事人对本法第四十七条规定以外的其他劳动争议案件的仲裁裁决不服的,可以自收到仲裁裁决书之日起十五日内向人民法院提起诉讼;期满不起诉的,裁决书发生法律效力。”

《中华人民共和国劳动争议调解仲裁法》第五十一条规定:“当事人对发生法律效力的调解书、裁决书,应当依照规定的期限履行。一方当事人逾期不履行的,另一方当事人可以依照民事诉讼法的有关规定向人民法院申请执行。受理申请的人民法院应当依法执行。”

《中华人民共和国民事诉讼法》第二百一十五条规定:“申请执行的期间为二年。申请执行时效的中止、中断,适用法律有关诉讼时效中止、中断的规定。

前款规定的期间,从法律文书规定履行期间的最后一日起计算;法律文书规定分期履行的,从规定的每次履行期间的最后一日起计算;法律文书未规定履行期间的,从法律文书生效之日起计算。”

15. 申请仲裁是否需要向劳动争议仲裁委员会缴纳费用?

案情简介

小张于 2005 年 6 月进入一家信息技术公司从事营销工作。工作两年后,因业绩突出,于 2008 年初被任命为公司营销部门的经理。2008 年 6 月劳动合同到期,小张与公司重新又签订了一份劳动合同,合同期仍为三年,但是合同中签订了保密协议,约定“小张对信息技术公司的商业秘密负有保密义务,如小张泄露商业秘密,应赔偿因泄密而给公司造成的损失;小张如因个人原因离职,在离职后两年内不得在与信息技术公司有竞争关系的公司从事相关工作,否则应向公司支付违约金 5 万元。”后小张因和公司发生矛盾,于 2010 年 8 月,双方经协商解除了劳动合同。2010 年 9 月,小张到另一家与信息技术公司有竞争关系的公司工作,也负责营销。信息技术公司欲申请仲裁,但不知是否缴纳以及缴纳多少仲裁费用?

专家提示

本案主要涉及申请仲裁是否缴纳仲裁费用的问题。

《中华人民共和国劳动争议调解仲裁法》施行前,按照《中华人民共和国企业劳动争议处理条例》第三十四条的规定,“劳动争议当事人申请仲裁,应当按照国家有关规定缴纳仲裁费。仲裁费包括案件受理费和处理费。收费的标准和办法由国务院劳动行政主管部门会同国务院财政行政主管部门和国务院物价行政主管部门规定”。《中华人民共和国劳动争议调解仲裁法》于 2008 年 5 月 1 日起施行，本案双方的劳动争议发生在 2010 年 9 月，故应适用《劳动争议调解仲裁法》中的规定，即不收取案件受理费和处理费等仲裁费用，故本案中的信息技术公司不用向劳动争议仲裁委员会缴纳仲裁费用。

但是，仲裁委员会不收费并不代表当事人在仲裁过程中不用支出任何费用，如在仲裁过程中，需要进行鉴定的，则鉴定的申请人应当支付鉴定费；如一方当事人申请证人出庭的，则应当支付证人出庭而发生的误工、误餐费用等。

法律依据

《中华人民共和国劳动争议调解仲裁法》第五十三条规定："劳动争议仲裁不收费。劳动争议仲裁委员会的经费由财政予以保障。"

《中华人民共和国劳动争议调解仲裁法》第五十四条规定："本法自 2008 年 5 月 1 日起施行。"

劳动争议诉讼

1. 劳动者在法定期间内未申请仲裁，导致仲裁委员会不予受理，劳动者向法院起诉的，其诉讼请求能否得到支持？

案情简介

侯某于2005年10月入职某外贸公司，双方签订劳动合同，约定，合同期为2005年10月9日至2008年10月8日，实行标准工时制，侯某的岗位为内勤等等。2007年6月15日，公司与侯某协商调换工作岗位，侯某没有同意，后于2007年7月3日，公司以侯某违反公司劳动纪律为由解除了与侯某之间的劳动合同。解除合同后，侯某没有找公司协商，也没有申请劳动争议调解或仲裁，而是自行找工作，至2007年10月12日，侯某仍没有找到合适的工作。侯某于2007年10月15日向仲裁委员会提交仲裁申请，要求公司继续履行劳动合同。仲裁委员会于当日作出不予受理案件通知书，以不符合受理条件为由决定不予受理。侯某于2007年10月18日向法院起诉，被法院判决驳回诉讼请求。

专家提示

本案主要涉及申请仲裁的时效及其法律后果问题。

在本案发生之时，根据《劳动法》第八十二条的规定，提出仲裁要求的一方应当自劳动争议发生之日起60日内向劳动争议仲裁委员会提出书面申请，然而侯某自2007年7月3日公司以其违反劳动纪律为由解除劳动合同的60日内未向劳动争议仲裁委员会提出书面申请，而且侯某也没有采取可以导致仲裁时效中止、中断、延长的行为，因此侯某与外贸公司之间的劳动争议已经超过了仲裁时效。这就是仲裁委员会不予受理的原因，同时，根据《最高人民法院关于审理劳动争议案件适用法律若干问题的解释》的规定，“劳动争议仲裁委员会根据《劳动法》第八十二条之规定，以当事人仲裁申请超过 60 日期限为由，作出不予受理的书面裁决、决定或者通知，当事人不服，依法向人民法院起诉的，人民法院应当受理；对确已超过仲裁申请期限，又无不可抗力或者其他正当理由的，依法驳回其诉讼请求”，故本案中法院驳回侯某的诉讼请求是符合法律和相关司法解释规定的。

但是，要注意的是，《中华人民共和国劳动争议调解仲裁法》自 2008 年 5 月 1 日起施行，而根据该法的规定，“劳动争议申请仲裁的时效期间为一年。仲裁时效期间从当事人知道或者应当知道其权利被侵害之日起计算”，如果侯某的劳动争议发生在 2008 年的同月同日，结果可能会发生不同，仲裁委员会不会因仲裁时效已过而不予受理，因为仲裁时效尚未到期，侯某享有一年的仲裁时效期间，至 2007 年 10 月 15 日时只不过是三个月。不可否认，2009 年修正后的劳动法仍然规定了“提出仲裁要求的一方应当自劳动争议发生之日起 60 日内向劳动争议仲裁委员会提出书面申请”，但是，根据特别法优先基本法适用的法律规则，在仲裁时效上应当适用《中华人民共和国劳动争议调解仲裁法》的规定，即“仲裁时效期间为一年”，正常情况下，超过一年未申请仲裁，且无中断、中止之事由时，仲裁机构可以不予受理，法院可以直接驳回诉讼请求。不能再以 60 日来确定仲裁时效期间。

法律依据

《中华人民共和国劳动法》第八十二条规定："提出仲裁要求的一方应当自劳动争议发生之日起六十日内向劳动争议仲裁委员会提出书面申请。仲裁裁决一般应在收到仲裁申请的六十日内作出。对仲裁裁决无异议的，当事人必须履行。"

《中华人民共和国劳动争议调解仲裁法》第二十七条规定："劳动争议申请仲裁的时效期间为一年。仲裁时效期间从当事人知道或者应当知道其权利被侵害之日起计算。

前款规定的仲裁时效，因当事人一方向对方当事人主张权利，或者向有关部门请求权利救济，或者对方当事人同意履行义务而中断。从中断时起，仲裁时效期间重新计算。

因不可抗力或者有其他正当理由，当事人不能在本条第一款规定的仲裁时效期间申请仲裁的，仲裁时效中止。从中止时效的原因消除之日起，仲裁时效期间继续计算。

劳动关系存续期间因拖欠劳动报酬发生争议的，劳动者申请仲裁不受本条第一款规定的仲裁时效期间的限制；但是，劳动关系终止的，应当自劳动关系终止之日起一年内提出。"

《最高人民法院关于审理劳动争议案件适用法律若干问题的解释》第三条规定："劳动争议仲裁委员会根据《劳动法》第八十二条之规定，以当事人仲裁申请超过六十日期限为由，作出不予受理的书面裁决、决定或者通知，当事人不服，依法向人民法院起诉的，人民法院应当受理；对确已超过仲裁申请期限，又无不可抗力或者其他正当理由的，依法驳回其诉讼请求。"

2. 如何提起劳动争议诉讼？是否必须经过仲裁才能提起劳动争议诉讼？

案情简介

马某原系甲公司职工。1999 年 11 月前，马某在甲公司从事司机工作。1999 年 12 月起，马某未再上班。2000 年 8 月，马某与甲公司办理了解除劳动关系的交接手续。2003 年 8 月 1 日，马某与乙劳务派遣公司签订劳动合同，由乙劳务派遣公司派遣到甲公司从事司机工作。期满后又续签，最后一份合同期限至 2009 年 7 月 31 日止。2008 年 6 月 11 日，马某向劳动争议仲裁委员会申请仲裁，要求甲公司补缴 1993 年 11 月至 1999 年 11 月和 2003 年 8 月至 2008 年 6 月期间的城镇职工社会保险费，仲裁委员会对马某的请求作出不予支持的裁决。马某不服裁决，于是提起劳动争议诉讼，请求法院判令甲公司补缴 1993 年 11 月至 1999 年 11 月和 2003 年 8 月至 2008 年 6 月期间的城镇职工社会保险费，同时，马某要求法院判令甲公司给付其经济补偿金。

专家提示

本案主要涉及提起劳动争议诉讼的问题。

根据法律的相关规定，考虑到法律的不溯及既往的效力，本案中马某与甲公司因补缴 1993 年 11 月至 1999 年 11 月的社会保险费所发生的争议，应当自争议发生之日起 60 日内向当地劳动争议仲裁委员会提出书面申请。逾期不申请，其权利将得不到保护。同时，后来虽然马某又到甲公司上班，但系乙劳务派遣公司的派遣，马某与乙劳务派遣公司之间存在劳动合同，其与甲公司之间不存在劳动合同，故其也不能要求甲公司补缴 2003 年 8 月至 2008 年 6 月期间的社会保险费。

至于马某要求法院判令甲公司给付其经济补偿金，且不说该项请求是否有法律依据，是否合理。但就马某在请求仲裁时并未提出该项请求而言，根据《劳动法》第七十九条的精神和最高院的相关司法解释，马某应就该项请求先申请仲裁，然后方可以提起诉讼，而不能直接提起诉讼。

同时，马某在提起诉讼时必须要注意这几个方面：一是要在自收到仲裁裁决书之日起 15 日内向人民法院提起诉讼。逾期不起诉，仲裁裁决书就发生法律效力，马某就不得再起诉。二是要向用人单位所在地或者劳动合同履行地的基层人民法院起诉。为了稳妥起见，可以直接向用人单位所在地的基层人民法院起诉，可以省去证明劳动合同履行地的麻烦。如果起诉的法院并非上述法院，法院将可能不会受理。三是起诉的被告要适格。虽然劳动争议经过仲裁，但是仲裁机构不是劳动争议的一方，不能以仲裁机构为被告。另外，用人单位与其他单位合并的，合并前发生的劳动争议，由合并后的单位为当事人；用人单位分立为若干单位的，其分立前发生的劳动争议，由分立后的实际用人单位为当事人。但是，用人单位分立为若干单位后，对承受劳动权利义务的单位不明确的，分立后的单位均为当事人。

法律依据

《中华人民共和国劳动法》第七十九条规定:“……当事人一方也可以直接向劳动争议仲裁委员会申请仲裁。对仲裁裁决不服的,可以向人民法院提起诉讼。”

《中华人民共和国劳动法》第八十三条规定:“劳动争议当事人对仲裁裁决不服的,可以自收到仲裁裁决书之日起十五日内向人民法院提起诉讼。一方当事人在法定期限内不起诉又不履行仲裁裁决的,另一方当事人可以申请人民法院强制执行。”

《最高人民法院关于审理劳动争议案件适用法律若干问题的解释》第六条规定:“人民法院受理劳动争议案件后,当事人增加诉讼请求的,如该诉讼请求与讼争的劳动争议具有不可分性,应当合并审理;如属独立的劳动争议,应当告知当事人向劳动争议仲裁委员会申请仲裁。”

《最高人民法院关于审理劳动争议案件适用法律若干问题的解释》第八条规定:“劳动争议案件由用人单位所在地或者劳动合同履行地的基层人民法院管辖。

劳动合同履行地不明确的,由用人单位所在地的基层人民法院管辖。”

《最高人民法院关于审理劳动争议案件适用法律若干问题的解释》第十条规定:“用人单位与其他单位合并的,合并前发生的劳动争议,由合并后的单位为当事人;用人单位分立为若干单位的,其分立前发生的劳动争议,由分立后的实际用人单位为当事人。

用人单位分立为若干单位后,对承受劳动权利义务的单位不明确的,分立后的单位均为当事人。”

3. 下岗职工再就业，在受工伤的情况下能否主张工伤保险金？

案情简介

老李来自安徽，原来在安徽一家国有企业工作，在该企业工作到30多岁后，因企业效益不好，同时因国家整体政策的统一安排，老李成了下岗职工中的一员，下岗后，老李一家靠做点小生意维持生活。此后，因女儿上学来到北京并在北京落户，老李和其爱人也一同到了北京，为了增加家庭收入，老李就到北京一家修车公司从事汽车修理工作，双方未签订书面劳动合同，但是老李在修车公司每天按时上班、按时下班，按月领取工资报酬。

2011年3月，老李在汽车修理工作中，不慎受伤，老李便要求修车公司给他报工伤，以获得工伤赔偿金，修车公司认为，老李虽然与公司存在事实上的用工关系，但因为老李的人事档案关系和社保关系都在老李原来安徽的国有企业，双方不可能再建立劳动关系，只能按照劳务关系处理，不同意给其报工伤。那么，修车公司的说法是否正确呢？

专家提示

本案主要涉及劳动关系和劳务关系的区分以及特殊情况下的劳动关系的问题。

关于劳动关系和劳务关系的区分。劳务关系是指用人单位或个人与劳动者依据民事法律规范，口头或书面约定，由劳动者向另一方提供一次性的或者是特定的劳务，另一方依约向劳动者支付劳务报酬的一种有偿服务的权利义务关系。劳务关系和劳动关系的区分，从两种关系的主体来看，劳动关系中只能一方是用人单位，一方是劳动者，劳务关系中则比较宽泛，可以两方都是用人单位，或者两方都是普通的人，如某一小区业主使用一名按小时计酬的家政服务人员；在劳动关系中，劳动者和用人单位之间存在规章制度的约束，存在领导和被领导的隶属关系，在劳务关系中，不存在规章制度的约束、不存在隶属关系；劳动关系中，用人单位要为劳动者缴纳社会保险，发生工伤事故或者其他等劳动争议时候，用人单位要依劳动法为劳动者解决问题，劳务关系中，小区业主不用为家政服务人员上社会保险，如发生意外伤害等，双方依靠民事法律来解决问题；劳务关系中，用人单位支付劳动者的工资具有规律性，并且不得违反国家关于最低工资标准的规定，劳务关系中，劳务报酬由双方协商确定，也没有太多的限制；劳动关系中，劳动者原则上只能和一家用人单位建立劳动关系，非全日制用工可以和两家以上用人单位建立劳动关系，劳务关系中，劳动服务提供者可以自由地建立多个劳务关系。

依照我国劳动法律的规定，劳动者原则上只能与一家用人单位建立起劳动关系，一个劳动者不能同时与多家用人单位建立劳动关系，如本案中的老李与安徽某国有企业建立劳动关系后，则老李的人事档案关系就在该国有企业，该国有企业负责给老李缴纳社会保险，也就是说，老李是该国有企业的一员，老李就不能够再与其他用人单位建立起劳动关系，也不能再由另一家单位为其建立人事档案和缴纳社会保险。即使在老李已经退休后，开始领取养老保险金和退休金，不再为原单位提供劳动的情况下，其也不能与第二家单位建立起劳动关系。

遵循“单一劳动关系”的原则，一般情况下，劳动者的人事档案及社保关系的所在单位是与劳动者实际提供劳动的用工单位一致的。但由于我国社会发展过程中的特殊国情，产生了很多企业停薪留职人员、未达到法定退休年龄的内退人员、下岗待岗人员及部分企业由于经营不善造成停产长期放假待岗的人员，这些劳动者的劳动人事档案关系及社保关系与实际用工关系相分离的现象普遍，按照“单一劳动关系”原则无法与新的实际用工单位建立劳动关系。从而使得这些人群在实际提供劳动过程中发生争议只能按照劳务关系处理，无法依照劳动法律获得全面的保护。

2010 年最高人民法院出台的司法解释改变了这种局面，明确规定，“企业停薪留职人员、未达到法定退休年龄的内退人员、下岗待岗人员以及企业经营性停产放长假人员，因与新的用人单位发生用工争议，依法向人民法院提起诉讼的，人民法院应当按劳动关系处理”，因此，汽车修理公司的这种看法在该司法解释出台前是正确的，但是司法解释出台后，由于老李和公司之间所建立的关系符合劳动关系的特征，且老李属于下岗人员，应当按照劳动关系处理，依法应由汽车修理公司报工伤，让老李享有工伤保险待遇。

法律依据

《最高人民法院关于审理劳动争议案件适用法律若干问题的解释(三)》第七条规定：“用人单位与其招用的已经依法享受养老保险待遇或领取退休金的人员发生用工争议，向人民法院提起诉讼的，人民法院应当按劳务关系处理。”

《最高人民法院关于审理劳动争议案件适用法律若干问题的解释(三)》第八条规定：“企业停薪留职人员、未达到法定退休年龄的内退人员、下岗待岗人员以及企业经营性停产放长假人员，因与新的用人单位发生用工争议，依法向人民法院提起诉讼的，人民法院应当按劳动关系处理。”

4. 用人单位未办理营业执照的，劳动者如何确定对方当事人？

案情简介

老戴从2008年10月起到一家物业公司工作，双方也签订了劳动合同，约定劳动合同期为三年，每月老戴的工资为1400元，加班支付加班工资等等。劳动合同履行过程中，2010年下半年，因为加班工资问题，双方发生争议，老戴就到仲裁委员会申请仲裁，要求解除劳动合同、支付加班工资及经济补偿等等。在仲裁过程中，仲裁部门查询工商行政部门的相关登记信息，未查到该家物业公司。老戴也很纳闷，经打听了解到，该物业公司未进行工商登记领取营业执照，系由张某和李某两个人出资设立，然后招了几个人就经营了。在这种情况下，老戴不知如何确定对方当事人？

专家提示

本案主要涉及用人单位未办理营业执照等特殊情况下，劳动者如何提起仲裁及诉讼的问题。

本案中，老戴在为物业公司提供劳动两年后，方才发现原来物业公司没有办理工商登记，没有营业执照，在这种情况下，从严格的法律意义上而言，物业公司就不是一个法律主体，不能作为一方当事人，那么，老戴的利益如何保护，如何提起仲裁和诉讼？根据最高人民法院的司法解释，在这种情况下，仍然可以以该物业公司作为相对方提起仲裁和诉讼，同时，老戴也可以以投资人张某和李某作为相对方提起仲裁和诉讼，老戴拥有这种选择权。

在实践中，用人单位经常非法利用法人或其他组织的外壳，以自己是“空壳”为由，逃避对劳动者的责任，常见的情况包括未办理营业执照、营业执照被吊销或者营业期限届满仍继续经营等。在劳动者付出劳动后，双方发生争议时，用人单位就以自己不具备合法用人资格为借口逃避对劳动者应负的责任。对于出资人滥用法人人格的，可以要求公司背后的出资人直接承担法律责任。在上述特殊情况下，用人单位不存在或无力承担责任的，出资人应当依法对劳动债权承担相应责任。当然，正常情况下，出资人是不用对其投资的企业承担责任的，企业具有独立承担责任的能力。

另外，在出借营业资质的情况下，让不具备合法经营资格的用人单位以挂靠等形式共用其营业资质经营的，违法出借资质的单位也应承担相应的法律责任。因为违法出借行为导致了劳动者有理由相信招录他的用人单位具备合法经营资格，甚至认为出借营业执照的单位即用人单位。正是基于这些足以使其产生合理认识的表象，劳动者才付出了劳动。在这种情况下，劳动者可以将用人单位和营业执照出借方均列为仲裁和诉讼的相对方。在这一类型的劳动争议中，如果劳动争议仲裁委员会作出仲裁裁决后，当事人不服向人民法院起诉的，人民法院发现仲裁裁决遗漏了必须要参加诉讼的出借营业资质的单位，劳动者可以申请人民法院依法追加当事人或人民法院依职权直接追加上述当事人进入诉讼，无须重新进行劳动仲裁而后再起诉。如果被追加的出借营业资质单位应当承担责任的，人民法院可以直接调解或者判决其承担责任。

法律依据

《中华人民共和国劳动合同法》第九十三条规定："对不具备合法经营资格的用人单位的违法犯罪行为，依法追究法律责任；劳动者已经付出劳动的，该单位或者其出资人应当依照本法有关规定向劳动者支付劳动报酬、经济补偿、赔偿金；给劳动者造成损害的，应当承担赔偿责任。"

《最高人民法院关于审理劳动争议案件适用法律若干问题的解释(三)》第四条规定："劳动者与未办理营业执照、营业执照被吊销或者营业期限届满仍继续经营的用人单位发生争议的，应当将用人单位或者其出资人列为当事人。"

《最高人民法院关于审理劳动争议案件适用法律若干问题的解释(三)》第五条规定："未办理营业执照、营业执照被吊销或者营业期限届满仍继续经营的用人单位，以挂靠等方式借用他人营业执照经营的，应当将用人单位和营业执照出借方列为当事人。"

《最高人民法院关于审理劳动争议案件适用法律若干问题的解释(三)》第六条规定："当事人不服劳动人事争议仲裁委员会作出的仲裁裁决，依法向人民法院提起诉讼，人民法院审查认为仲裁裁决遗漏了必须共同参加仲裁的当事人的，应当依法追加遗漏的人为诉讼当事人。

被追加的当事人应当承担责任的，人民法院应当一并处理。"

参考书目

1. 谢良敏编著:《劳动合同全程指南》,法律出版社 2009 年 5 月第 3 版。

2. 信春鹰主编:《中华人民共和国劳动合同法释义》,法律出版社 2007 年 7 月第 1 版。

3. 北京市律师协会劳动和社会保障法专业委员会编著:《中华人民共和国劳动合同法释义》,中国法制出版社 2007 年 7 月第 1 版。

4. 薛长礼主编:《公民与劳动合同法》,新华出版社 2010 年 5 月第 1 版。

5. 赵怡编著:《新劳动法实用案例》,内蒙古人民出版社 2010 年 3 月第 1 版。

6. 王宝仁、张俊明编著:《捍卫你的劳动权益》,学苑出版社 2004 年 4 月第 1 版。

7. 滕晓春、李志强主编:《中华人民共和国劳动合同法条文释义与案例精解》,中国民主法制出版社 2007 年 6 月第 1 版。

8. 刘景一、雷明光、徐康平、程乐:《中华人民共和国劳动合同法条文释义》,载《最新民事法律文件解读(第 32 辑)》,人民法院出版社 2007 年 8 月第 1 版。

9. 徐康平、程乐、孙瑞玺:《中华人民共和国劳动争议调解仲裁法条文释义》,载《民事法律文件解读(第 37 辑)》,人民法院出版社 2008 年 1 月第 1 版。

10. 姜颖、吴亚平主编:《劳动争议处理教程》,中国工人出版社 2000 年 7 月第 1 版。

11. 左祥琦主编:《劳动争议调解、仲裁与诉讼》,中国劳动社会保障出版社 2002 年 7 月第 1 版。

参加撰写的还有：(按姓氏笔画)

王成香　王振友　王桂菊　冯　尧
包明雅　刘梦军　冷荣芝　邱　晴
陈芷染　单美玉　信小静　胡朝新
唐　玮　徐　冉　徐净菡

图书在版编目(CIP)数据

捍卫你的劳动权益：劳动争议法律问题解答 / 徐康平，程乐，李国玺编著. --北京：学苑出版社，2011.9

ISBN 978-7-5077-3860-5

Ⅰ. ①捍… Ⅱ. ①徐… ②程… ③李… Ⅲ. ①劳动争议—劳动法—中国—问题解答 Ⅳ. ①D922.591.5

中国版本图书馆 CIP 数据核字(2011)第 194828 号

责任编辑：郑泽英
封面设计：北京攀轩致远文化有限公司
出版发行：学苑出版社
社　　址：北京市丰台区南方庄 2 号院 1 号楼
邮政编码：100079
网　　址：www.book001.com
电子邮箱：xueyuan@public.bta.net.cn
销售电话：010－67675512、67678944、67601101(邮购)
经　　销：全国新华书店
印 刷 厂：北京长阳汇文印刷厂
开本尺寸：850×1168　1/32
印　　张：13.125
字　　数：300 千字
版　　次：2012 年 3 月北京第 1 版
印　　次：2012 年 3 月北京第 1 次印刷
定　　价：19.80 元